# 金质课件设计制作与实例

万 龙 王忠春 陈 鹏 著

西北工业大学出版社

西 安

【内容简介】 本书以课件实例为主线，注重教学设计与课件制作技术的有机结合，系统讲解利用PowerPoint设计与制作多媒体课件的理论、方法和技巧。

全书共9章，采用理论与实训相结合的方式，系统介绍金质课件需具备提炼推敲的逻辑架构、醒目的文字表达、形象的图形图像表达、有声有色的声音和视频、巧妙的动画设计、强大的交互智能、合理的布局及配色，并给出了实战演练、幻灯片设计风格的美化两个实例模块。本书还提供了用到的课件实例源文件及各种素材，读者可以将这些课件直接应用到教学中，或者以这些课件实例为模板稍做修改，即可迅速制作出更多、更实用的课件。读者后期可以通过微信号 dragonwan0214 和视频号 SkyDragon2023来获取和查看课件讲授视频。

本书可作为师范类院校师生的多媒体课件制作培训教材，也可作为中小学各科教师、多媒体课件制作人员及PowerPoint制作爱好者的自学参考书。

图书在版编目（CIP）数据

金质课件设计制作与实例 / 万龙，王忠春，陈鹏著.
西安 ： 西北工业大学出版社，2024. 9. -- ISBN 978-7
-5612-9461-1

Ⅰ. G434

中国国家版本馆CIP数据核字第202439GX24号

JINZHI KEJIAN SHEJI ZHIZUO YU SHILI

金质课件设计制作与实例

万 龙 王忠春 陈 鹏 著

| | | | |
|---|---|---|---|
| 责任编辑：杨 军 张 炜 | | 策划编辑：张 炜 | |
| 责任校对：孙 倩 | | 装帧设计：高永斌 李 飞 | |
| 出版发行：西北工业大学出版社 | | | |
| 通信地址：西安市友谊西路 127 号 | | 邮编：710072 | |
| 电 话：（029）88491757，88493844 | | | |
| 网 址：www.nwpup.com | | | |
| 印 刷 者：西安五星印刷有限公司 | | | |
| 开 本：787 mm×1 092 mm | | 1/16 | |
| 印 张：13.625 | | | |
| 字 数：307 千字 | | 彩插：2 | |
| 版 次：2024 年 9 月第 1 版 | | 2024 年 9 月第 1 次印刷 | |
| 书 号：ISBN 978-7-5612-9461-1 | | | |
| 定 价：89.00 元 | | | |

如有印装问题请与出版社联系调换

# 前　言

多媒体教学已成为高校教育的重要手段，高质量课件即金质课件集文字、图形、图表、音频、视频以及其他多媒体对象于一体，以电子展板的形式，将需要表达的内容直观、动态、形象地展示给观众，在方案策划、工作汇报、教育培训等领域有着举足轻重的作用。PPT（幻灯片演示文件）这一基础而强大的演示工具，其制作技艺与演示能力的精进，对于高校教师而言，不仅是技艺的磨砺，更是教育艺术的深化。

本书以课件实例为脉络，巧妙地将教学设计的智慧与课件制作的技术艺术融为一体。书中不仅详尽阐述了PowerPoint的基础操作与高级技巧，更融入了AI（人工智能）赋能教学的前沿理念，特别是AIGC（人工智能生成内容）工具的引入，为课件制作带来了前所未有的变革。借助这些智能工具，教师能够以前所未有的效率与创意，打造出条理清晰、排版精美、富有视觉冲击力的高颜值PPT，让知识的传递更加生动直观、引人入胜。

全书共分9章。第1章致力于剖析明确的主题思维与严谨的内容逻辑，通过构建逻辑严密的思维框架，引导读者深入理解如何以主题为核心，编织一张既吸引人眼球又逻辑自洽的知识网络。第2章介绍如何将标题设计得引人入胜、内容表达得精炼达意、文字排版得匠心独运，使课件中的每一个字、每一句话都成为激发学习兴趣、引导思维深入的强大工具。第3章介绍如何精准把握图形图像的运用，从素材的搜集与筛选，到设计与排版的精细打磨，再到图表的美化与信息的可视化呈现，每一个环节都力求精准高效。第4章详细探讨如何在课件中巧妙地插入声音和视频内容，并讲述如何通过精心的编辑与剪辑，达到声音与视频元素对课堂氛围的营造作用，助力读者创造出更加活跃的学习环境。第5章详细探讨切换动画与内容动画的设计原则与具体制作步骤，其中包括动画类型的选择、节奏的把控以及效果的优化等方面。第6章深入探讨如何融入强大的交互智能内容，包括习题的交互功能、VBA的应用、快捷键的巧妙利用、SmartArt的灵活使用以及AI智能生成PPT的前沿技术等。第7章从界面布局的基本原则出发，探讨色彩搭配的艺术、视觉元素的平衡与对比以及心理空间的营造等方面，通过实例展示如何运用色彩心理学原理指导课件设计实践，创造出既美观又舒适的视觉体验。第8章精选实战案例，直击课件设计与制作的核心难题。从图片处理的精细调整到排版美化的艺术布局，从图表优化的直观呈现到批量处理的效率提升，逐一剖析，提供详尽的策略与操作指南。附带参考模板，助力读者跨越理论与实践的鸿沟，打造既专业又精致的课件作品。第9章深度挖掘五种幻灯片设计风格，有历史的沉淀、科技的未来、商务的严谨、国潮的韵味、教育的温馨，每一种风格都蕴含独特魅力。本书不仅解析金质课件设计精髓，更传授实用技巧，激发读者无限创意，轻松应对不同场景需求，定制专属幻灯片模板。

笔者是多年从事教学工作的资深教师和从事多媒体课件开发的专业技术人员，具有丰富的教学经验和课件制作经验。在编写本书的过程中，笔者广泛汲取同行智慧，确保内容的前沿性与实用性。具体编写分工为：万龙负责第1章、第2章、第3章、第7章编写，王忠春负责第4章、第5章编写，陈鹏负责第6章、第8章、第9章和相关习题的编写，张帆帆参与了全书创作和统稿工作。

本书特色显著，集情景化设计与实用性导向于一身。①情景化深度融入。课程内容紧密贴合真实工作场景，精心挑选常见情景下的高频知识点，通过生动且贴近实际的案例示范教学，让读者仿佛置身其中，极大地增强了学习的沉浸感与趣味性，促进了对新知识的快速吸收与掌握。②实用性高效引领。本书秉持"精要制胜"的理念，从最终效果出发，精选并深入剖析PPT20%的核心功能，揭示其背后隐藏80%的效果奥秘。这种精准定位的教学方式，帮助读者在短时间内掌握关键技巧，实现高效学习与应用的双重飞跃。③广泛适用，自学宝典。无论是高等师范类院校的师生，还是中小学各科教师、专业的多媒体课件制作人员，乃至热爱PowerPoint制作的广大爱好者，本书都能成为不可或缺的自学参考书。它以其全面而深入的内容，引领读者步入PPT制作的殿堂，开启高效沟通与创意表达的全新篇章。

在编写本书的过程中，笔者参阅了大量资料与文献，在此向其作者表示感谢。

笔者深知学无止境，书中难免存在疏漏与不足，因此诚请广大读者及同仁不吝赐教，共同促进知识的完善与传承。每一条宝贵意见，都是我们前进的动力。联系方式如下：微信号dragonwan0214，视频号SkyDragon2023，期待与各位读者及同仁共赴知识之旅。

著　者
2024年5月

# 目　录

# 第1章　提炼推敲的逻辑架构

## 1.1　主题思维（思维导图、大纲）

### 1.1.1　演绎

在准备幻灯片内容时，需理清表达上的逻辑关系。首先要想清楚采用什么样的内容编排方式才能让别人理解，并取得更好的表达效果。演绎是指事物发展的先后顺序。也就是按照顺序的表达方式，通俗点说就是"是什么？为什么？怎么解决？"比如，现在准备一个《数据报告》的PPT内容，因为内容主要是往年数据的总结，所以，需要先列出具体的数据（是什么），然后分析为什么会选取这些数据（为什么），最后，再说清楚如何基于既有经验进行下一步规划（怎么解决）。示意图如图1-1所示。

图 1-1　《数据报告》逻辑关系示意图

### 1.1.2　归纳

归纳是指相同层级事物的并列。也就是按照总分结构的表达方式。对于这种表达方式，通俗来说就是，一件事情由几个方面构成的，或者一种结果是哪几个原因所导致的。归纳含义示意图如图1-2所示。

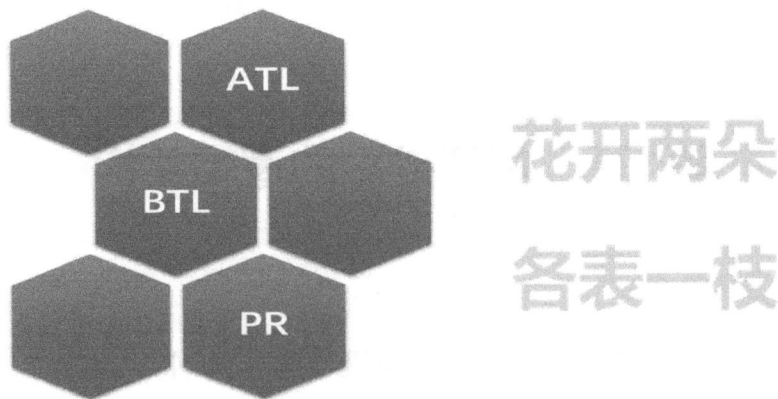

图 1-2　归纳含义示意图

# 1.2　内容逻辑（图表设计）

## 1.2.1　并列

并列关系：强调对象之间的平等关系。并列关系示意图如图1-3所示。

图1-3　并列关系示意图

## 1.2.2　递进

递进关系：强调几个不同的发展阶段的发展脉络。递进关系示意图如图1-4所示。

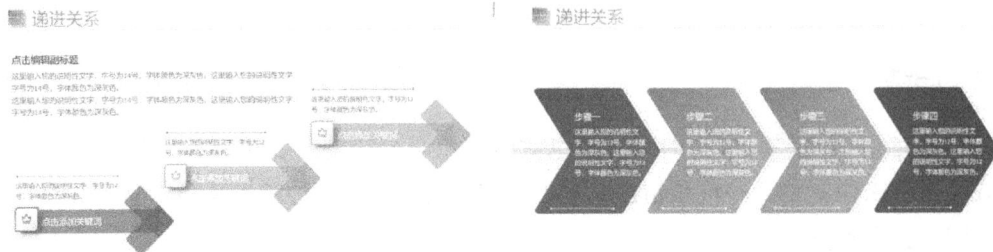

图1-4　递进关系示意图

### 1.2.3　循环

循环关系：强调几个对象的循环变化。循环关系示意图如图1-5所示。

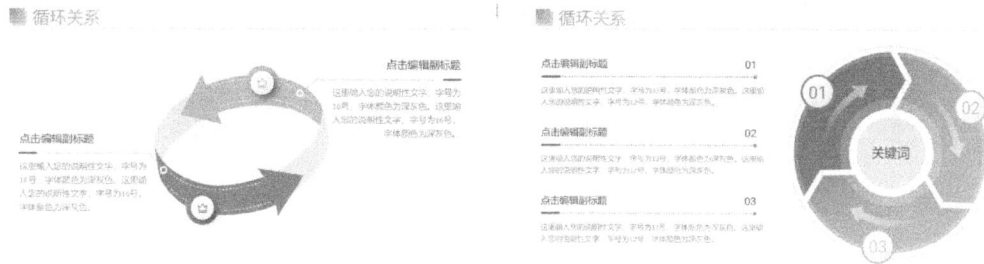

图1-5　循环关系示意图

### 1.2.4　层级

层级关系：强调几个对象之间的层次性差异。层级关系示意图如图1-6所示。

图1-6　层级关系示意图

### 1.2.5　对比

对比关系：强调两个或几个对象之间的差异性和相反性。对比关系示意图如图1-7所示。

图1-7　对比关系示意图

### 1.2.6　SWOT

SWOT分析法：包括S（Strength，优势）、W（Weakness，劣势）、O（Opportunity，

机会）、T（Threat，威胁）4个方面。SWOT分析法示意图如图1-8所示。

图1-8　SWOT分析法示意图

### 1.2.7　交叉

交叉关系：强调两个或几个对象之间的交合部分。交叉关系示意图如图1-9所示。

图1-9　交叉关系示意图

### 1.2.8　鱼骨图

鱼骨图用于发现问题的"根本原因"，对整理的原因或问题进行分析，得出结论。鱼骨图示意图如图1-10所示。

图1-10　鱼骨图示意图

案 例

鱼骨图的制作或应用，首先要分析主观与客观的原因，如图1-11所示，如分析

××××运动失败的原因？这种案例可以用鱼骨图来展示，既直观形象，内容又清晰。鱼骨图操作如下：

**XXXX运动失败的原因**

主观原因

1、此处添加文字内容

2、此处添加文字内容

3、此处添加文字内容

4、此处添加文字内容

客观原因

1、此处添加文字内容

2、此处添加文字内容

图1-11　《太平天国运动失败的原因》示意图

（1）绘制鱼头与主骨，如图1-12所示。

图1-12　步骤一：绘制鱼头与主骨

（2）绘制大骨并填写原因，如图1-13所示。

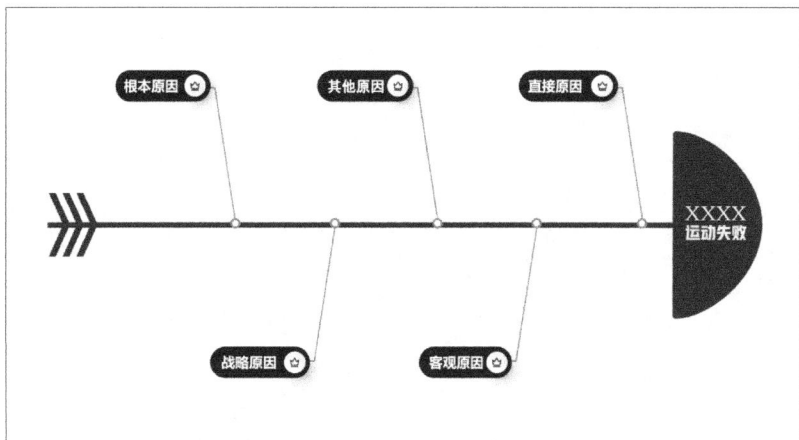

图1-13　步骤二：绘制大骨并填写原因

（3）再绘制出中骨与小骨并填写原因，如图1-14所示。

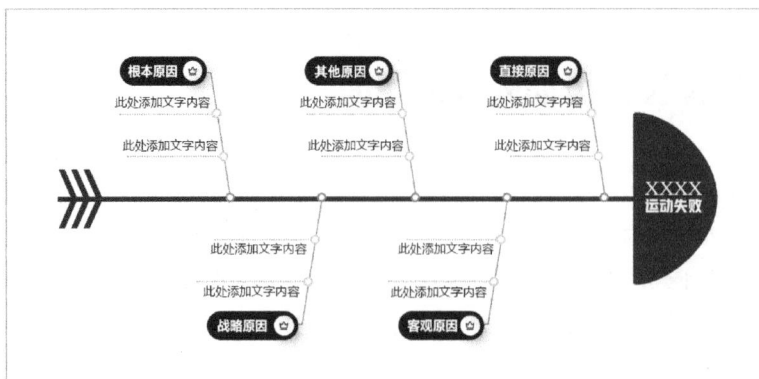

图1-14　步骤三：绘制中骨与小骨并填写原因

（4）用颜色或者形状标记重要因素，如图1-15所示。

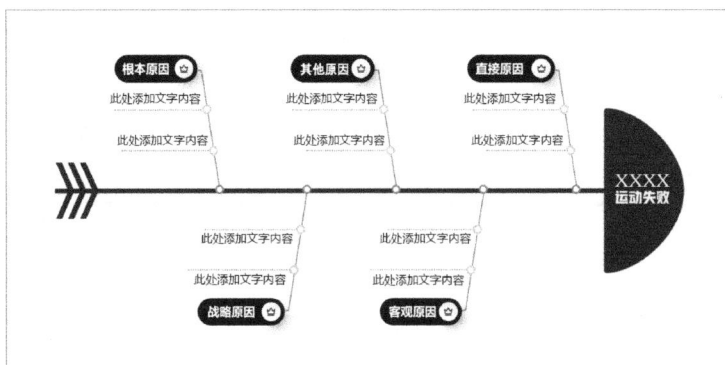

图1-15　步骤四：用颜色或形状标记重要因素

（5）这就是鱼骨图的绘制方法。不管是深色或者浅色都是如此，如果觉得浅色缺少一些氛围感，制作者可以加图片蒙版，如图1-16所示。

图1-16　步骤五：加图片蒙版

鱼骨图的用法除了分析一些原因，还可以用于流程结构图，如图1-17所示。

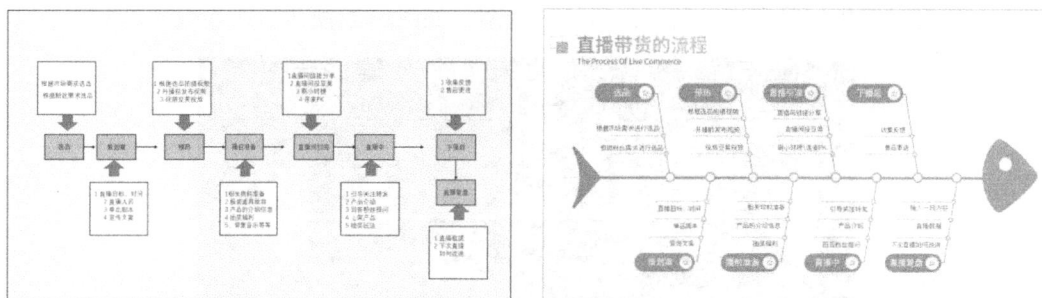

图1-17 流程结构图

鱼骨图的类型可以多种多样。要想画出一些有趣的鱼骨图，首先要知道鱼骨的大致形状，如图1-18所示。

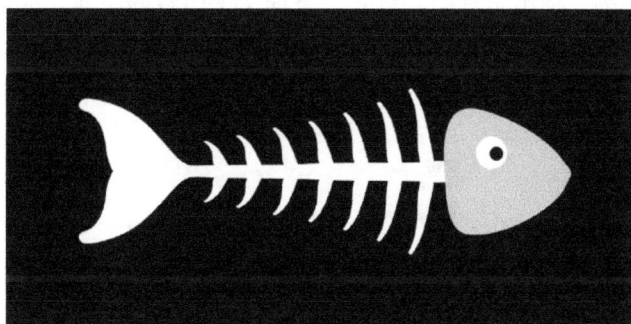

图1-18 鱼骨的大致形状示意图

一个鱼骨，包括鱼头、鱼尾，还有中间的鱼骨和鱼刺。首先是鱼头，如图1-19所示，通常可以用三角形，半圆形还有扇形来表示。

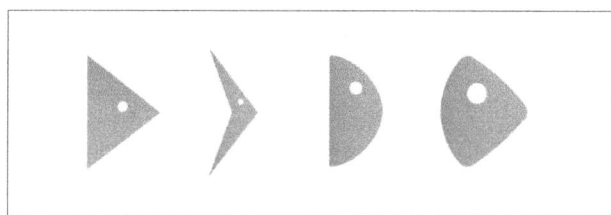

图1-19 鱼头的形状示意图

其次是鱼尾，如图1-20所示，鱼尾也是用三角形、V形箭或者弯形来表示。

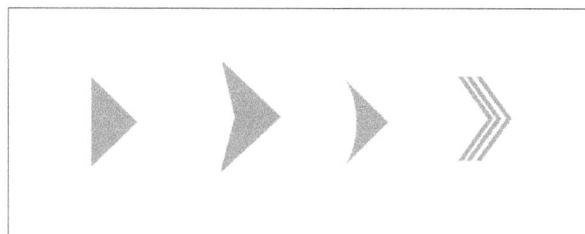

图1-20 鱼尾的形状示意图

最后是鱼骨与鱼刺。中间再加一条线段连接鱼头和鱼尾，鱼骨上面还有很多"鱼刺"，还可以细化一些出来，就可以得到鱼骨图，如图1-21所示。

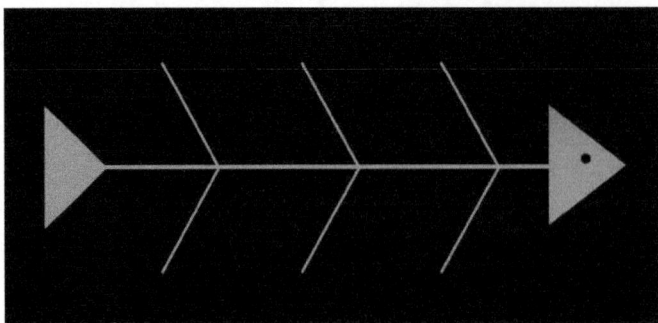

图1-21 鱼骨示意图

根据具体的案例，画出鱼骨图。首先，整理文字内容的主体，选定一个鱼骨框架，如图1-22所示。

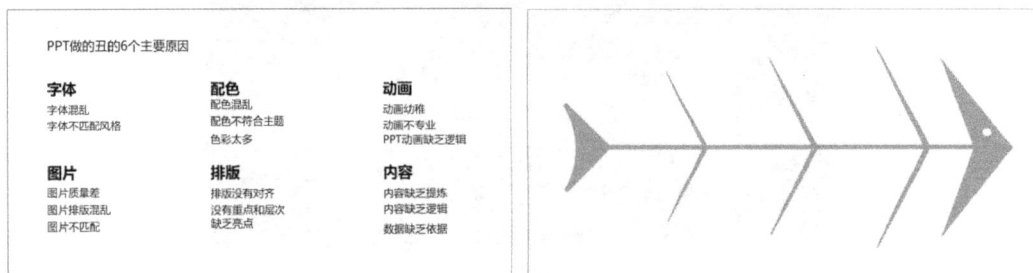

图1-22 鱼骨框架示意图

其次，把内容加进鱼骨框架中，鱼骨效果图如图1-23所示。

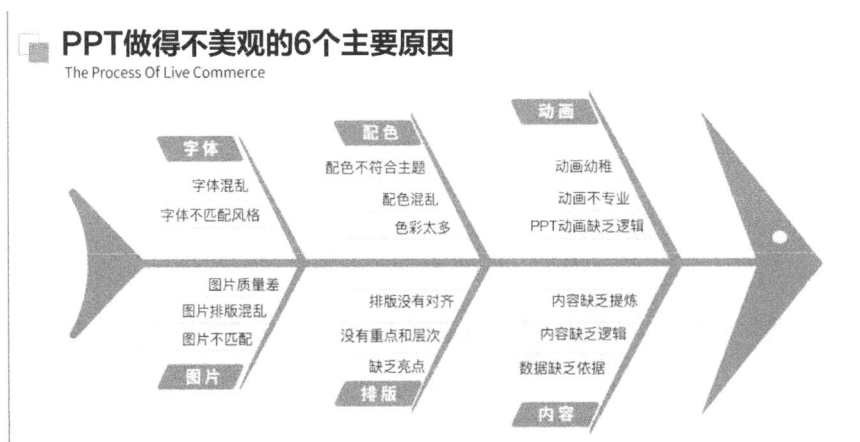

图1-23 鱼骨效果图

### 1.2.3 甘特图

甘特图以条状图的方式，通过项目列表和时间刻度来显示特定项目的活动顺序、时间进度与持续时间。甘特图如图1-24所示。

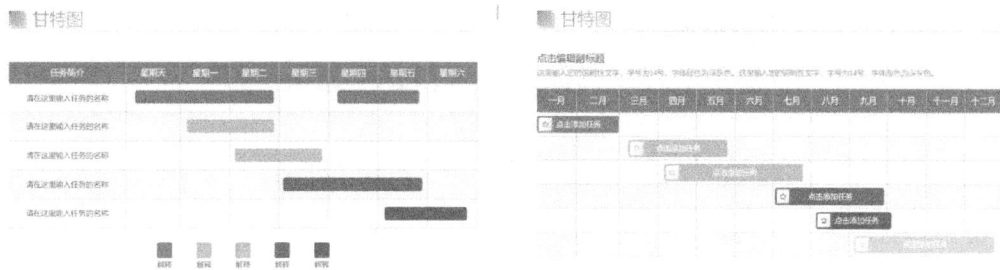

图1-24　甘特图

## 案例

甘特图的制作，需要注意设计和各部分的时间安排。如图1-25所示，这是一个房子装修项目，这种表格可以用甘特图来表示。

**房子装修项目**

| 装修事项 | 时间安排 | 预算 |
| --- | --- | --- |
| 装修设计 | 1月3日-2月28日 | 3w |
| 敲墙 | 1月16日-1月20日 | 0.5w |
| 水电工 | 1月21日-1月26日 | 2w |
| 吊顶装修 | 2月1日-2月8日 | 2w |
| 木工进场 | 2月3日-2月28日 | 10w |
| 油漆工进场 | 3月1日-3月20日 | 5w |
| 购买家具 | 3月1日-4月30日 | 15w |

图1-25　"房子装修项目"示意图

（1）绘制时间点。如图1-26所示，整个装修将进行5个月，总共有7个项目。

**房子装修项目**

| | 1月 | 2月 | 3月 | 4月 | 5月 |
| --- | --- | --- | --- | --- | --- |
| 装修设计 | | | | | |
| 敲墙移位 | | | | | |
| 房子水电 | | | | | |
| 吊顶装修 | | | | | |
| 木工进场 | | | | | |
| 油漆进场 | | | | | |
| 购买家具 | | | | | |

图1-26　绘制时间点

（2）把每一个项目持续的时间用色块来替换，就可以得到如图1-27所示的页面。

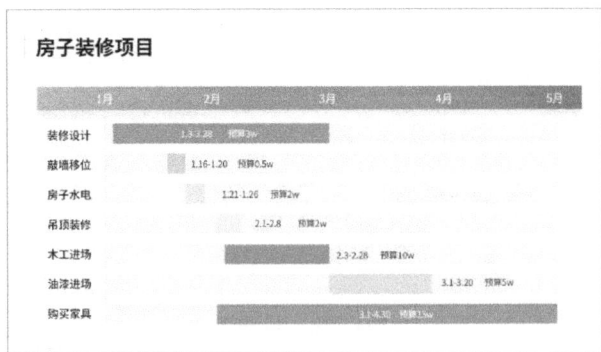

图1-27 运用色块替换项持续时间

（3）调整更换色块和修饰元素，可以将色块放到项目上，时间点可以适当弱化，如图1-28所示。

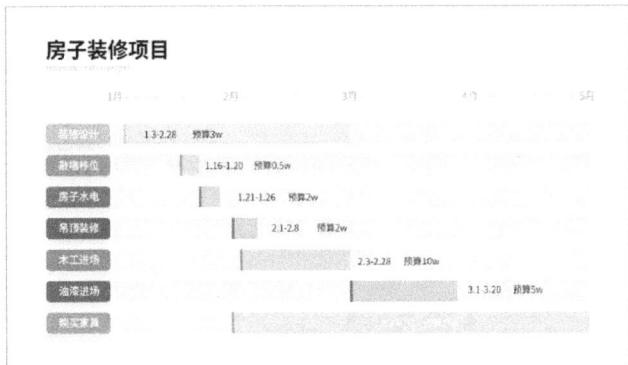

图1-28 调整更换色块和修饰元素

（4）项目进度表一般来说都是浅色调为主。深色调案例如图1-29所示。

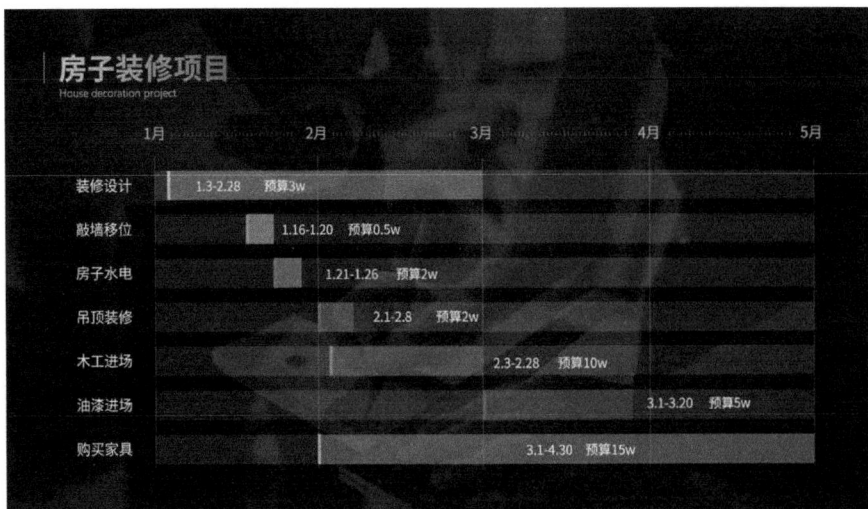

图1-29 深色调效果图

## 1.2.10　扩散图

扩散关系强调一个结论或对象可以分解成几个部分。扩散关系示意图如图1-30所示。

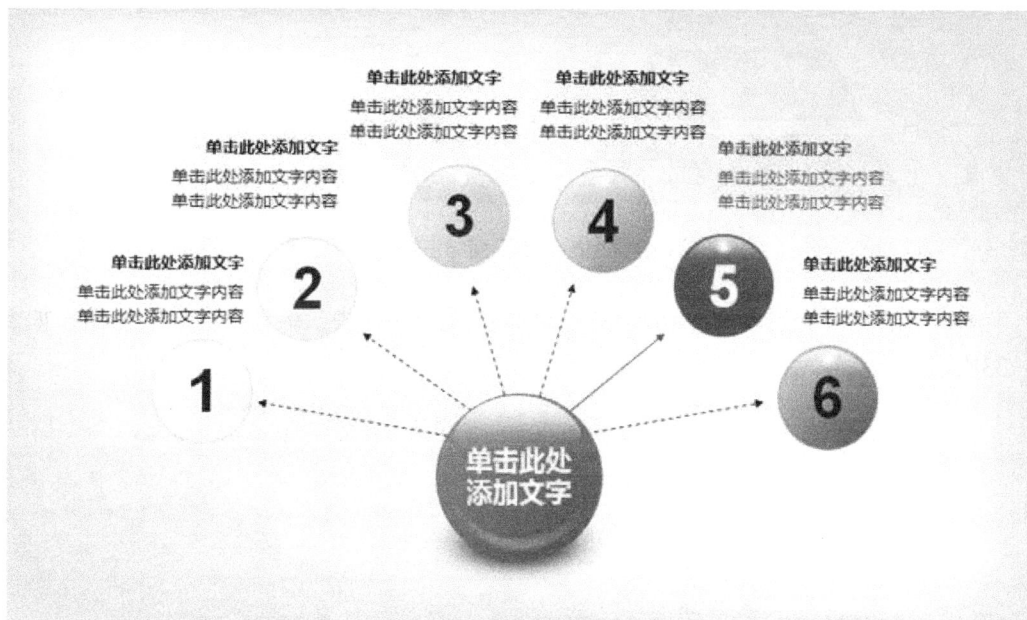

图1-30　扩散关系示意图

## 1.2.11　金字塔图

金字塔图，或者叫棱锥图，用来表达多层递进的结构关系。金字塔图如图1-31所示。

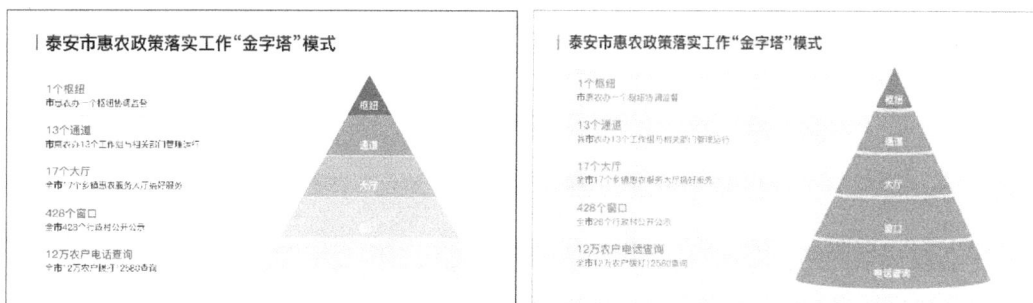

图1-31　金字塔图

案例

金字塔图的制作需要注意三个方面：结构图的选择；配色协调；文字排版。结构图中，金字塔有二维平面、三维立体以及倒金字塔结构等。图1-32所示为金字塔的二维平面与三维立体示意图。

图1-32　金字塔的二维平面与三维立体示意图

（1）结构图的选择。SmartArt图示里面就自带有一些二维金字塔的结构图，如图1-33所示。

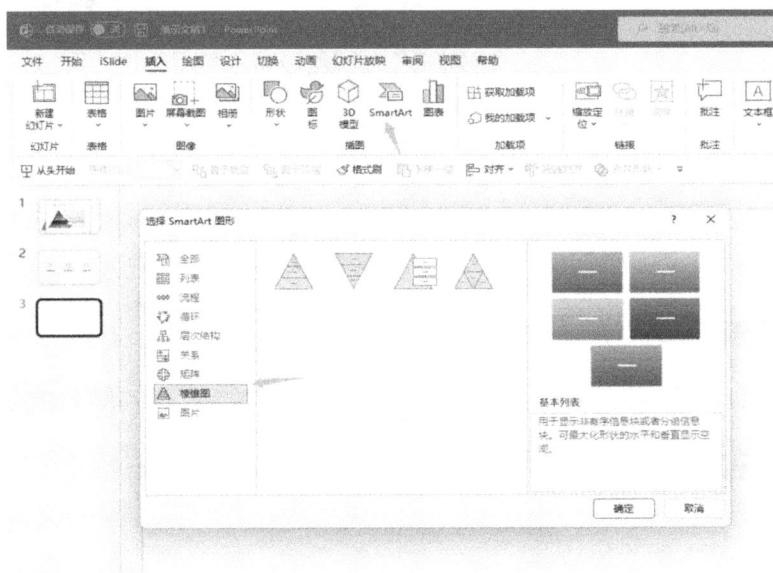

图1-33　SmartArt图示里自带的二维金字塔结构图

学会改造结构图。SmartArt图示里有简单的三层二维金字塔，打开SmartArt设计菜单，里面可以调整层数与更改颜色，如图1-34所示。

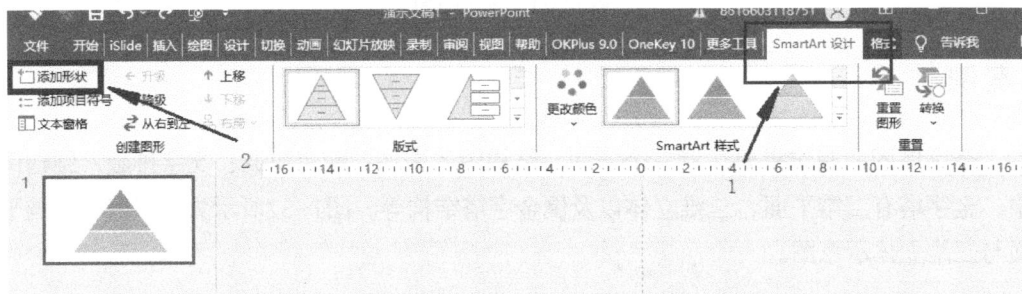

图1-34　SmartArt调整层数与更改颜色步骤示意图

（2）配色协调。层次增加完，选中金字塔图，两次取消组合，依次填充不同颜色。注意不要采用五颜六色的配色。表达层次用不同深浅的同一种颜色即可，如图1-35所示。

图1-35　用颜色深浅表达金字塔图的层次

（3）文字排版。金字塔式上窄下宽，不建议采用不规范排版，这样会导致PPT不稳，整体画面效果并不美观，如图1-36所示。最好的解决办法是保持文本对齐一致，如图1-37所示，规范排版的文字内容让整体结构呈现比较协调。

图1-36　不规范排版

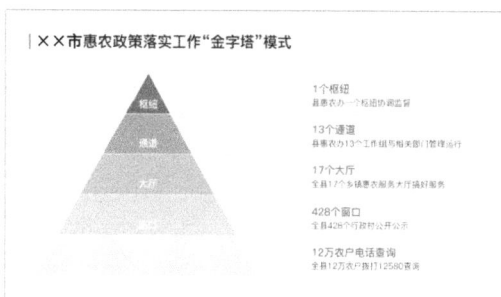

图1-37　规范排版

还可以设计立体的金字塔图，如图1-38所示。

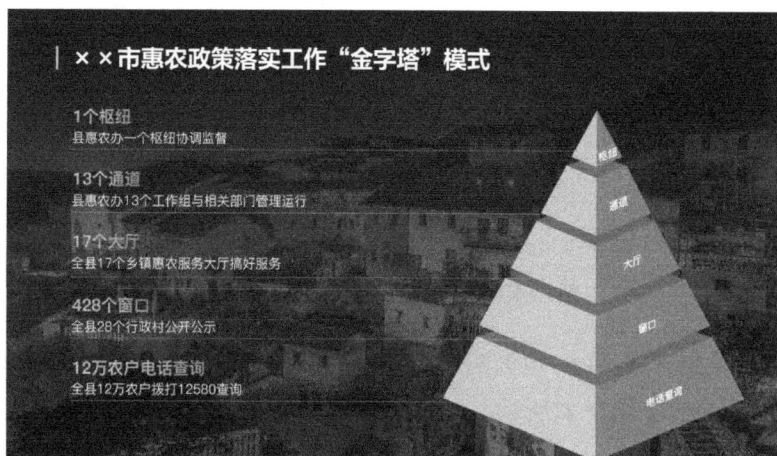

图1-38　立体金字塔图

### 1.2.12　架构图

架构图能够提供系统的视图，可以从不同的角度来展示系统的不同部分，如图1-39所示。

图1-39　架构图

案例

架构图的制作或应用，需要明确层级，统一颜色和字体，适当增强视觉效果，尝试创新的排版设计。如图1-40所示，该页的PPT架构图的逻辑问题非常典型。首先，层次结构不明显，同一级颜色差别大，不同层级颜色反而一致；其次，配色杂乱；再者，连接的线条不美观；最后，字体不统一。其修改步骤如下：

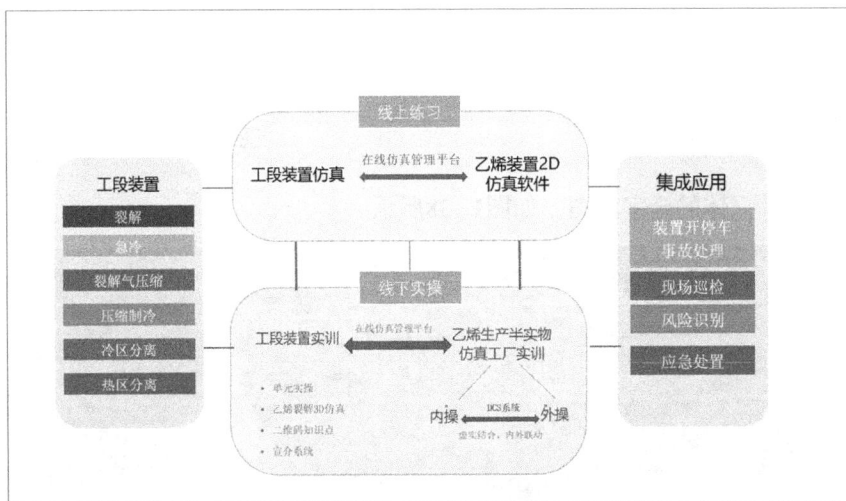

图1-40　典型含有逻辑问题的架构图

（1）明确层级。整页PPT包含四个部分，这四个部分应该属于第一层级。不同部分之间可以稍加区分，如图1-41所示，如果逻辑上没有前后关系可以颜色一致。

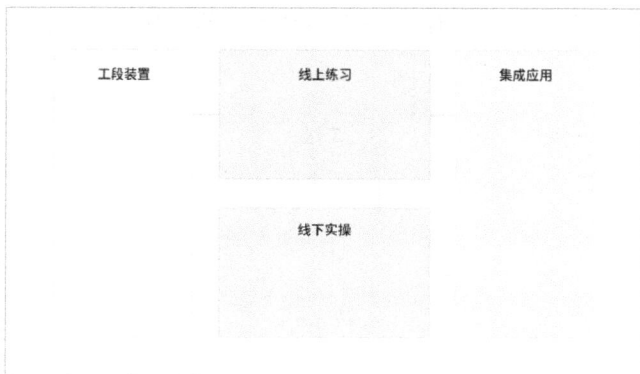

图1-41　运用色块明确层级

最左侧的"工段装置"，里面包含六块内容，这六块属于同一层级，表现形式保持一致，可以和第一层级保持差别，如图1-42所示。

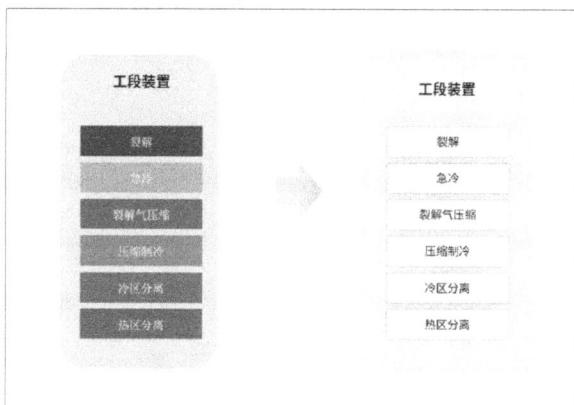

图1-42　同一层级保持一致

形状里面再加形状的图形，一定要注意形状一致性。比如外框是圆角，里面的形状最好也是圆角；外框是直角，内框也是直角。再强化一下小标题"工段装置"，如图1-43所示。

图1-43　注意形状一致性

在原稿中一共有三个层级的结构，颜色由深到浅进行区分，如图1-44所示。

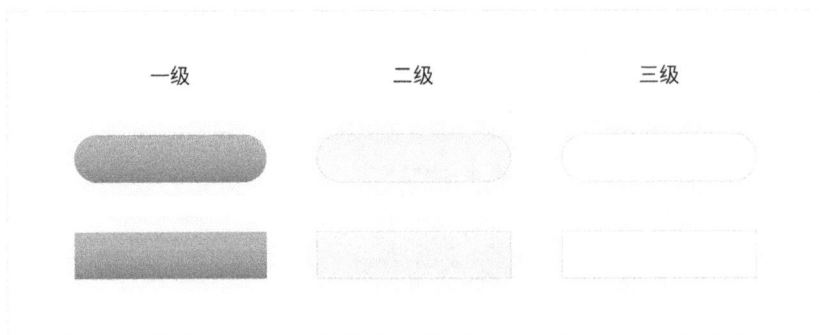

图1-44 利用颜色深浅区分层级

（2）统一颜色和字体。明确层级之后，要按照同层级，颜色相同；不同层级，颜色可有所差异的原则去排版。字体也是一样，同层次的保持一致。按照这个原则，将整体的一个框架进行梳理，得到的效果图，如图1-45所示。

图1-45 架构图效果图

（3）按照不同风格分别增强视觉效果。视觉效果主要分为扁平化商务风格、科技风格、绿色清新自然风格、国潮风格等，如图1-46~图1-49所示。

图1-46　扁平化商务风架构图

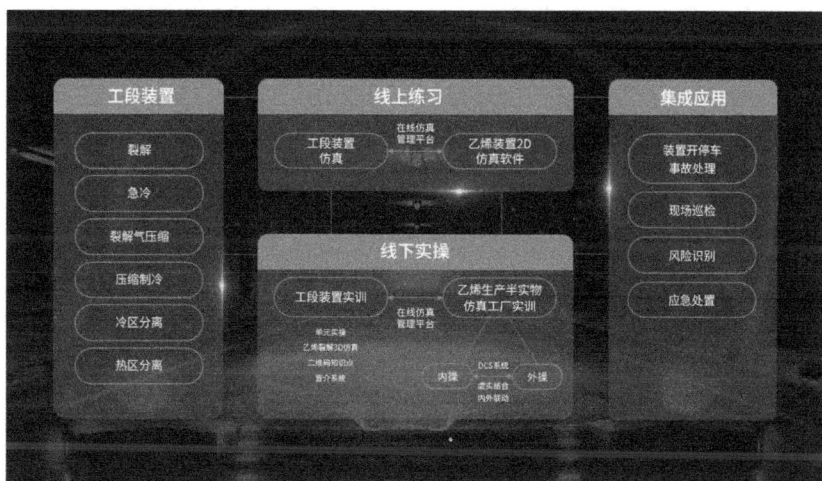

图1-47　科技风架构图

图1-48　绿色清新自然风架构图

图1-49　国潮风架构图

（4）创新的排版尝试。完成基础排版之后，可以尝试创新排版，比如新拟态或者2.5D，或者三维旋转这种形式。2.5D风格流程图如图1-50所示。需要注意的是这种风格适合大屏幕，并不适合小屏幕，比如手机，如果字太小，观众可能会出现看不清楚的问题。

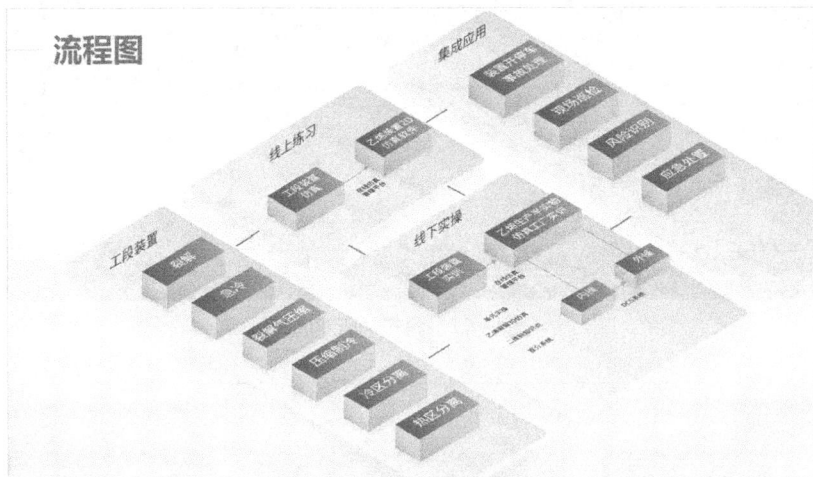

图1-50　2.5D风格架构图

**操作练习**

如图1-51所示，Word文档中大纲视图转PPT步骤流程：

（1）打开Word菜单栏，点击"视图"选项卡，选择"大纲视图"进入大纲编辑模式。标题大纲级别有三级（一级为一张幻灯片）。在设置完后，保存Word文档。

（2）打开PPT，新建PPT演示文稿。在菜单栏中点击"开始"选项卡，点击"新建幻灯片"选项旁边的下拉箭头，选择"幻灯片（从大纲）"选项。

（3）批量快速应用PPT模板的具体步骤：在菜单栏点击"设计"选项卡。此时会显示一系列内置的主题。将鼠标悬停在某个主题上，预览其效果。

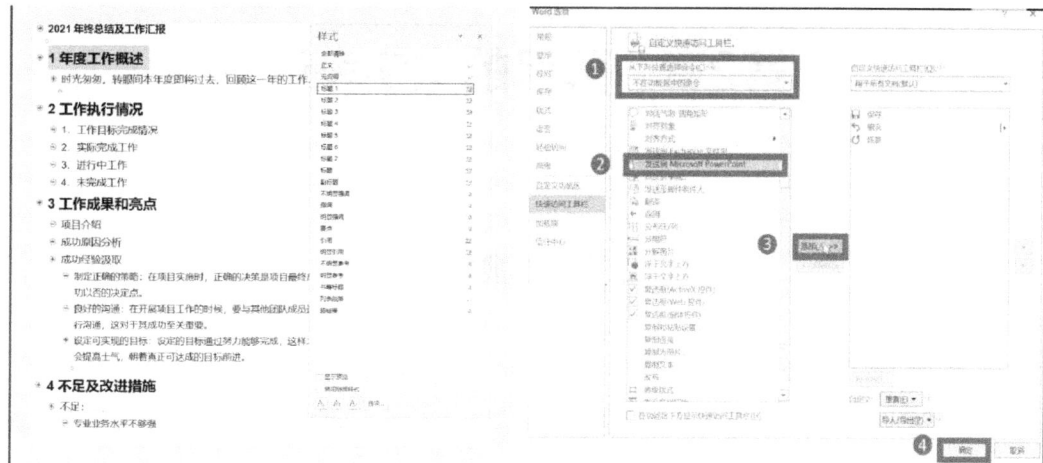

图1-51　Word中大纲视图转PPT步骤

# 第2章 醒目的文字表达

## 2.1 重视标题

### 2.1.1 概括性的标题要简明扼要

概括性的标题主要形式为主语+谓语，如图2-1所示。标题的设立需要注意质、量统一的准则。

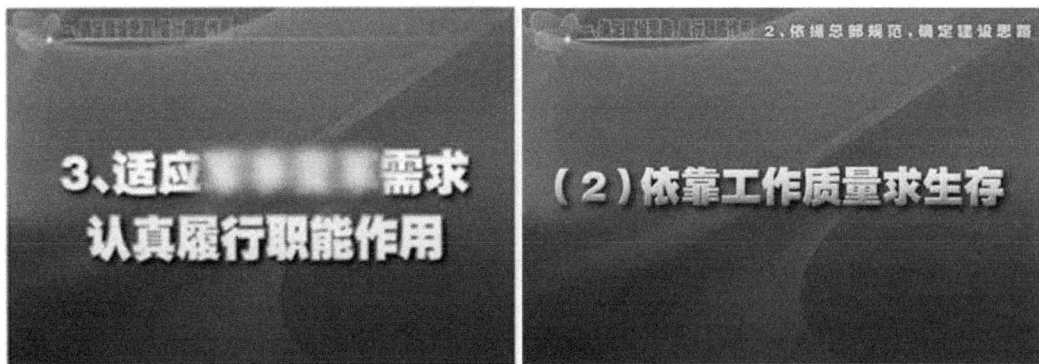

图2-1 概括性的标题要简明扼要

（1）质的准则。标题内容要精益求精。屏幕呈现的标题文本要力求简练，意义应明确，不宜使用过于含混的文字，力争用精练的文字表达丰富的教学内容。

（2）量的准则。标题字数要恰到好处。在基于屏幕的环境中，如何恰当地利用界面来传递大量的信息，是最难把握的问题之一。尤其是标题文字，不宜过长或过于具体，但也不宜太短，一般在界面的1/2和3/4之间为宜。屏幕中的文字太密或太多，容易造成学生对知识内容感知的困难，以及文字信息在传播中的损失，从而影响教学效果。

（3）统一的准则。标题的风格要整体统一。在设计标题文本时，要通过分类归纳，使同一层级的标题字数基本统一，并运用相同的字体、字号、颜色等，达到层级分明，条理清晰。为区分不同层级和内容，可选用不同的字体、字号，但同一层级标题要统一，且分别选择专用的界面、样式来加以区分，使纲目更加分明。

### 2.1.2 标题是论点，内容是论据

标题的设立需要注意，标题要让观众认可，必须有它的含义；标题的文字应简洁明

了，不能为了突出个性而忽略了标题本身的内容，如图2-2所示。

图2-2 标题是论点，内容是论据

## 2.2 精炼达意

### 2.2.1 阐述性的内容简明扼要

对于稿本中的扼要之处、关键之点、模糊易混淆的地方，要进行归纳总结，把握好时机适时地传送到学习者的眼前，起到高度概括，简明扼要的作用，引起受众者的兴趣，便于学习记录，如图2-3所示。

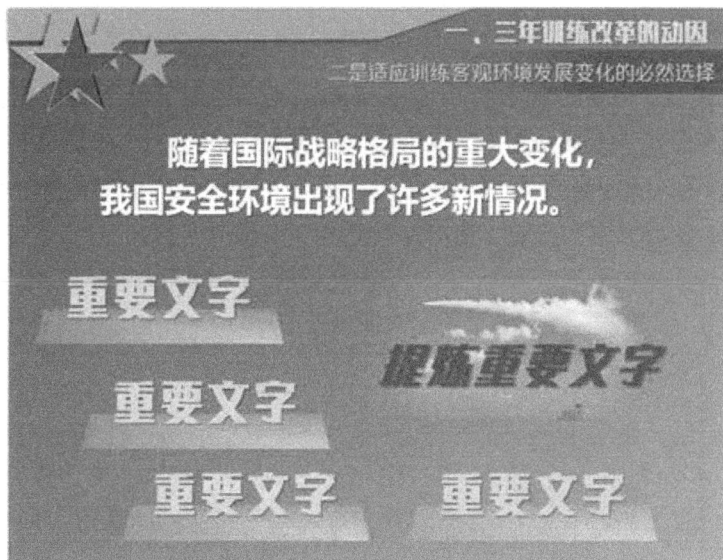

图2-3 阐述性的内容抽象严谨

当语言文字较多时，应在保持教学内容层次分明、逻辑严谨、条理清晰的基础上，分屏插入内容，以免整屏出现过多的文字，造成观众阅读困难，影响版式美观。

### 2.2.2 内容分块拆解，提炼核心含义

提炼短句表达观点。调整文字长度，句式结构尽量相同，文字长短一致，朗读节奏相近，如图2-4所示。

图2-4　内容分块拆解，提炼核心含义示意图

## 2.3　字体选择

### 2.3.1　表现性的文字美观和谐

"形美以悦目，意美以感心。"在多媒体课件中的文字绝不能仅仅作为画面中一种静态的表意成分出现，而应将其作为场景中表形的一份子，它应该具有较强的表现能力，如图2-5所示。文字除了表情达意之外，还是一种美化界面的重要手段，可以直接参与到构图中，使界面主次分明，富有层次感和节奏感，丰富视觉效果。

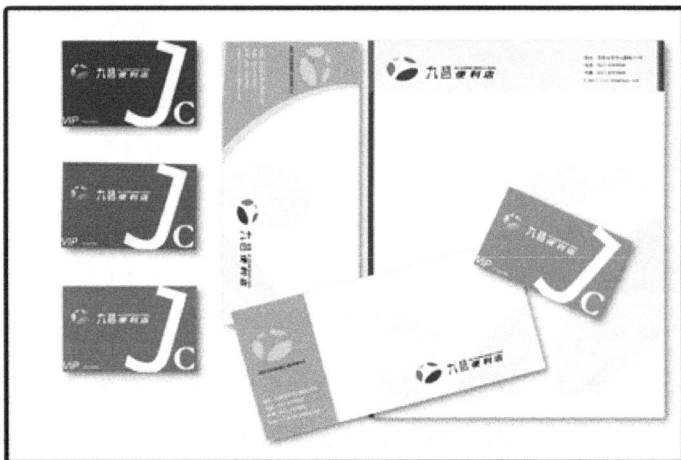

图2-5　文字具有较强的表现能力

比如，把某个文字放大，作为图形符号来丰富背景；借助文字这个图形符号其自身的"力"与"势"的冲突与均衡形成视觉的美感，作为造型手段来丰富多媒体课件中的

画面效果。如图2-6所示，军队院校百名院士讲坛光盘封皮中的"讲坛"二字和隐含在背景中的"100"就是表现性的文字，用以美化界面、均衡构图。

图2-6　"军队院校百名院士讲坛"光盘封皮示意图

综上所述，文字这种最古老的视觉语言，在多媒体课件中仍发挥着不可低估的作用，关于它的设计没有固定不变的模式，只要符合"主题突出、美观大方、合情合理、简明有效"的特点，就不失为好的设计。

## 2.3.2　使用无衬线字体

（1）衬线字体。在字的笔画开始、结束的地方有额外的装饰，这些装饰通常被称为"衬线"或"字脚"。此外，衬线字体的笔画粗细也会有所不同，宋体就是典型的衬线字体，其笔画粗细变化明显，且在笔画末端有明显的装饰线。这种字体可以营造出一种经典、传统的氛围，适合用于书籍、报纸、杂志等印刷品的正文排版。衬线字体与无衬线字体的对比示意图如图2-7所示。

图2-7　衬线字与无衬线字的对比示意图

（2）无衬线字体。与衬线字体相反，无衬线字体没有这些额外的装饰线，其笔画粗细基本相同。这种字体具有商务感，在PPT中使用较多，如图2-8所示。

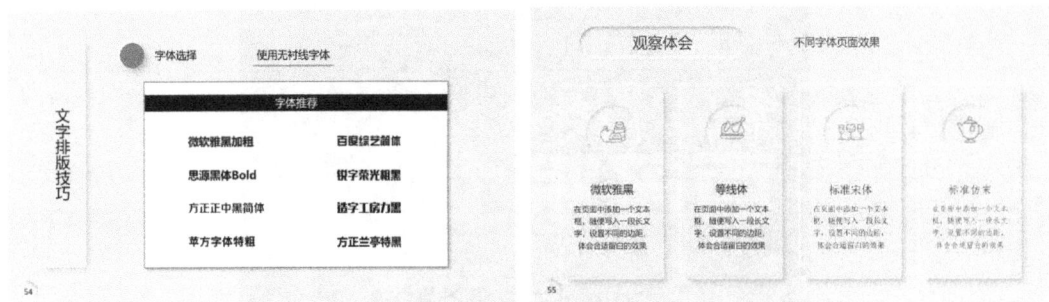

图2-8　无衬线字示意图

# 2.4　文字布局

## 2.4.1　纵列式排版

纵列式排版可以使用线条、线框、色块以及图片分隔，如图2-9所示。

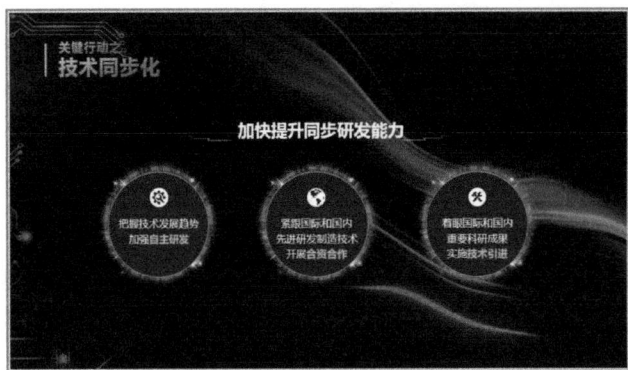

图2-9　纵列式排版示意图

（1）色块的使用可以划分层次及区域，突出文字信息，如图2-10所示。

图2-10　色块的使用

（2）线条的使用能引导阅读的作用，如图2-11所示。

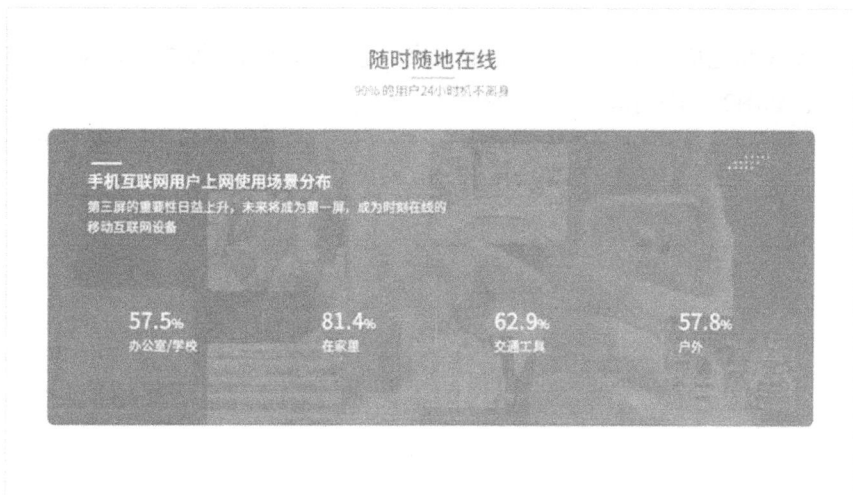

图2-11　线条的使用

（3）线框的使用可以明确分割，分类信息，装饰页面，创意设计，如图2-12所示。

图2-12　线框的使用

（4）图片的使用可以划分层次与丰富页面，如图2-13所示。

图2-13　图片的使用

### 2.4.2 设置视觉焦点

文字、图片和色块都是设计中常用的元素，它们都可以被设置为视觉焦点来吸引观众的注意力，如图2-14所示。

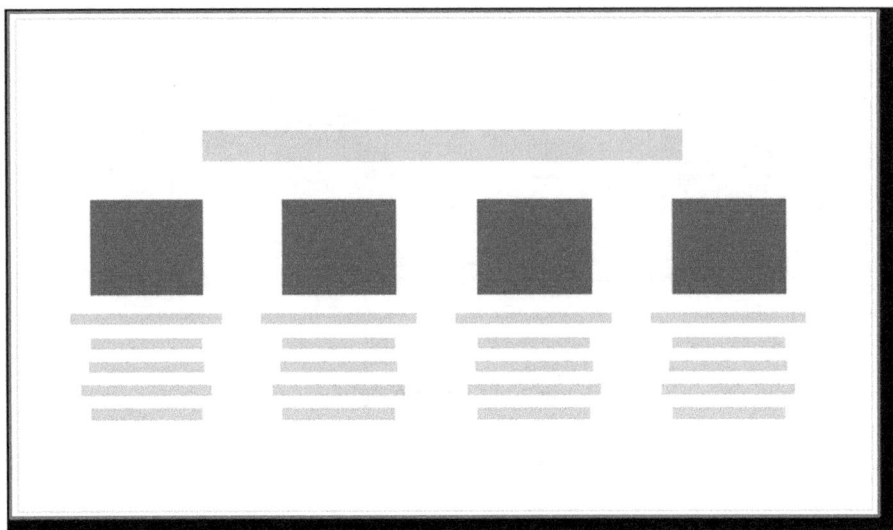

图2-14　PPT设置视觉焦点排版示意图

案例欣赏

（1）使用文字作为视觉焦点，如图2-15所示。

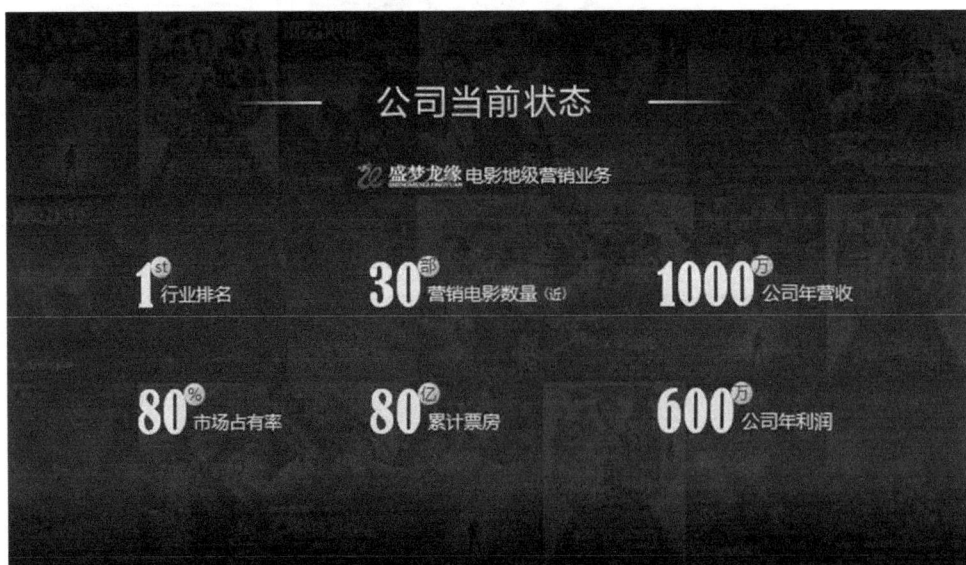

图2-15　使用文字作为视觉焦点

（2）使用色块作为视觉焦点，如图2-16所示。

图2-16 使用色块作为视觉焦点

（3）使用图片作为视觉焦点，如图2-17所示。

图2-17 使用图片作为视觉焦点

### 2.4.3 长短段落的处理

长短段落应该错落有致，富有变化，内容简洁，如图2-18所示。

图2-18 长短段落的处理

### 2.4.4　注意留白

（1）行间距与段间距。行间距通常为1.3倍，需要注意对文字内容进行提炼和概括，如图2-19所示。

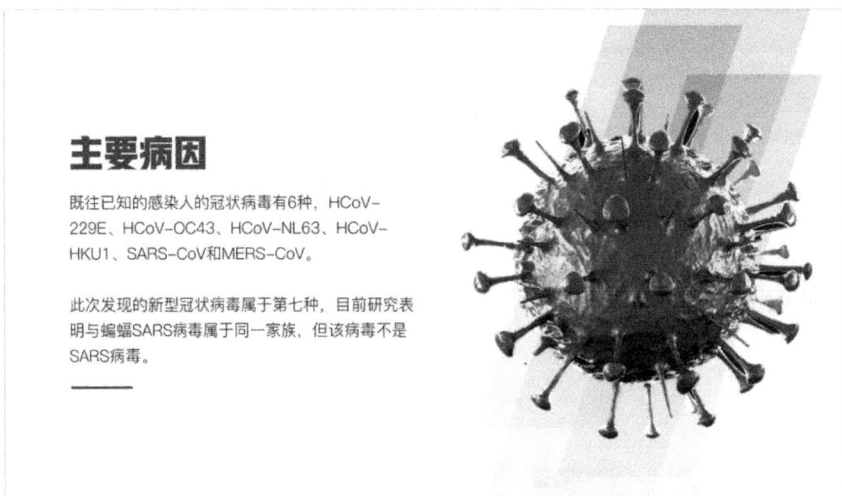

图2-19　行间距与段间距

（2）页边距。可以设置页边距参考线，确保所有页面有统一的留白，如图2-20所示。

图2-20　设置页边距参考线

（3）图形（色块）边距。图形（色块）边距在设计中是一个重要的概念，它指的是图形（色块）与其周围元素或页面边缘之间的空间距离。边距的设置对于整体设计的平衡、美观和可读性都有着重要的影响，如图2-21所示。

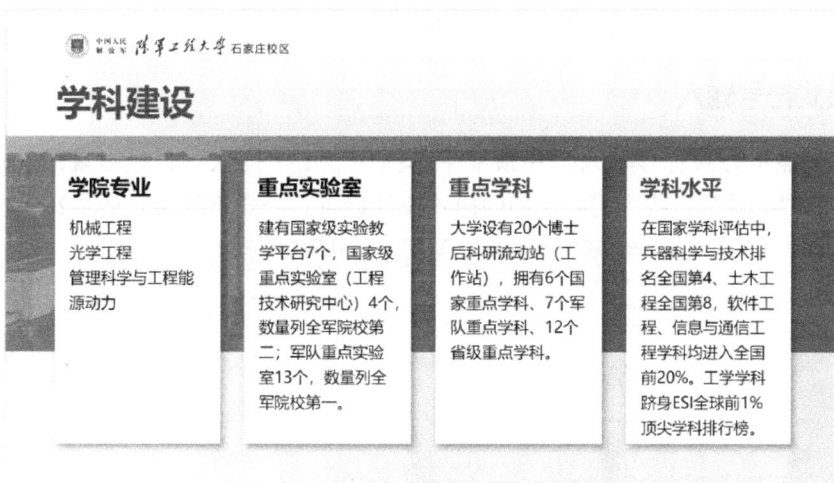

图2-21　图形（色块）边距效果示意图

**操作练习**

在页面中添加一个文本框，设置边框或填充颜色，输入一段文字，设置不同的边距，体会合适留白的效果，如图2-22所示，操作步骤如下：

（1）一般文本框的页边距设置为0.6~0.8 cm，用矩形代替文本框。

（2）批量替换字体：点击"开始"选项，并在"开始"菜单中点击"替换"，在右侧三角展开选项。

（3）多种字体一键统一：「iSlide」。

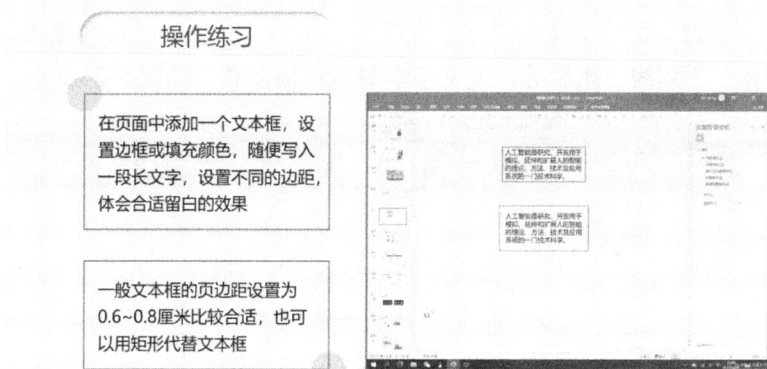

图2-22　图形（色块）边距操作练习示意图

## 2.5　文字处理

标题、正文中的文字内容、公式等都需要以文本形式进行描述和表达，课件中直接输入文本的文字格式都是默认格式，这就需要后期修改和美化，如字体、字号、间距、颜色等。这样更能突出教学重点，让学习者过目不忘。

### 2.5.1 公式符号输入

操作步骤：公式符号输入，在顶部菜单栏中点击"插入"，在出现的选项中选择"公式"或"符号"。找到需要添加的模式添加即可。公式符号输入如图2-23所示。

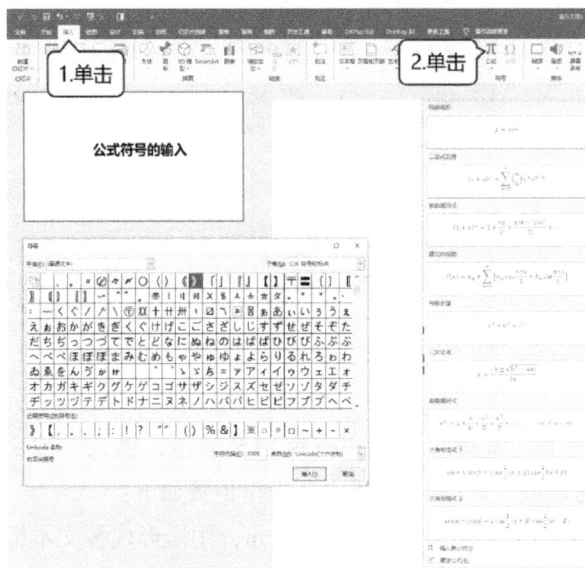

图2-23 公式符号输入

### 2.5.2 格式

操作步骤：设置文字的字体为"方正大黑"，字号"20"，颜色为黑色，也可以给文字加粗、斜体、下划线、阴影等，使文字本身显示出创意，如图2-24所示。

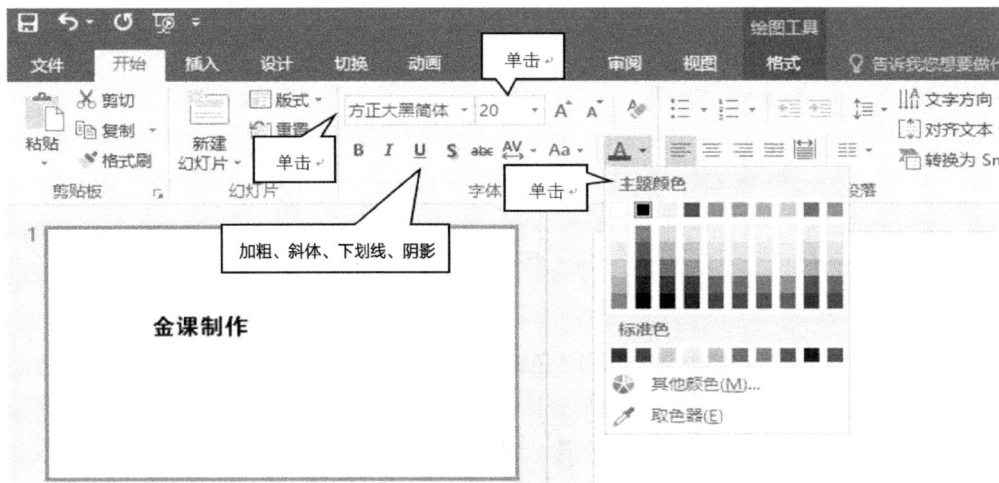

图2-24 为字体设置格式的操作步骤

### 2.5.3  艺术字

操作步骤：设置文字格式。设置标题文字的艺术字样式，如图2-25所示。

图2-25  设置标题文字的艺术字样式

# 第3章  形象的图形图像表达

## 3.1  选择高质量图片

### 3.1.1  玩转搜索引擎（百度、Google）

关键词推荐：GIF，Animation，PNG，Vector，SVG，Desktop，Background，Clipart，Cartoon，Symbol，Graphics，Icon，Design，Illustration，Drawing，Template，Sketch，ink，Chinesebrush，Digitalart，Watercolor，Painting，Sculpture，Figure，Pattern，Set，Infographics，3D，STL，3MF，等等。搜索引擎输入关键词如图3-1所示。

图3-1　搜索引擎输入关键词

### 3.1.2  免费网站

一个很酷的免费背景网站——SVG（Scalable Vector Graphics，可放缩的矢量图形)是W3C（World Wide Web Consortium，万维网联盟）在2000年8月制定的一种新的二维矢量图形格式，也是规范中的网络矢量图形标准。

因为SVG是基于矢量的，所以在放大图形时不会出现任何降低或丢失保真度的情况。它们只是重新绘制以适应更大的尺寸，这使它非常适合多语境场景，例如响应式Web设计，如图3-2所示。

图3-2　免费背景网站（SVG）

### 3.1.3　资源类网站（昵图网、摄图网等付费网站列表）

#### 1.高质量、免费、无版权的图片素材

- Pixabay

网址：https://pixabay.com.

Pixabay是免费高质量的图片素材网站，总共约1 040 000张免费的图片、矢量文件和插画，支持中文检索。Pixabay网址首页示意图如图3-3所示。

图3-3　Pixabay网址首页示意图

- Pexels

网址：https://www.pexels.com.

Pexels网站每周定量更新，所有的图片都会显示详细信息。可根据不同的尺寸大小进行下载。Pexels网址首页示意图如图3-4所示。

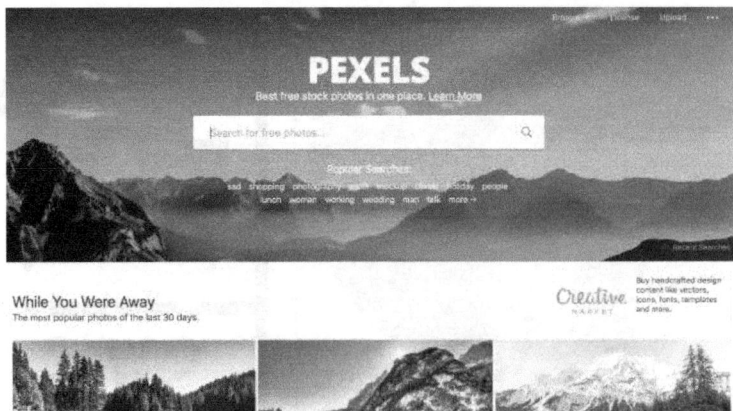

图3-4　Pexels网址首页示意图

• Splitshire

网址：https://www.splitshire.com.

Splitshire是免费高清摄影图片下载网站，都是摄影师拍摄的照片，质量非常高。Splitshire网址首页示意图如图3-5所示。

图3-5　Splitshire网址首页示意图

## 2. 无背景的PNG图片素材

• Stick PNG

网址：http://www.stickpng.com/.

Stick PNG是提供丰富透明背景PNG图片的素材站点。其资源丰富、分类齐全、易用性高，是设计者在PPT设计、海报制作等场景中的理想选择。

• Pngimg

网址：http://pngimg.com.

Pngimg是专注于PNG格式图片素材的网站，提供丰富的、高质量的PNG图片资源。设计者在使用时，还需要注意图片的版权问题和网站可能存在的其他问题。

• Freepengs

网址：https://www.freepngs.com/.

Freepengs 是提供免费PNG图片资源下载的网站，图片质量高、分辨率清晰，细节丰富，适合用于各种尺寸和分辨率的设计作品中。

* Png All

网址：http://www.pngall.com/.

Png All网站提供丰富的图片资源、便捷的搜索筛选功能以及快速的下载体验。

* 觅元素

网址：http://www.51yuansu.com.

觅元素网站以免费与付费相结合的模式，提供丰富的素材资源、高清免抠的设计元素、多样化的格式选择。

## 3. 优质、免费的图标素材

* Iconfont

网址：http://www.iconfont.cn.

阿里巴巴矢量图库（iconfont），由阿里巴巴体验团队倾力打造的中国第一个最大且功能最全的矢量图标库，总共有143万个图标。

* Easyicon

网址：http://www.easyicon.net.

图标下载网站，大概有58万个免费图标，可以作为阿里巴巴矢量图库的补充。

* Iconninja

网址：http://www.iconninja.com.

图标忍者（Iconninja）是一个支持近百万免费图标素材的搜索引擎，大约有83万个免费图标，如图3-6所示。

图3-6　Iconfont、Easyicon与Iconninja图标

## 4. 纹理背景和渐变背景下载网址

纹理背景的下载网址有以下3个。

* Subtle Patterns

网址：https://www.toptal.com/designers/subtlepatterns/.

Subtle Patterns网站拥有丰富的免费纹理集合和高质量的设计元素，还提供便捷的下载和使用方式。

* 图鱼

网址：http://www.hituyu.com.

图鱼是提供底纹素材的网站，包含丰富的纹理、背景等设计元素，提供的素材种类多样、质量高，图鱼网站可以方便地搜索和下载所需素材。

• Pattern Library

网址：http://thepatternlibrary.com.

Pattern Library是专注于分享无缝纹理背景素材的网站，提供丰富的资源选择和便利的使用方式。

渐变背景的下载网址有以下2个。渐变网址首页示意图如图3-7所示。

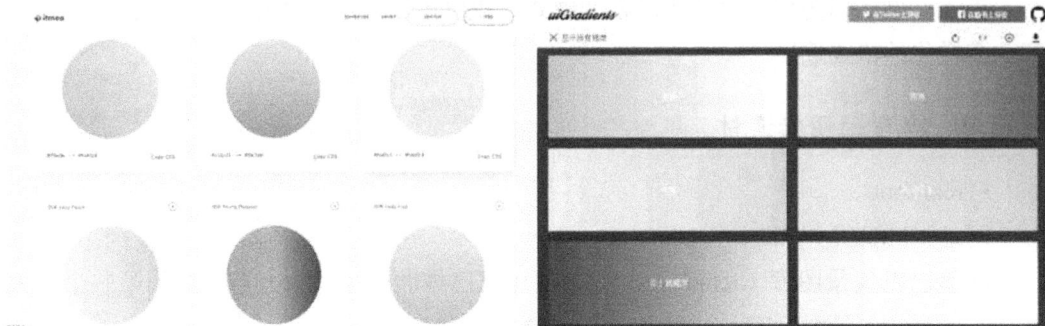

图3-7  渐变网址首页示意图

• Webgradients

网址：https://webgradients.com.

Webgradients网站提供180多种线性渐变方案，免费供商业或个人使用，整体风格偏柔和且界面干净。

• Uigradients

网址：https://uigradients.com.

Uigradients网站以渐变色为主题，提供多种高质量的渐变色配色方案，支持用户自行添加优质配色方案。

**5. 地图生成网站**

• Pixel Map Generator

网址：https://pixelmap.amcharts.com/.

Pixel Map Generator网站能够给地图进行上色、添加图例和线段。既可以将地图放大至全世界，也可以缩小到某个省份。地图生成网站（Pixel Map Generator）示意图如图3-8所示。

**6. 设计灵感网站**

• 花瓣网

网址：http://huaban.com/.

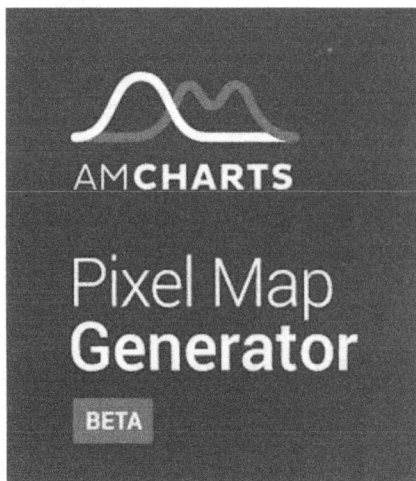

图3-8  地图生成网站（Pixel Map Generator）示意图

花瓣网是国内较好用的设计灵感网站，设计师找灵感，找素材的天堂，这个网站可以进行中文关键词搜索。花瓣网首页示意图如图3-9所示。

图3-9 花瓣网首页示意图

- Dribbble

网址：https://dribbble.com/.

Dribbble网站是著名设计师作品分享平台，个人作品分享交流，UI作品为主，搜索英文关键词便可看到相关作品。

- 站酷

网址：https://www.zcool.com.cn/.

站酷是目前国内较知名的平面设计教程网站之一，国内很多设计师都在上面分享作品。

- CollectUI

网址：https://www.collectui.com/.

CollectUI 网站是一个提供网页设计灵感的站点，每天更新界面设计师们最新灵感设计作品。

- 优设网

网址：https://www.uisdc.com/.

优设网是国内比较好用的设计学习平台，里面有非常多的作品和教程，以网页设计为主。

## 7. 免费的视频网站

- Mixkit

网址：https://mixkit.co/.

Mixkit是一个免费视频素材网站，视频素材的质量非常高，而且无论商业或非商业用途皆可自由使用。Mixkit网站首页示意图如图3-10所示。

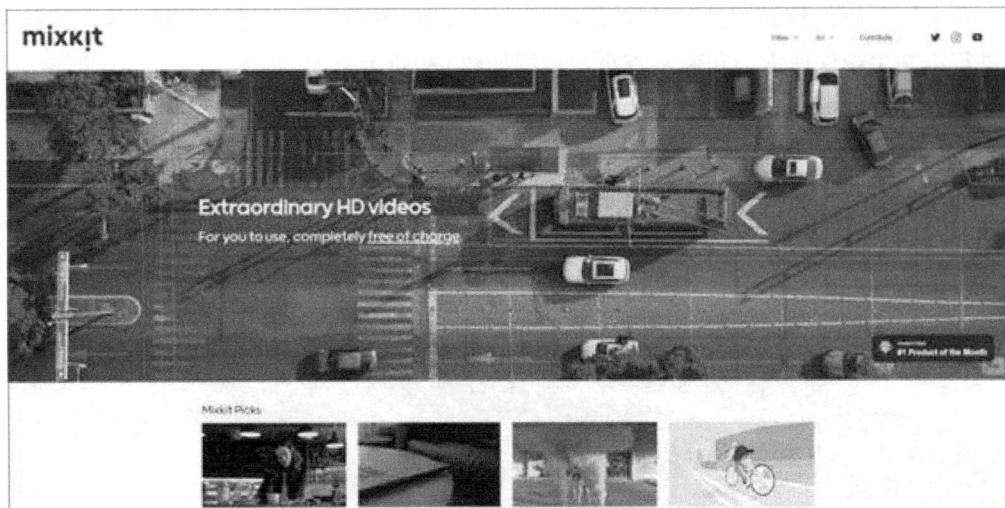

图3-10　Mixkit网站首页示意图

- Pixabay

网址：https://pixabay.com/videos/.

Pixabay是国外非常著名的图片网站，这个网站上也可以下载到免费的视频素材。它有专门的videos板块，里面的视频都是免费的。Pixabay网站首页示意图如图3-11所示。

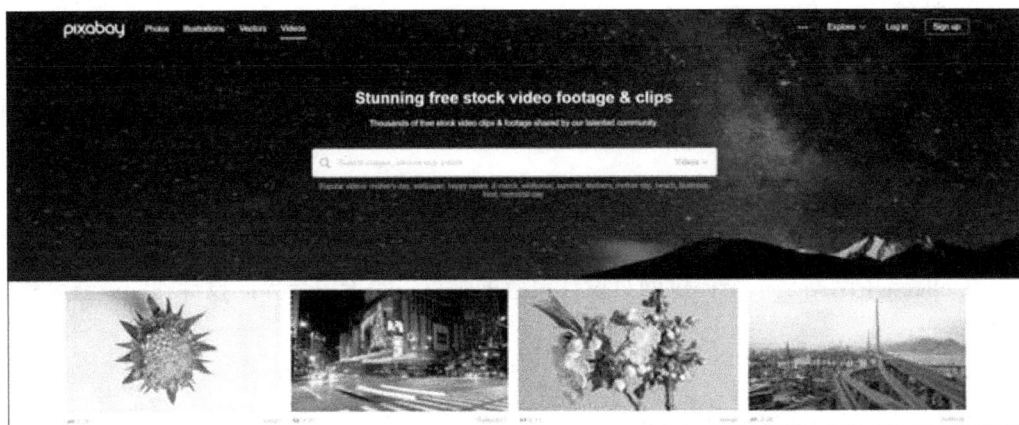

图3-11　Pixabay网站首页示意图

- Coverr

网址：https://coverr.co/.

Coverr 是一个免费视频素材网站，收录许多影片，这些影片都采用 CC0（知识共享许可）授权，可以免费下载并用于任何地方。Coverr网站会在每周一更新七个全新影片，且在不断更新。Coverr网站首页示意图如图3-12所示。

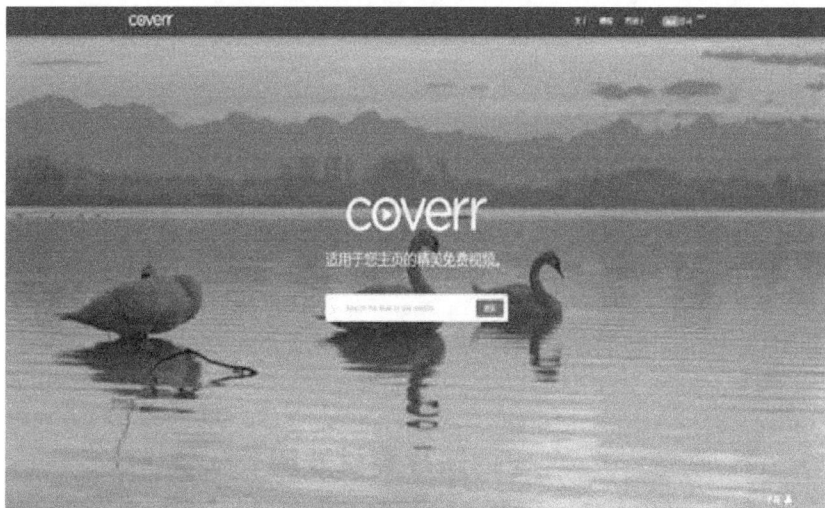

图3-12　Coverr网站首页示意图

- Videezy

网址：https://www.videezy.com/.

Videezy是一个免费的视频素材网站，提供大量免费高画质HD、4K影片素材。视频非常多，不过网站进行了分类，比较好查找。

## 8. 插画素材网站

- Vector Creator

网址：https://icons8.com/vector-creator.

Vector Creator网站拥有超过3 000种可免费使用的设计元素，可根据喜好随意组合，给设计者留了很大的自由创作空间。Pro 版本支持 SVG 格式。

- Undraw

网址：https://undraw.co/.

Undraw免费的插画网站，里面的插画风格比较统一。下载免费，商业用途可自由使用，网站素材主要提供SVG图片格式和PNG图片格式。

- Delesign

网址：https://delesign.com/free-designs/graphics/.

Delesign是一款集合了包含插画、图标的设计素材库，质量非常不错。

- Manypixels

网址：https://gallery.manypixels.co/.

Manypixels是一个免费的SVG插图下载网站，可以在线编辑，更改插画的颜色，也提供SVG 和PNG 两种图片格式。

- Opendoodles

网址：https://www.opendoodles.com/.

Open Doodles是一个偏向于简笔画的插画素材网站。不仅可以下载 SVG 或 PNG 文件，还可以下载部分支持的 GIF 动图。

• Iconscout

网址：https://iconscout.com/free-illustrations.

IconScout旗下的Free Illustrations中拥有非常多的免费插图，质量非常高。

• Humaaans

网址：https://www.humaaans.com/.

Humaaans是一个人物插画素材网站，可以在线调整人物的动作和服装，使用非常灵活。

## 3.2 图片素材处理

PowerPoint软件可以有效地进行图片编辑与修改，达到自己想要的效果，也会给学习者带来更直观性的印象。

### 3.2.1 截取图片

操作步骤：新建演示文稿，单击"插入"选项卡的 "图片"，单击"图片格式"功能组的 "裁剪"下拉选项中的"裁剪"（或鼠标右键点击图片，选择设置图片格式，修改参数即可），拖动图片对角线选择图片裁剪区域，如图3-13所示。

图3-13　PPT截取图片操作步骤示意图

### 3.2.2 编辑图片

操作步骤：点击菜单栏"插入"选项卡的"图片"，鼠标右键点击图片"设置图片效果"，调整参数，如图3-14所示。

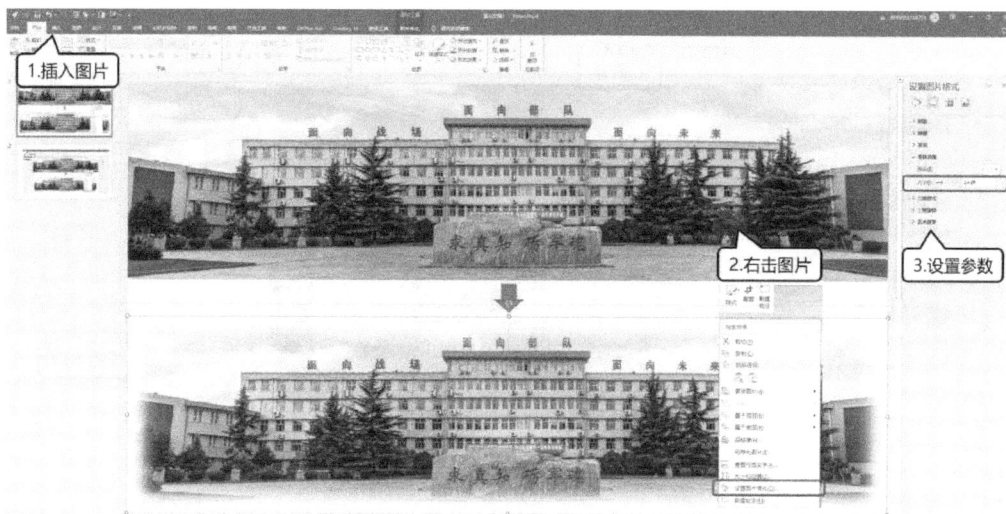

图3-14 PPT编辑图片操作步骤示意图

### 3.2.3 调整图像亮度和对比度

操作步骤：新建演示文稿，选择"插入"选项卡的"图片"，单击"图片格式"，选择"校正"选项，点击"预设效果"。或鼠标右键点击图片，选择"设置图片格式"，设置参数0即可，如图3-15所示。

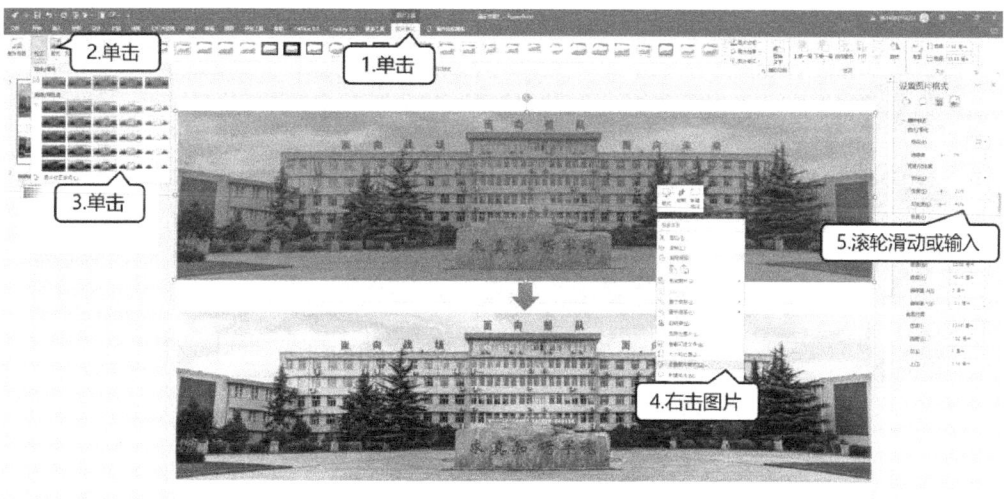

图3-15 PPT调整图像亮度和对比度操作步骤示意图

### 3.2.4 旋转图片

操作步骤：新建演示文稿，选择"插入"选项卡的"图片"，单击"图片格式"，选择"旋转"选项（也可根据需要选择其他下拉选项），或鼠标右键点击图片，选择"设置图片格式"中的大小与属性，设置参数即可，如图3-16所示。

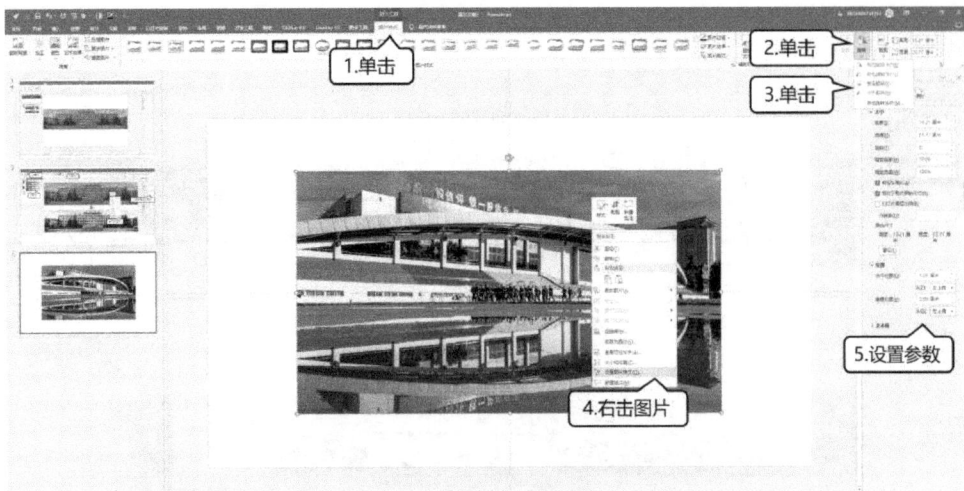

图3-16　PPT旋转图片操作步骤示意图

### 3.2.5　改变图像清晰度

操作步骤：新建演示文稿，选择"插入"选项卡的"图片"，鼠标右键点击图片，选择设置图片格式中的图片格式，设置参数即可，如图3-17所示。

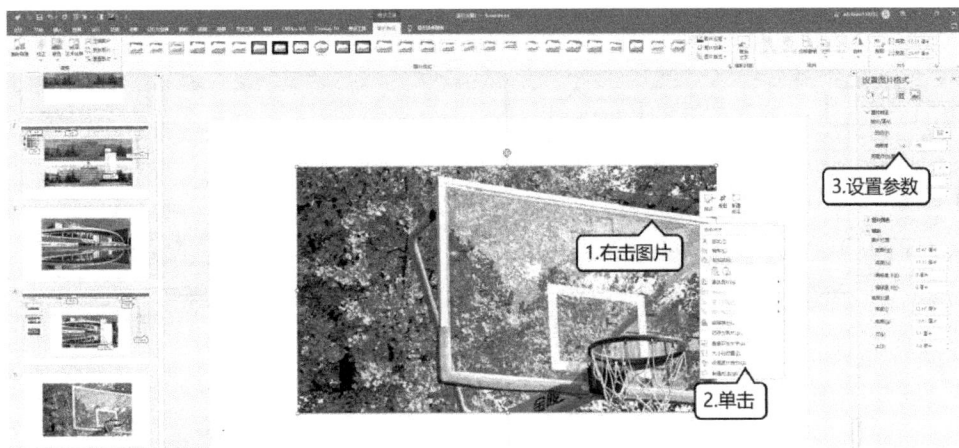

图3-17　PPT改变图像清晰度操作步骤示意图

### 3.2.6　抠图

操作步骤：新建演示文稿，选择"插入"选项卡的"图片"，单击"格式"命令，选择"删除背景"里的"标记要删除的区域"或"标记要保留的区域"，点击"保留更改"或点击图片外空白区域即可删除多余背景，如图3-18所示。

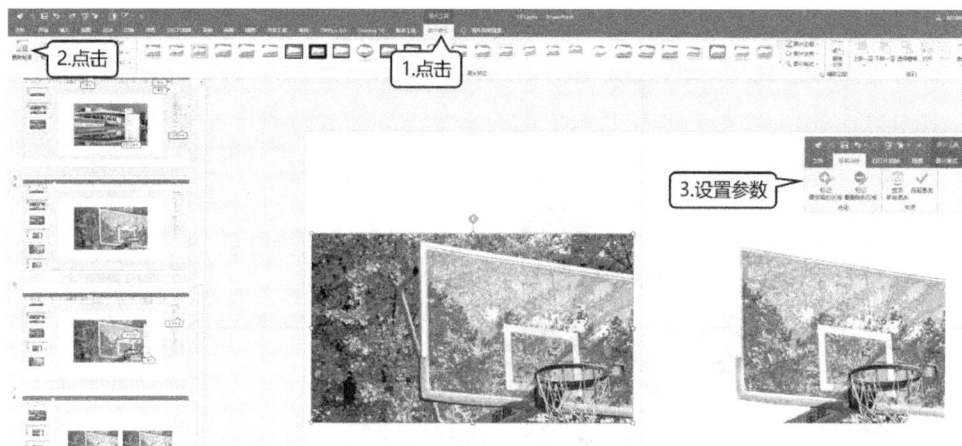

图3-18　PPT抠图操作步骤示意图

### 3.2.7　切换背景

操作步骤：新建演示文稿，打开需要调整的图片（完成的抠像Png图），打开新的背景图片，执行"粘贴"命令，拖动调整主体图案放在图中的位置，然后保存图片，如图3-19所示。

图3-19　PPT切换背景操作步骤示意图

### 3.2.8　调整图片阴影、高光

操作步骤：新建演示文稿，打开需要调整的图片，鼠标右键点击图片，选择"设置图片格式"中的"效果"，设置参数即可，如图3-20所示。

图3-20　PPT调整图片阴影、高光操作步骤示意图

# 3.3　图形设计技巧

## 3.3.1　色块的使用

色块的使用可以划分层次及区域，突出文字信息，如图3-21所示。

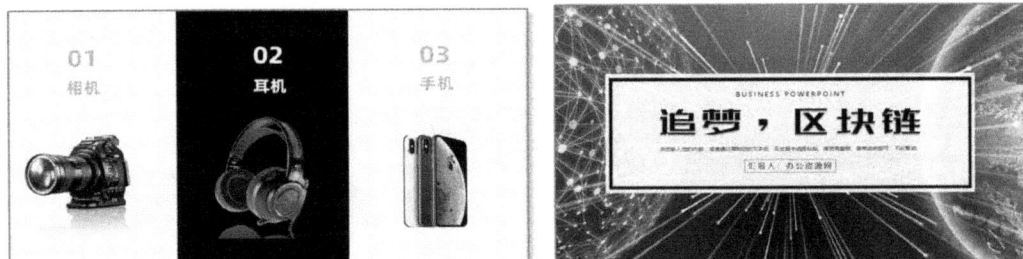

图3-21　划分层次及区域，突出文字信息

色块的使用可以丰富页面，有点缀与补位作用，如图3-22所示。

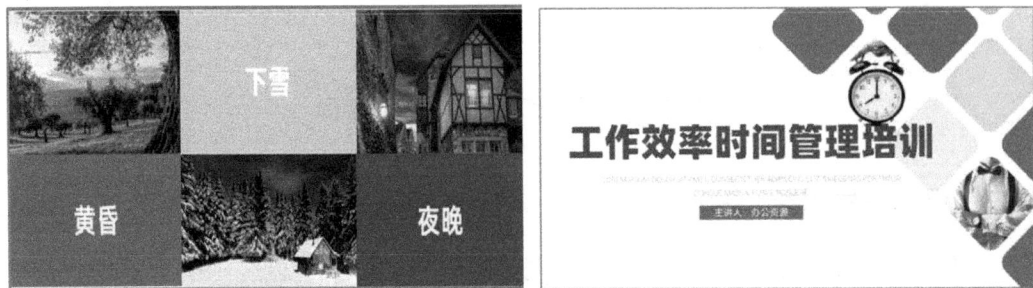

图3-22　丰富页面、点缀与补位

## 3.3.2　线条的使用

线条的使用可以起到连接、说明的作用，如图3-23所示。

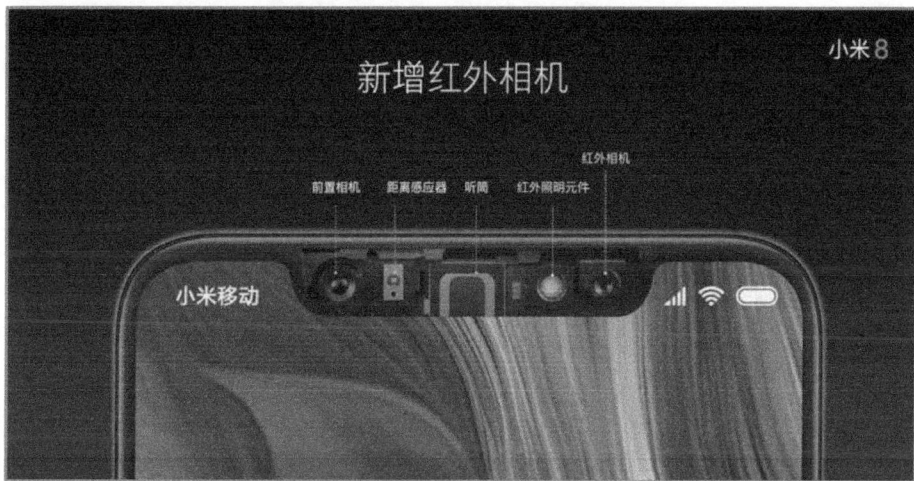

图3-23　使用线条的作用

线条的使用可以起到引导阅读的作用——时间轴，如图3-24所示。绘制线条的操作步骤如下：

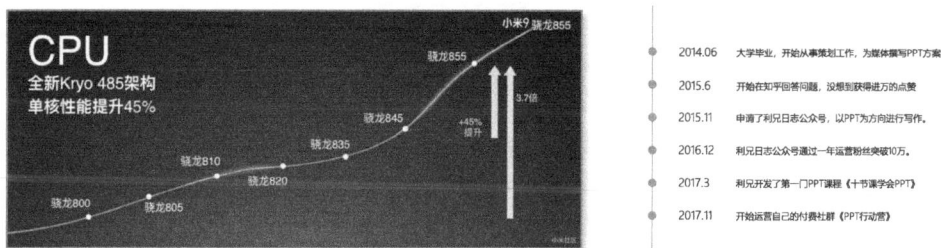

图3-24　线条引导阅读示意图

（1）方法一是绘制线条最方便的入口，在"开始"选项卡右侧"绘图"功能组的位置，如图3-25所示。

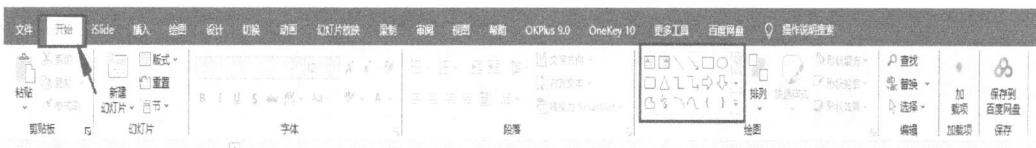

图3-25　绘制线条的方法一

方法二是在"插入"选项卡的"形状"功能组找到"线条"，如图3-26所示。

图3-26　绘制线条的方法二

（2）调整线条的界面。"鼠标右键点击线条"，选择"设置形状格式"。

（3）线头的接头处设置。可以选择"正方形""圆形""平面"三种效果。

（4）线条的拐角处设置。可以选择"圆角""棱台"和"斜接"效果。

（5）线条的形状效果设置。选择"形状格式"功能组的"形状效果"，复合线型的粗线宽度在12磅才会显示出来，如图3-27所示。

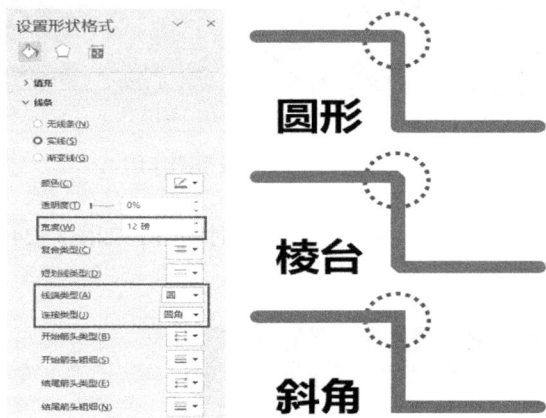

图3-27　绘制线条细节效果参考图

### 3.3.3　线框的使用

线框制作的操作步骤如下：

（1）矩形的填充色改为"无填充"，边框线条改为"实线"，如图3-28所示。

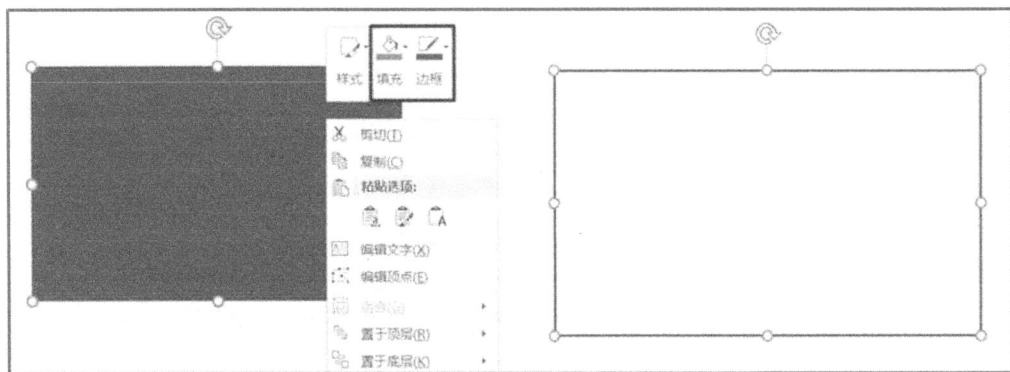

图3-28　将矩形设置为线框效果示意图

（2）设置线条的"宽度""透明度"可以得到不同的效果。

（3）可以取代"文本框"使用。

线框的作用一：聚焦视线，突出重点，如图3-29所示。

图3-29　线框的作用

线框的作用二：明确分割，分类信息，装饰页面，创意设计，如图3-30所示。

图3-30　线框的作用

→ 操作练习

新建一个空白演示文稿，设计一个贯通图形的文字效果，如图3-31所示。

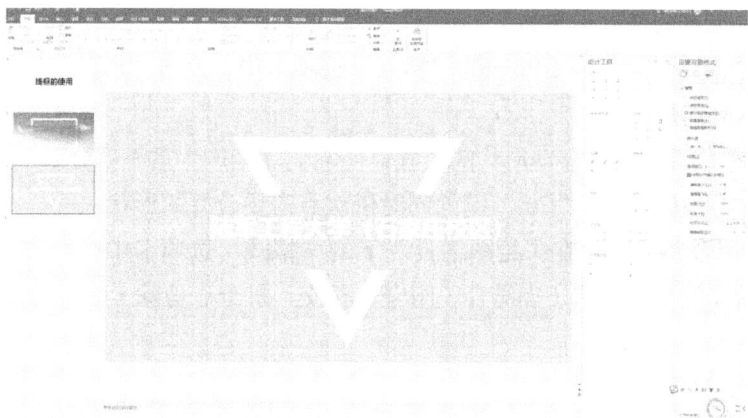

图3-31　线框的作用

贯通图形的文字效果图制作的操作步骤：右键设置背景格式；插入矩形图形，设置成线框；再插入矩形，无线条，选择背景填充。

### 3.3.4 使用布尔运算设置图形（合并形状）

PPT中的"合并形状"工具，包括结合、组合、相交、拆分、剪除五种功能，如图3-32、图3-33所示。

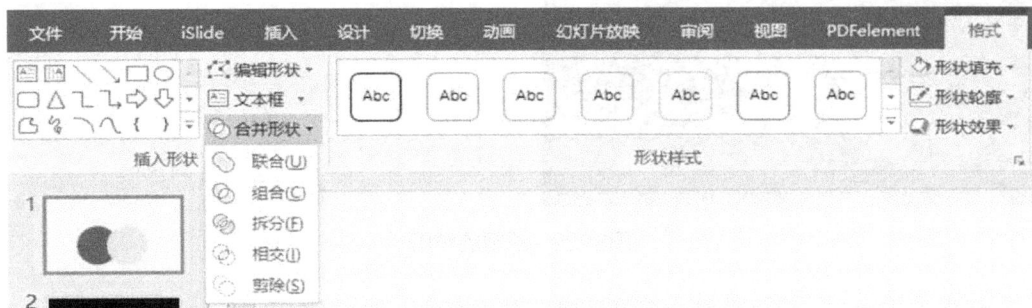

图3-32 布尔运算功能示意图

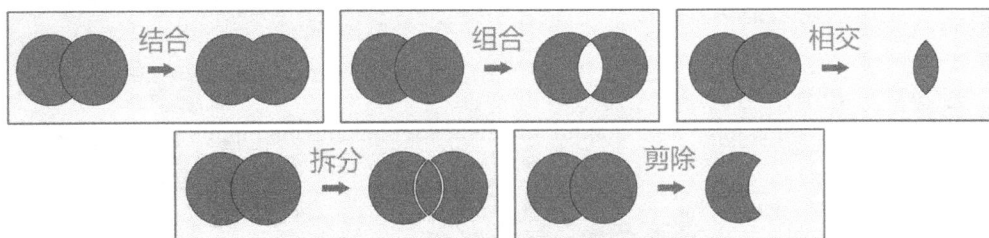

图3-33 "合并形状"工具功能示意图

**操作练习**

任意添加两个形状，分别进行合并操作，体会五种运算的结果。

合并形状工具的基本步骤如下：

（1）插入形状。在PowerPoint的"插入"选项卡中，点击"形状"按钮，选择需要的形状并插入到幻灯片中。

（2）调整位置。适当移动形状的位置，使它们之间产生重叠部分。

（3）选中形状。按住"Ctrl"键的同时依次点击要合并的形状。

（4）应用合并形状。在"绘图工具"下的"格式"选项卡中，点击"合并形状"按钮，选择所需的合并方式（如结合、组合、相交、拆分、剪除）。

**操作练习**

任意输入文字，利用合并形状中的"拆分"运算将文字拆分成笔画，操作步骤如下：

（1）相互连接的笔画无法拆分，形状与文字不重叠，直接拆分；如果重叠，还可拆分出一个镂空文字的形状。

（2）新建幻灯片，选择"插入"选项卡的"文本框"，输入新建文字，设置文字大小。

（3）选择"插入"选项卡的"形状"，设置矩形，如图3-34所示。

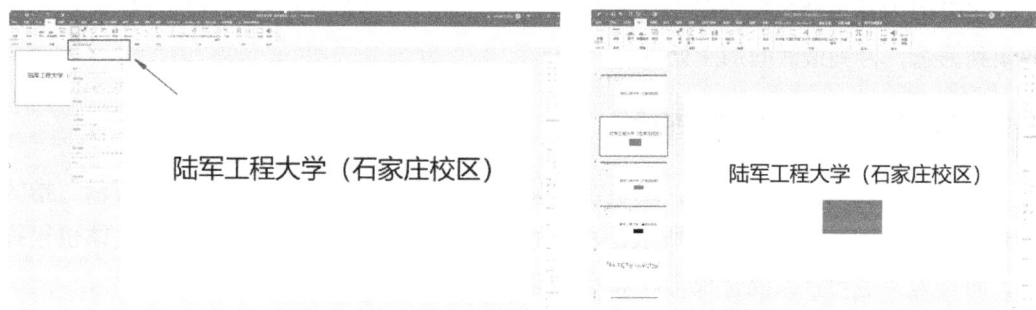

图3-34 PPT插入形状设置矩形步骤示意图

（4）选中文字与形状，点击"形状格式"功能组的"合并形状"选择"拆分"，如图3-35所示。

图3-35 PPT运用矩形将文字拆分的步骤示意图

（5）文字调整到合适的位置，将多余部分删除，得到的效果图，如图3-36所示。

图3-36 PPT拆分工具使用效果示意图

# 3.4　图片排版技巧

日常生活中，当有图片排版的需求时，很多人都会去搜索相关的图片网站，但拿到图片又会产生新的问题，例如，如何去选择适合的图片与运用图片排版的技巧？

这是因为真正缺少的不是图片素材和图片网站，而是图片排版设计的工作流程：从收集到筛选，再到最后的加工处理。

## 3.4.1　选图：借用口诀筛选图片

选择有明确主体和留白的，跟主题相关的高质量图片。"有明确主体和留白"指的是封面图片的添加。如图3-37所示，左边的图片有合适的留白来放置文字，主体也很鲜明，而右边文字与背景混合视觉效果差，需要添加蒙版处理。

"跟主题相关的高质量图片"需要通过关键词组合并进行再次配合，常用的图片网站有国内与国外两个渠道，如图3-38所示。

图3-37　选图选择有明确主体和留白

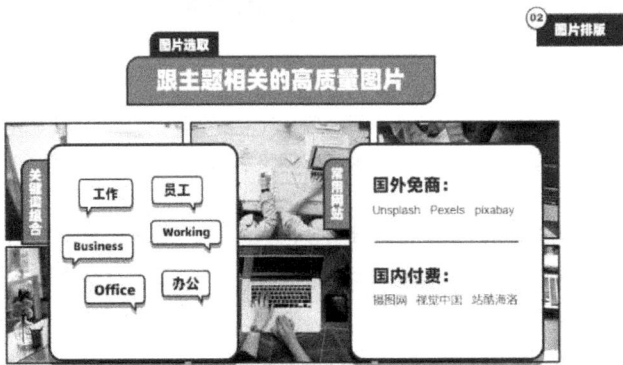

图3-38　常用的图片网站

## 3.4.2　用图：活用法则加工图片

想让图片设计更加出彩，就需要规避图片缺陷。想设计出出彩的图片效果，就需要遵循"形、色、质"三种法则。

（1）"形"就是图片的形状、图形感。首先是"形"，如图3-39所示，这里用的是裁剪工具。

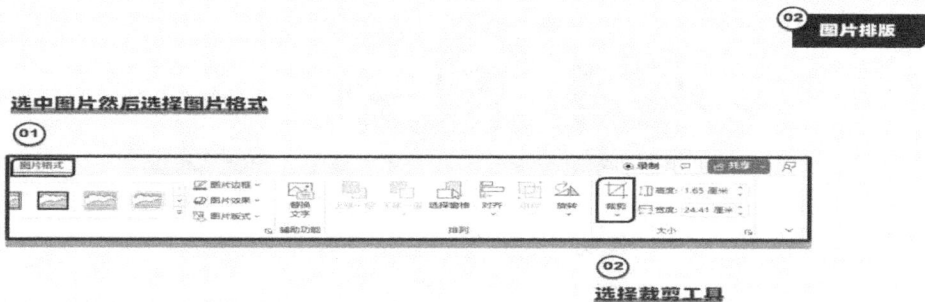

图3-39　选择裁剪工具

调整构图比例和大小规避缺陷，让内容更聚焦，如图3-40所示。

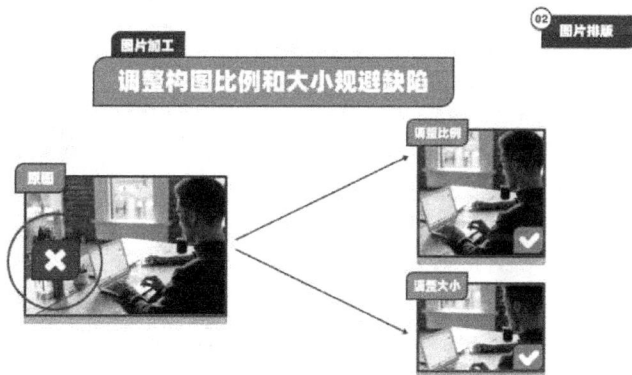

图3-40　调整构图比例和大小规避缺陷

更改形状统一风格、增强设计感，如图3-41所示。

图3-41　更改形状统一风格、增强设计感

把图片的形状和图形感应用到团队介绍页面里，既统一又有设计感，非常有创意，如图3-42所示。

图3-42　更改形状统一风格的应用效果示意图

作为工作汇报封面，也可以运用这种方法制作一套模板，如图3-43所示。

图3-43　更改形状统一风格的应用效果示意图

（图片拍摄者为程晗阳）

（2）"色"就是图片的色彩属性。常用的操作主要有两个：调整饱和度与添加颜色蒙版。调整饱和度：饱和度就是颜色本身的纯净程度，具体操作方式如图3-44所示。

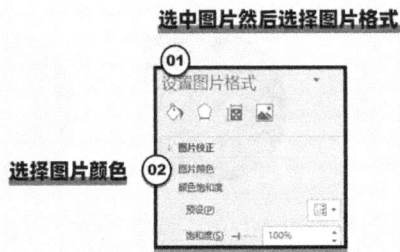

图3-44　调整图片饱和度示意图

调整饱和度可以让天空更加蓝；让食物更加有食欲，如图3-45所示。

图3-45 调整图片饱和度

添加颜色蒙版。蒙版就是半透明的矩形，能够解决图片尺寸过小的问题，如图3-46所示。

图3-46 添加颜色蒙版

统一图片的色调，让图片更有质感，如图3-47所示。

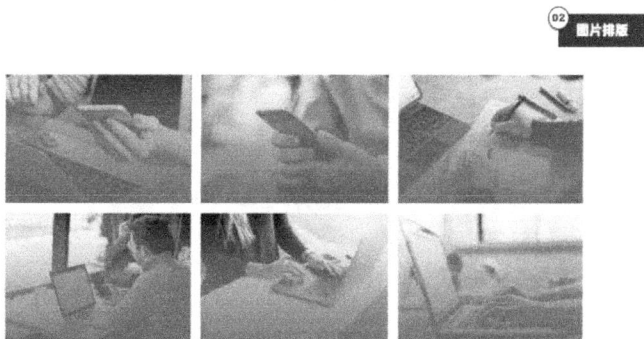

图3-47 统一图片色调

文字增加到图片中，这就是一个多图展示页，如图3-48所示。

图3-48　多图展示页效果图

（3）"质"就是图片的材质、质感。样机与材质可以根据图片的种类选择合适的载体，图3-49所示为照片的相框、电脑的网页和书籍的页面。

图3-49　根据图片的种类选择合适的载体

书本是使用PPT图片格式自带的"三维格式"和"三维旋转"制作的，如图3-50所示。

图3-50　"三维格式"和"三维旋转"效果图

添加文字内容，排版设计为书籍的金句页，如图3-51所示。

图3-51　书籍金句页效果图

光影与平台。光影就是图片自带的效果，常用的就是阴影和映像，如图3-52所示。

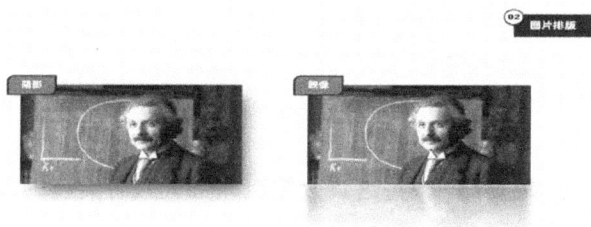

图3-52　"阴影"与"映像"示意图

平台可以是色块制作、木板或者地面，如图3-53所示。

图3-53　平台的制作

### 3.4.3　玩图：善用工具玩转图片

运用图片排版设计工具可以提高效率，更好地寻找、处理和排版图片。工具分为插件、软件、网站和扩展程序四部分，如图3-54所示。

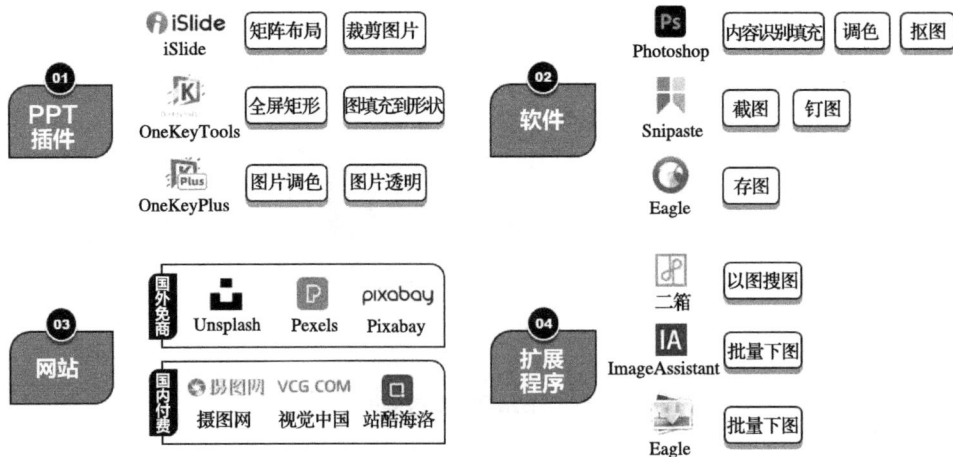

图3-54　图片排版设计工具的四个部分

案例

运用"形、色、质"法则，将这页介绍杭州五大旅游美食的PPT图片进行美化，如图3-55所示。

图3-55　《杭州五大旅游美食》示意图一

运用"形"法则，调整图片形状，选取中国风来表现，如图3-56所示。

图3-56　《杭州五大旅游美食》示意图二

运用"色"法则，调整图片的颜色并增加设计感，改变构图为上下布局，如图3-57所示。

图3-57　《杭州五大旅游美食》示意图三

运用"质"法则调整图片的质感，将图片添加三维旋转，使图片更有空间感，如图3-58所示，选择中心环绕的布局。

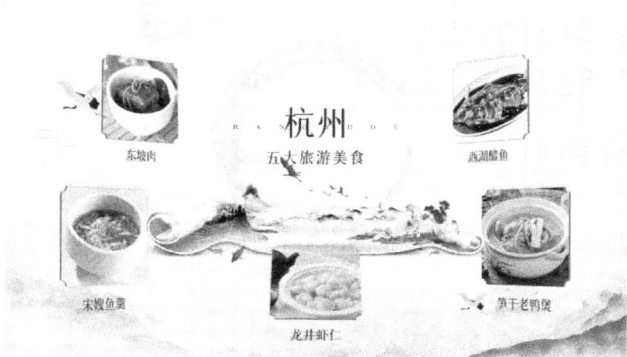

图3-58　《杭州五大旅游美食》示意图四

## 3.5　多图排版案例

### 3.5.1　多图整齐排列

多图整齐排列指将多张图片按照一定的规则或布局，在PPT页面上进行有序、整齐地排列，如图3-59所示。

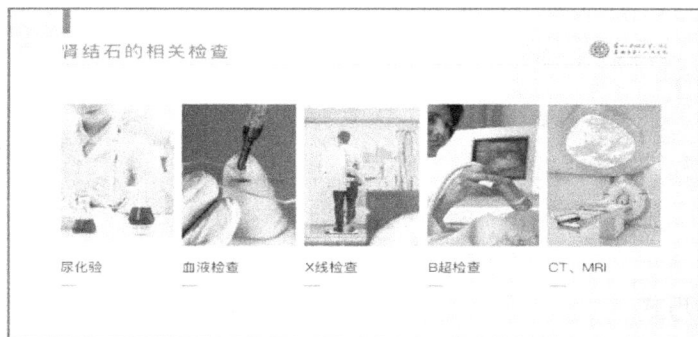

图3-59　多图整齐排列

### 3.5.2 三维旋转排列

三维旋转是指对PPT中的对象（如图片、形状等）进行围绕X轴、Y轴和Z轴的立体旋转，如图3-60所示。

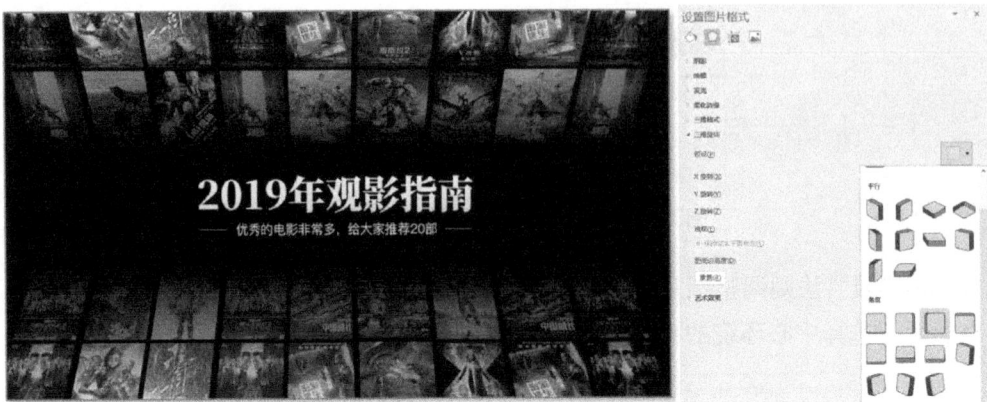

图3-60 三维旋转排列

图片呈三维旋转排列的操作步骤：使用"设置图片格式"中的"三维旋转"设置调整；越靠外，透视的角度越大；当图片存在多列或者多行，同一侧的图片组合后再进行旋转。三维旋转排列的其他案例展示，如图3-61所示。

图3-61 三维旋转排列案例欣赏

### 3.5.3 图片墙方式

图片墙方式是指在PPT页面上，通过特定的排版布局，将多张图片以类似照片墙的形式整齐或不规则地排列在一起，以展示丰富的图片内容，如图3-62所示。

图3-62 图片墙效果图欣赏

### 3.5.4 使用图片蒙版

图片蒙版是指在图片上添加一个半透明的图层（蒙版），以调整图片的亮度、对比度或色彩，从而达到特定的视觉效果，如图3-63所示。

图3-63 图片蒙版效果图欣赏

渐变蒙版的操作步骤：插入形状设置渐变填充并改变颜色的透明度，如图3-64所示。

图3-64　渐变蒙版效果图欣赏

**操作练习**

（1）任意插入一张图片，设置纯色填充蒙版，逐渐调整透明度，观察效果。

（2）设置渐变填充蒙版，分别调整透明度，如图3-65所示。

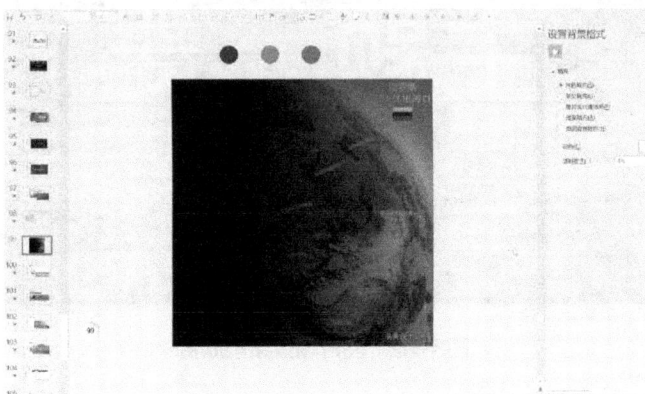

图3-65　图片蒙版效果图参考

### 3.5.5　瀑布流的排版

瀑布流排版，顾名思义，就像瀑布一样自然流淌，图片按照一定规则（如宽度相等、间距一致）但不完全对齐的方式排列，形成错落有致的视觉效果，如图3-66所示。

图3-66　瀑布流的排版效果图参考

### 3.5.6　平铺作为背景

将图片平铺作为背景，添加一层蒙版，如图3-67所示。

图3-67　平铺作为背景效果图参考

### 3.5.7　栅格化排版

栅格化（或网格化）排版是基于网格系统的布局方式，它利用一系列水平和垂直的网格线来规划和组织页面元素，以确保内容的整齐、有序和一致，如图3-68所示。

图3-68　栅格化的排版效果图参考

### 3.5.8　图片叠加式排版

图片叠加式排版是通过将多张图片重叠放置，并调整其透明度、位置、大小等属性来创造出独特视觉效果的方法，如图3-69所示。

图3-69　图片叠加式排版效果图参考

### 3.5.9　毛玻璃虚化

毛玻璃虚化效果指将图片处理成磨砂质感或模糊效果的视觉表现方式。

操作步骤：点击"图片工具"选项卡的"格式"，选择"格式"功能组的"艺术效果"的"虚化"，如图3-70所示。

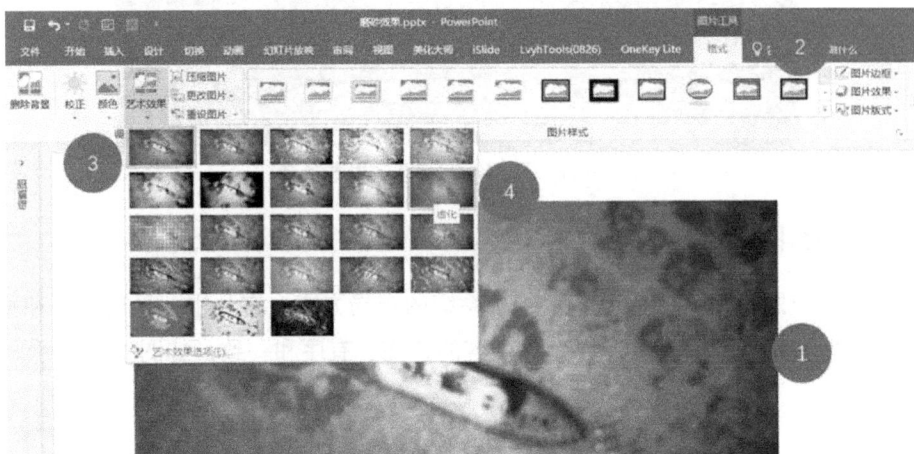

图3-70　毛玻璃虚化操作步骤

**案例欣赏**

（1）虚化背景、突出文字，如图3-71所示。

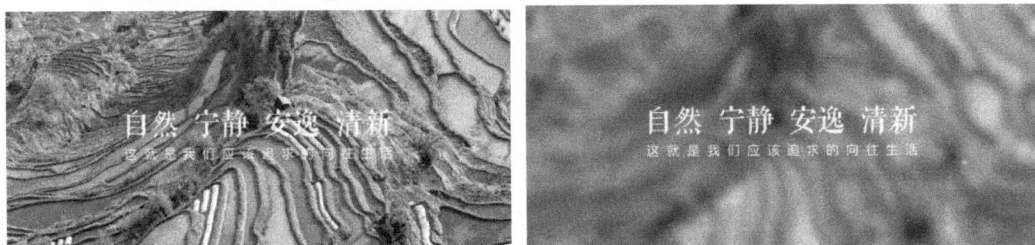

图3-71　毛玻璃虚化案例欣赏一

（2）局部虚化效果，如图3-72所示。

图3-72　毛玻璃虚化案例欣赏二

（3）制作质感的背景，如图3-73所示。

操作步骤：将图片虚化，抠图的主体放在虚化后的背景上。既突出了主体，又保留了氛围。

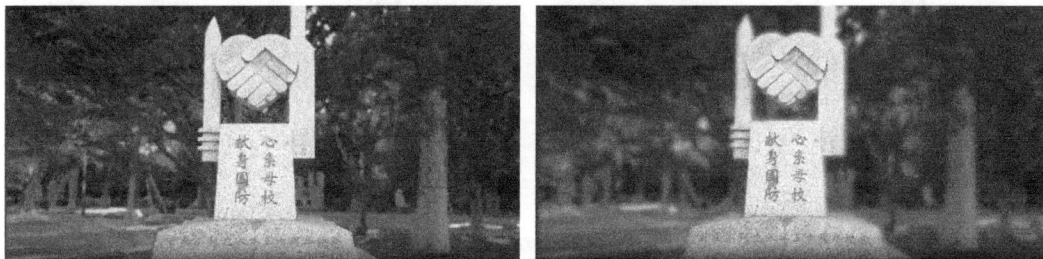

图3-73　毛玻璃虚化案例欣赏三

（4）虚化文字，如图3-74所示。

操作步骤：复制文本，点击鼠标右键粘贴为图片即可。如果想对文字局部进行虚化，需要通过布尔运算先拆分文字，然后再转图，最后再虚化。需要注意文字不可以在PPT中直接使用虚化效果，它必须先转化成图片才能进行艺术效果设置。

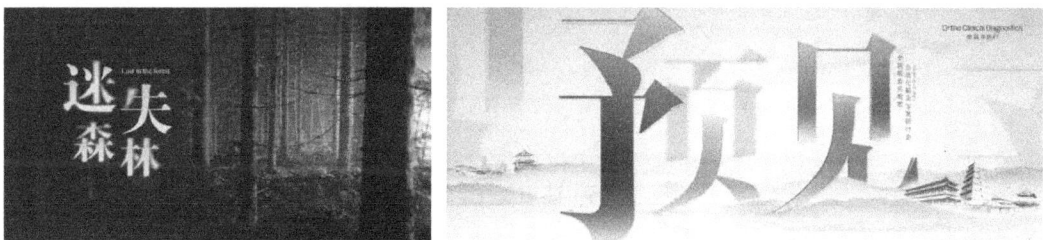

图3-74　毛玻璃虚化案例欣赏四

## 3.6　图表的设计美化

注重美化，结构清晰。表格的美化主要是颜色和排版的调整，配色是表格美化的关键，如图3-75所示。

| 节目 | 播出平台 | 关键词 | 播出时间 | 收视率 | 广告费 | 广告位置 |
|---|---|---|---|---|---|---|
| 中国新歌声 | 浙江卫视 | 素人选秀 | 周五 | 4% | 70万 | 无 |
| 我是歌手 | 湖南卫视 | 歌手竞技 | 周五 | 2% | 40万 | 有 |
| 蒙面歌王 | 江苏卫视 | 歌手竞猜 | 周日 | 1.5% | 30万 | 无 |
| 跨界歌王 | 北京卫视 | 明星跨界 | 周六 | 1% | 20万 | 有 |

| 节目 | 播出平台 | 关键词 | 播出时间 | 收视率 | 广告费 | 广告位置 |
|---|---|---|---|---|---|---|
| 中国新歌声 | 浙江卫视 | 素人选秀 | 周五 | 4% | 70万 | 无 |
| 我是歌手 | 湖南卫视 | 歌手竞技 | 周五 | 2% | 40万 | 有 |
| 蒙面歌王 | 江苏卫视 | 歌手竞猜 | 周日 | 1.5% | 30万 | 无 |
| 跨界歌王 | 北京卫视 | 明星跨界 | 周六 | 1% | 20万 | 有 |

| 节目 | 播出平台 | 关键词 | 播出时间 | 收视率 | 广告费 | 广告位置 |
|---|---|---|---|---|---|---|
| 中国新歌声 | 浙江卫视 | 素人选秀 | 周五 | 4% | 70万 | 无 |
| 我是歌手 | 湖南卫视 | 歌手竞技 | 周五 | 2% | 40万 | 有 |
| 蒙面歌王 | 江苏卫视 | 歌手竞猜 | 周日 | 1.5% | 30万 | 无 |
| 跨界歌王 | 北京卫视 | 明星跨界 | 周六 | 1% | 20万 | 有 |

| 节目 | 中国新歌声 | 我是歌手 | 蒙面歌王 | 跨界歌王 |
|---|---|---|---|---|
| 播出平台 | 浙江卫视 | 湖南卫视 | 江苏卫视 | 北京卫视 |
| 关键词 | 素人选秀 | 歌手竞技 | 歌手竞猜 | 明星跨界 |
| 播出时间 | 周五 | 周五 | 周日 | 周六 |
| 收视率 | 4% | 2% | 1.50% | 1% |
| 广告费 | 70万 | 40万 | 30万 | 20万 |
| 广告位置 | 无 | 有 | 无 | 有 |

图3-75　注重美化，结构清晰

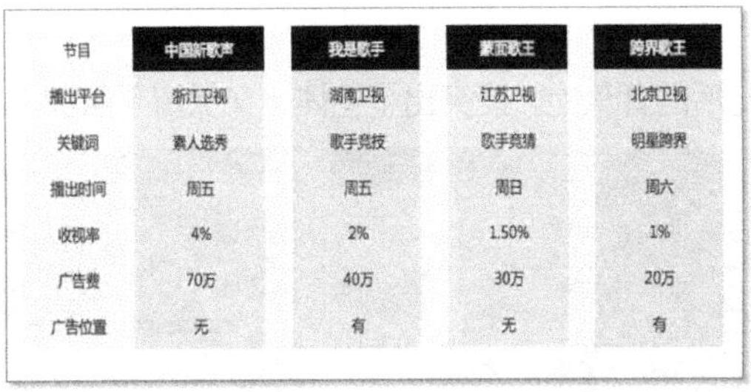

| 节目 | 中国新歌声 | 我是歌手 | 蒙面歌王 | 跨界歌王 |
|---|---|---|---|---|
| 播出平台 | 浙江卫视 | 湖南卫视 | 江苏卫视 | 北京卫视 |
| 关键词 | 素人选秀 | 歌手竞技 | 歌手竞猜 | 明星跨界 |
| 播出时间 | 周五 | 周五 | 周日 | 周六 |
| 收视率 | 4% | 2% | 1.50% | 1% |
| 广告费 | 70万 | 40万 | 30万 | 20万 |
| 广告位置 | 无 | 有 | 无 | 有 |

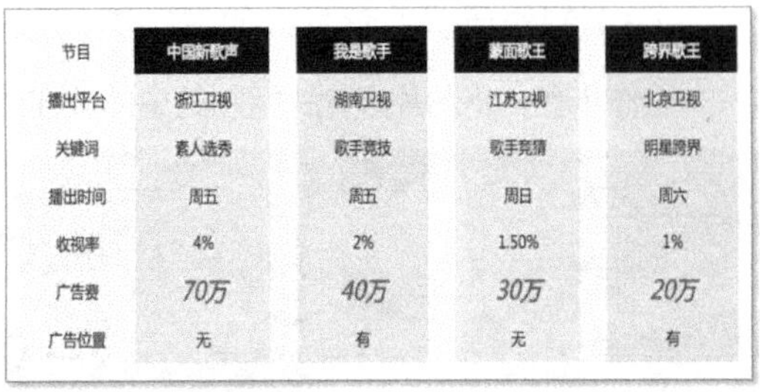

| 节目 | 中国新歌声 | 我是歌手 | 蒙面歌王 | 跨界歌王 |
|---|---|---|---|---|
| 播出平台 | 浙江卫视 | 湖南卫视 | 江苏卫视 | 北京卫视 |
| 关键词 | 素人选秀 | 歌手竞技 | 歌手竞猜 | 明星跨界 |
| 播出时间 | 周五 | 周五 | 周日 | 周六 |
| 收视率 | 4% | 2% | 1.50% | 1% |
| 广告费 | 70万 | 40万 | 30万 | 20万 |
| 广告位置 | 无 | 有 | 无 | 有 |

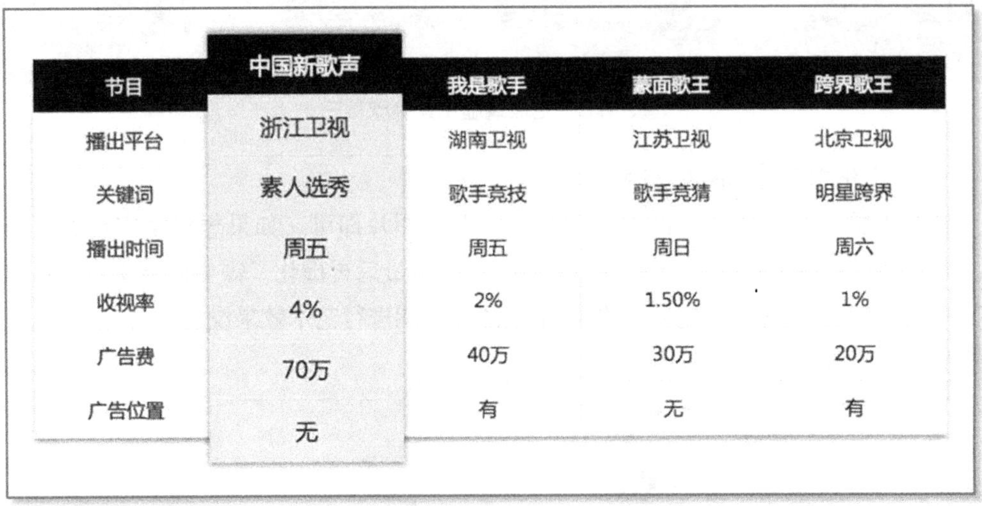

| 节目 | 中国新歌声 | 我是歌手 | 蒙面歌王 | 跨界歌王 |
|---|---|---|---|---|
| 播出平台 | 浙江卫视 | 湖南卫视 | 江苏卫视 | 北京卫视 |
| 关键词 | 素人选秀 | 歌手竞技 | 歌手竞猜 | 明星跨界 |
| 播出时间 | 周五 | 周五 | 周日 | 周六 |
| 收视率 | 4% | 2% | 1.50% | 1% |
| 广告费 | 70万 | 40万 | 30万 | 20万 |
| 广告位置 | 无 | 有 | 无 | 有 |

续图3-75　注重美化，结构清晰

突出焦点，视觉强化。关键信息要重点突出，通常是放大文字，更改颜色，调整尺寸，如图3-76所示。

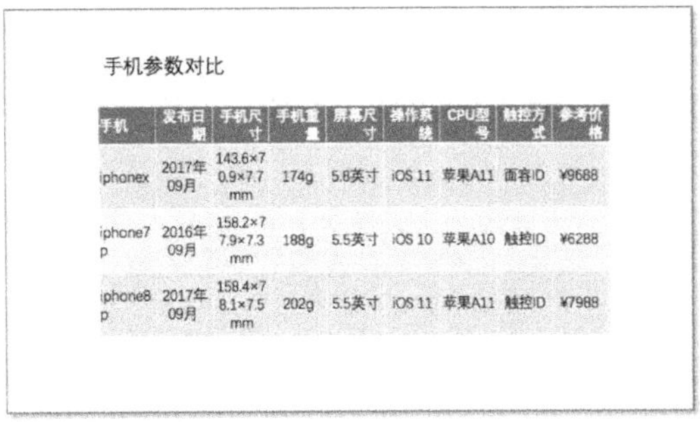

手机参数对比

| 手机 | 发布日期 | 手机尺寸 | 手机重量 | 屏幕尺寸 | 操作系统 | CPU型号 | 触控方式 | 参考价格 |
|---|---|---|---|---|---|---|---|---|
| iphonex | 2017年09月 | 143.6×70.9×7.7mm | 174g | 5.8英寸 | iOS 11 | 苹果A11 | 面容ID | ¥9688 |
| iphone7p | 2016年09月 | 158.2×77.9×7.3mm | 188g | 5.5英寸 | iOS 10 | 苹果A10 | 触控ID | ¥6288 |
| iphone8p | 2017年09月 | 158.4×78.1×7.5mm | 202g | 5.5英寸 | iOS 11 | 苹果A11 | 触控ID | ¥7988 |

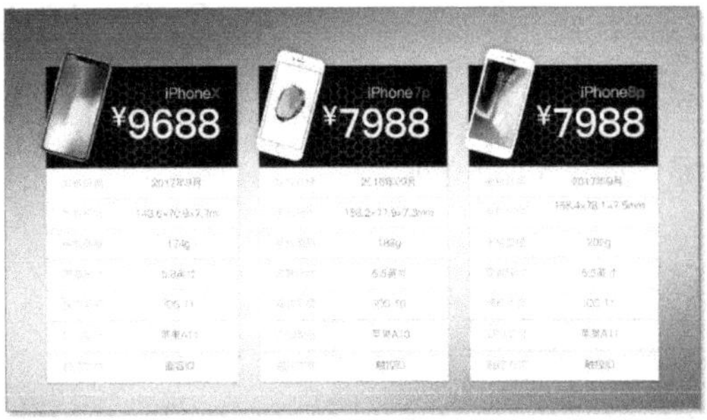


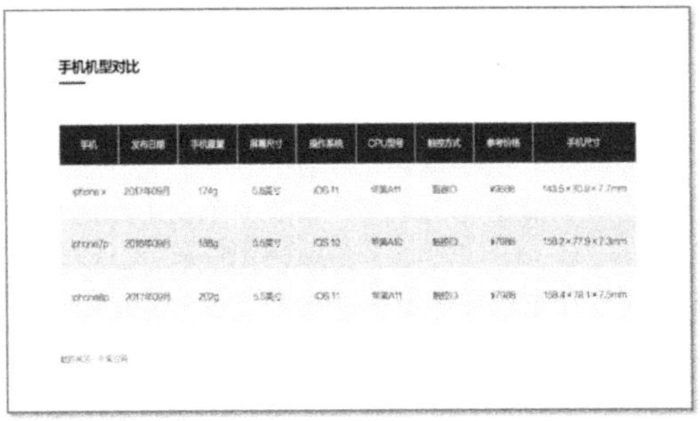


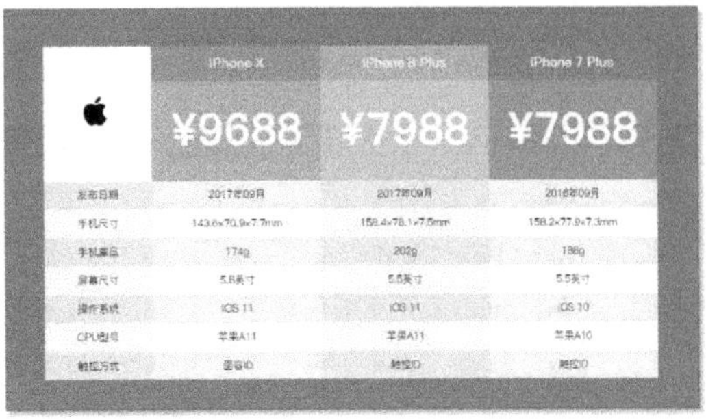

| | iPhone X | iPhone 8 Plus | iPhone 7 Plus |
|---|---|---|---|
| | ¥9688 | ¥7988 | ¥7988 |
| 发布日期 | 2017年09月 | 2017年09月 | 2016年09月 |
| 手机尺寸 | 143.6×70.9×7.7mm | 158.4×78.1×7.5mm | 158.2×77.9×7.3mm |
| 手机重量 | 174g | 202g | 188g |
| 屏幕尺寸 | 5.8英寸 | 5.5英寸 | 5.5英寸 |
| 操作系统 | iOS 11 | iOS 11 | iOS 10 |
| CPU型号 | 苹果A11 | 苹果A11 | 苹果A10 |
| 触控方式 | 面容ID | 触控ID | 触控ID |

图3-76　突出焦点，视觉强化

续图3-76 突出焦点，视觉强化

案例欣赏

数据图表的美化化繁为简，如图3-77所示。

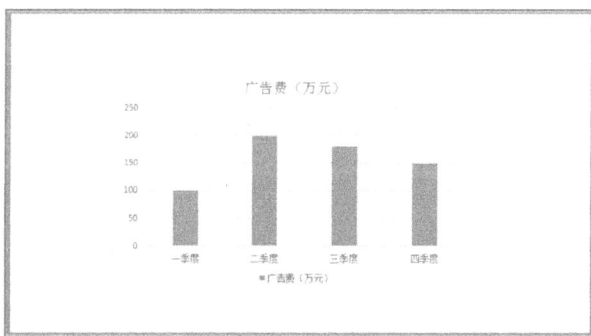

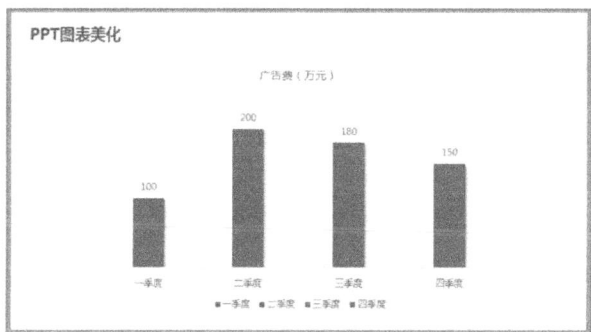

图3-77 化繁为简

适度美化数据图表，如图3-78所示。

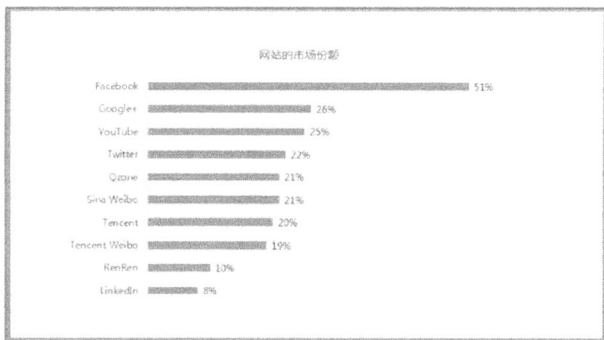

图3-78 适度美化

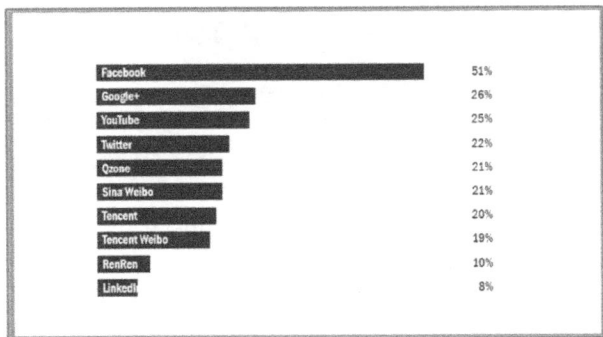

续图3-78　适度美化

PPT图表美化的操作步骤：

（1）选择图表矩形，设置形状效果"阴影"（图表中的形状设置与一般图形形状是一样的），如图3-79所示。

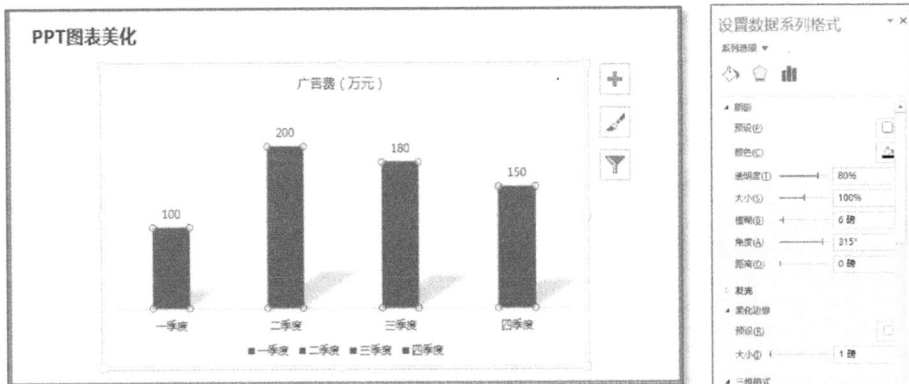

图3-79　为图表矩形添加阴影

（2）在页面插入"三角形"，鼠标右键点击复制三角形，选择图表中的矩形形状进行"粘贴"，如图3-80所示。

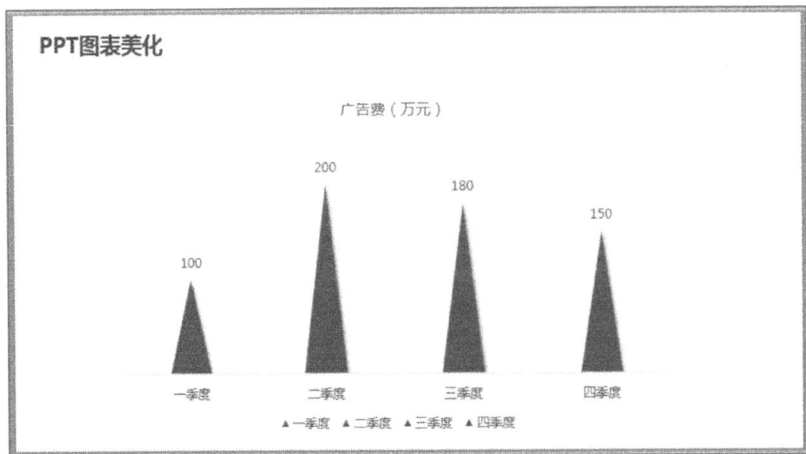

图3-80　将图表形状转变为三角形形状

（3）在页面插入图形![人形图标]，对该图形右击进行"复制"；选择图表中的形状进行"粘贴"，设置形状"填充"方式为"层叠"，如图3-81所示。

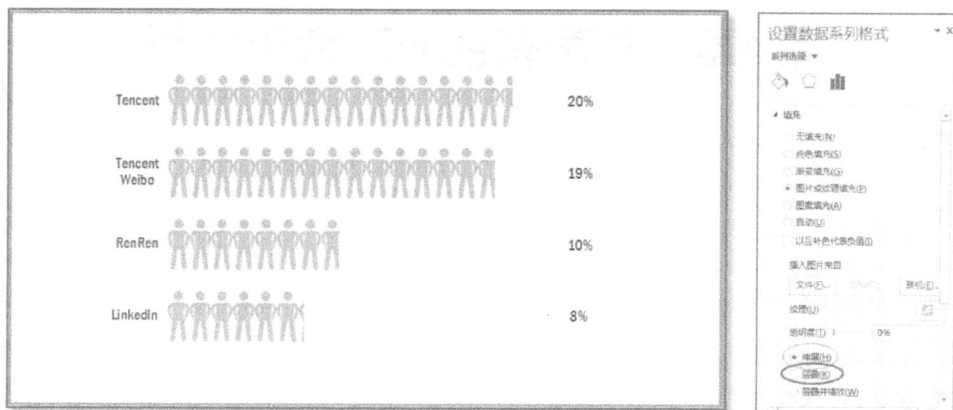

图3-81　选择图片填充为层叠样式

**操作练习**

任意插入一张图表，分别调整格式参数，体会美化效果。

操作步骤：任意选择一张数据图表，通过插入操作，改变柱图形状体会效果，如图3-82所示。

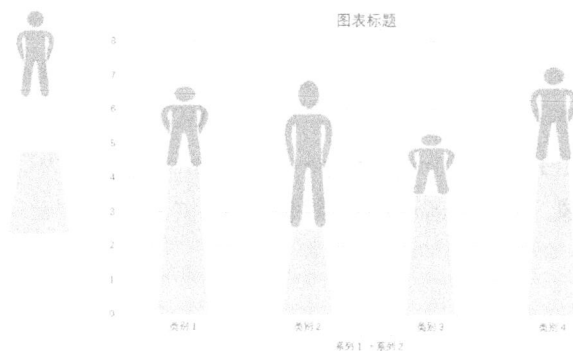

图3-82　数据图表练习效果图

# 第4章　有声有色的声音和视频

## 4.1　声　音

随着多媒体技术的发展，课件制作技术也逐渐提高，单一的文字和图表已经无法满足课件辅助教学的需求。如果能够将多种听觉效果应用到课件中，这无疑会使演示文稿更具有感染力，给观众留下深刻的印象。

### 4.1.1　常见的声音文件格式

声音是多媒体课件不可缺少的元素，课件中优美的背景音乐、课文的领读、某个内容的解说、交互的提示音等都离不开声音的使用。PowerPoint提供了对多种声音文件的支持，格式包括WAV、MP3、MIDI及WMA等，用户能够很方便地在课件中使用它们。

#### 1.WAV 格式

WAV（Waveform Audio File Format）是微软公司开发的一种声音文件格式，用于保存Windows平台的音频信息资源，被 Windows平台及其应用程序所支持。这种音频格式文件的扩展名为.WAV。WAV格式的声音文件质量和CD相差无几，也是目前PC上广为流行的声音文件格式，几乎所有音频编辑软件都"认识"WAV格式。

由苹果公司开发的AIFF(Audio Interchange File Format)格式和为UNIX系统开发的AU格式都和WAV非常相像，大多数音频编辑软件也都提供了支持。

#### 2. MP3 格式

MP3（MPEG Audio Lauer 3）格式诞生于20世纪80年代的德国，所谓的MP3，也就是MPEG标准中的音频部分，也就是MPEG音频层。MPEG音频文件的压缩是一种有损压缩，相同长度的音乐文件，用MP3格式来储存，一般只有WAV文件的1/10大小，而音质要次于CD格式或WAV格式的声音文件。由于其文件尺寸小，音质好，所以在它问世之初还没有什么别的音频格式可以与之匹敌，因而MP3格式得以迅速发展。直到现在，这种格式还是很流行，主流音频格式的地位难以撼动。

MP3格式压缩音乐的采样频率有很多种，可以用64 kb/s或更低的采样频率节省空间，也可以用320 kb/s的标准达到极高的音质。

## 3. MIDI格式

MIDI(Musical Instrument Digital Interface)允许数字合成器和其他设备交换数据。MID文件格式由MIDI继承而来,是一种计算机数字音乐接口生产的数字描述音频文件,扩展名为.mid。

MID文件并不是一段录制好的声音,而是记录声音的信息,然后告诉声卡如何再现音乐的一组指令。这样一个MID文件每存1分钟的音乐只用5~10 kb。目前,MID文件主要用于原始乐器作品、流行歌曲的业余表演、游戏音轨以及电子贺卡等。

MID 文件播放的效果完全依赖于声卡的档次。MID格式的最大用处是在计算机作曲领域。MID文件可以用作曲软件编写,也可以通过声卡的 MIDI 口把外接音序器演奏的乐曲输入电脑,制成MID文件。

## 4. WMA 格式

WMA(Windows Media Audio)格式是来自于微软的重量级选手,后台强硬,音质要强于MP3格式,更远胜于RA格式,它和日本YAMAHA公司开发的VQF（vector Quantization Format）格式一样,以减少数据流量但保持音质的方法来达到比MP3压缩率更高的目的。另外,WMA还支持音频流(stream)技术,适合在网络上在线播放。其作为微软抢占网络音乐的开路先锋,可以说是技术领先、风头强劲。

### 4.1.2　获取声音素材的方法

要想在PPT课件中使用声音,首先要获取声音素材,声音素材的获取一般有网络下载、截取CD和自己录制等方法。

## 1. 网络下载

通过百度音乐搜索(http://music.baidu.com/)及类似搜索引擎,一般都能够采集到各种各样的声音文件,如图4-1所示。

图4-1　通过百度音乐搜索

## 2. 截取 CD

除了在网络上下载外,声音素材的来源最多就是利用软件直接从DVD、CD上获取。常用的截取声音的软件有音频解霸、QQ音乐等。

### 3. 自己录制

对于一些搜集不到的声音素材，用户也可以自己利用计算机录制。一些常用的声音处理软件都可以进行声音的录制，例如GoldWave、Audition 等。在录制声音时，为了得到比较满意的声音效果，建议选择质量较好的麦克风，在安静的环境中进行声音录制，录制时可以离麦克风远一些，或者用手帕包住麦克风头，这样可以有效减少噪声。

## 4.2 在PPT课件中应用声音

声音主要包括音乐和声效。声音是PPT课件的重要元素，在PPT课程中合理使用声音，可以增强课件的感染力，可以使PPT课件由沉闷变得活跃，从而引导、刺激学员的学习兴趣。

### 4.2.1 插入声音

PowerPoint支持WAV、MP3、MIDI、WMA等十多种声音格式，使在 PowerPoint课件中引用声音文件变得十分方便。在演示文稿中插入声音文件的方法有以下两种。

### 1. 插入外部声音文件

选择要添加声音文件的幻灯片，在"插入"选项卡的"媒体"选项组中单击"声音"按钮，在弹出的下拉列表中选择"文件中的音频"命令，打开"插入音频"对话框，定位到相关声音文件所在的文件夹，选择相应的声音文件。单击"插入"按钮，即可将声音文件插入幻灯片。幻灯片上会出现一个声音图标（小喇叭），表示声音文件已经插入幻灯片。单击这个声音图标，下面会出现播放控制条。示意图如图4-2所示。

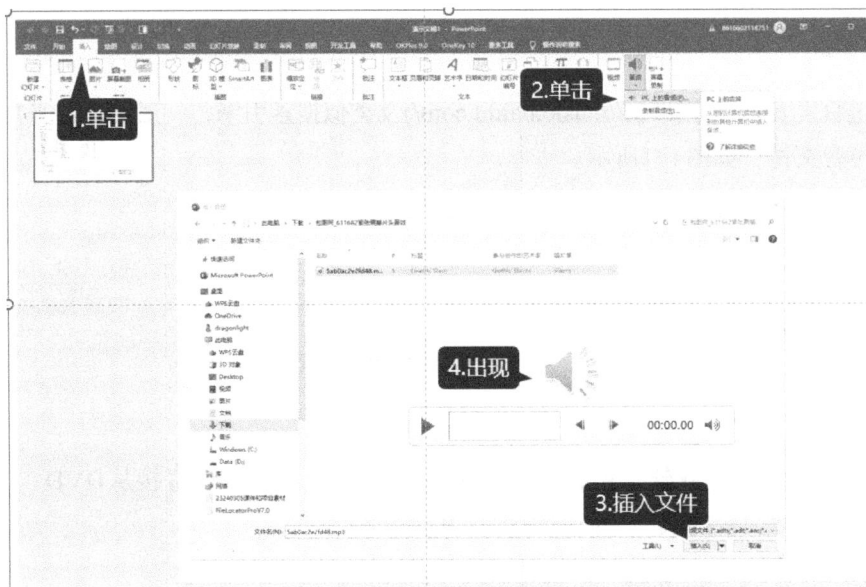

图4-2 插入外部声音文件

## 2. 插入剪贴画中的声音

PowerPoint自带一个媒体剪辑库，提供了声音媒体类型。选择要添加声音的幻灯片，在"插入"选项卡的"媒体"选项组中单击"声音"按钮，在弹出的下拉列表中选择"剪贴画音频"命令，打开"剪贴画"任务窗格，在其中会列出安装的自带声音文件（用户也可以在其中搜索声音文件），单击声音文件图标，即可将其插入幻灯片。

### 4.2.2 声音的编辑

声音文件插入幻灯片以后，单击小喇叭图标，功能区会出现一个"音频工具"选项卡，单击其中的"播放"标签切换到对声音进行编辑的功能区。可以对声音进行裁剪、设置淡入淡出效果、设置音量以及其他的声音设置。示意图如图4-3所示。

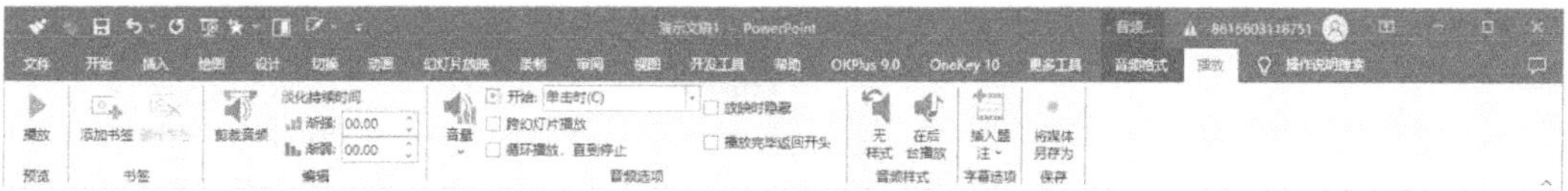

图4-3 声音的编辑

### 4.2.3 英语单词指点领读

在英语课上，老师经常需要通过录音来领读。如图4-4所示的PPT课件，教师单击英语单词后面的小喇叭图标，即可播放对应的朗读音。这个课件范例制作比较简单，插入图片并输入文字后，直接插入相应的英语单词朗读声音文件即可。

图4-4 英语单词指点领读

在制作英语课件时，老师可以利用一些词典软件，如金山词霸、有道词典等，用复制的方法快速复制音标。英语单词的朗读声音也可以利用录音软件直接录制金山词霸中的读音，然后再插入PPT。

### 4.2.4 为对象添加提示音

在多媒体课件中，为了强调某些内容，或者吸引学生的注意力，老师可以为对象添加一些提示音；也可以使用声音反馈，在回答正确后给出鼓励的掌声等。

### 1.自定义动画中的提示音

选中要添加提示音的对象，在"动画"选项卡中进行相关设置可以为其添加动画效果。比如"放大/缩小"，单击"动画窗格"按钮打开"动画窗格"面板，双击其中的动画选项打开"放大/缩小"对话框，在"效果"选项卡中设置即可。示意图如图4-5所示。

图4-5　自定义动画中的提示音步骤示意图

### 2.动作设置中的提示音

选中要添加提示音的对象，在"插入"选项卡中单击"动作"按钮，打开"动作设置"对话框，切换到"鼠标移过"选项卡，勾选"播放声音"复选框，在下拉菜单中选择一种声音效果，比如"爆炸"。示意图如图4-6所示。

图4-6　动作设置中的提示音步骤示意图

不管是自定义动画中的提示音，还是动作设置中的提示音，除了选择系统提供的一些声音效果以外，还可以自定义声音效果，但是这里的声音文件只支持WAV格式。

### 4.2.5  控制声音的播放

在播放课件时，老师常常需要对声音的播放进行控制，即在需要的时候让它播放，在不需要的时候让其停止。这种交互效果需要通过为声音的播放指定触发器来实现。在PowerPoint中，触发器是幻灯片中的一个对象，单击这个对象能够触发相应的动作，如动画的播放和声音的播放等。

如图4-7所示的PPT 课件，在幻灯片中插入了音乐，并且创建了3个按钮图形。如果用这3个按钮图形控制音乐的播放，可以按照以下方法进行操作。

（1）选中小喇叭图标，在"音频工具"中"播放"选项卡的"音频选项"选项组中，勾选"放映时隐藏"复选框，如图4-7所示。

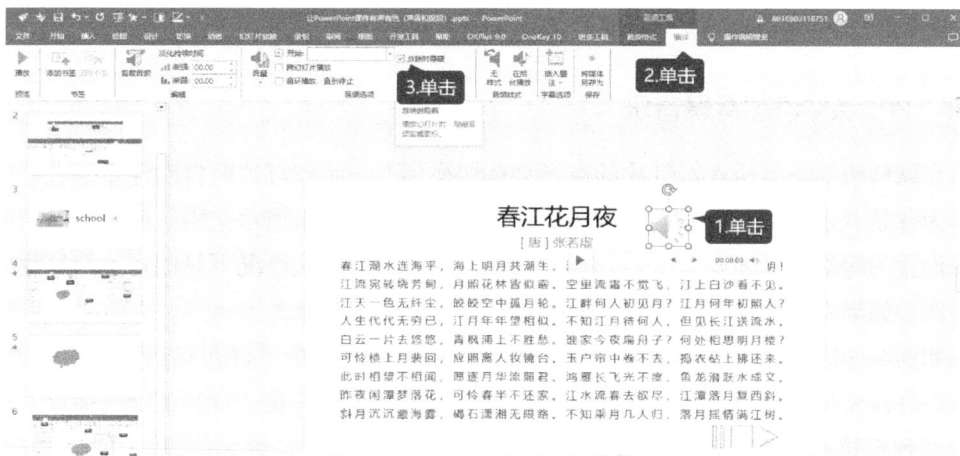

图4-7  控制声音的播放步骤一

（2）切换到"动画"选项卡，在"动画"选项组的列表框中选择"播放"，单击"触发"按钮，在弹出的菜单中选择"单击"命令，下拉列表中选择一个触发对象，这里是"播放"按钮，如图4-8所示。

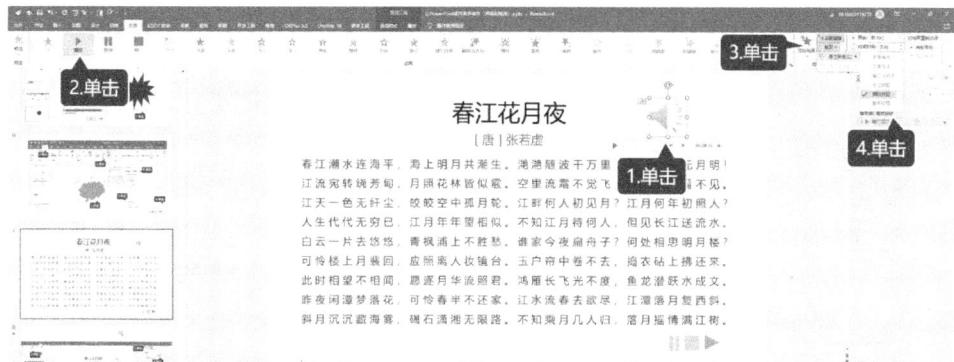

图4-8  控制声音的播放步骤二

（3）在"动画"选项卡单击"添加动画"按钮，在弹出的下拉菜单中选择"暂停"命令，单击"触发"按钮，在弹出的菜单中选择"单击"命令，下拉列表中选择一个触发对象，这里是"暂停"按钮，如图4-9所示。

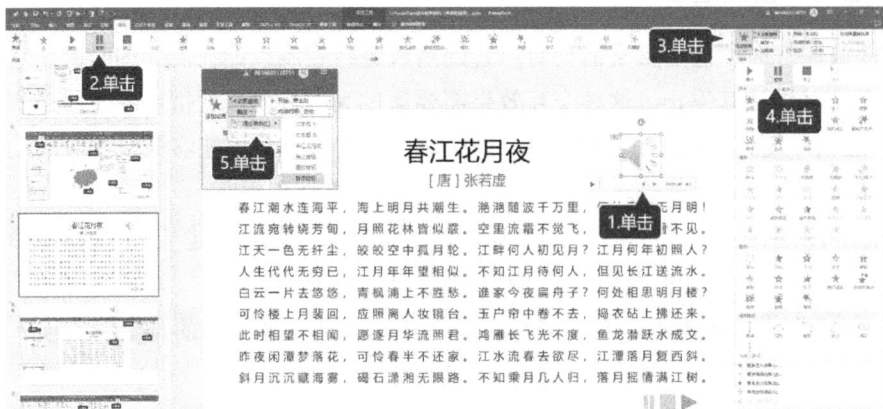

图4-9 控制声音的播放步骤三

### 4.2.6 PPT 课件添加背景音乐

在默认情况下，插入幻灯片的声音会在切换到下一张幻灯片时自动停止播放。如果是作为背景音乐使用，则需要音乐能够一直播放，直到退出演示文稿。此时，就需要将音乐设置为跨幻灯片播放。另外，插入幻灯片中的音乐默认情况下只能在本幻灯片中播放一次，如果需要音乐一直播放，则应该将其设置为循环播放。

如图4-10所示，以《春江花月夜》PPT课件为例，这个课件包括4张幻灯片，在第一张幻灯片上插入外部的音乐文件，然后选中小喇叭图标，在"音频工具—播放"选项卡的"音频选项"组中勾选"放映时隐藏"和"循环播放，直到停止"复选框，选择"跨幻灯片播放"选项。这样设置后，背景音乐就可以从第一张幻灯片开始一直播放，直到幻灯片全部播放完为止。

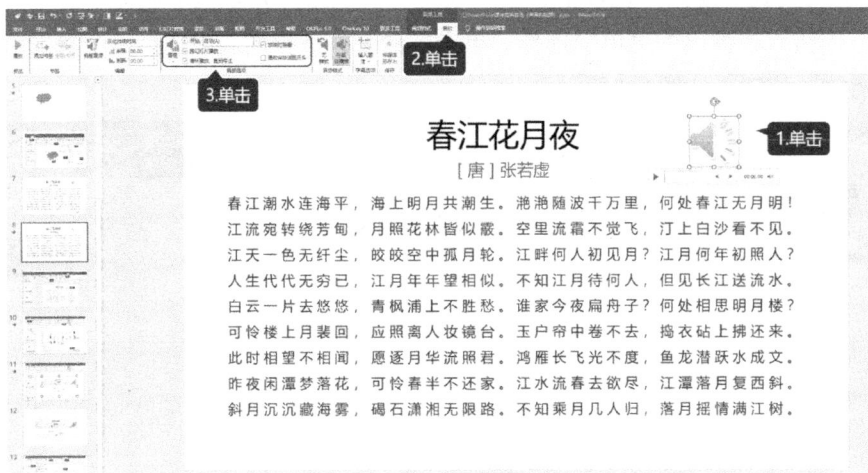

图4-10 为PPT 课件添加背景音乐

如果要自由控制声音播放的起始幻灯片和终止幻灯片，需要在自定义动画中控制声音的播放，具体操作方法如下：

老师在需要播放声音的起始幻灯片中插入声音文件。根据需要可以选择自动播放或者单击播放，如图4-11所示。

图4-11　自由控制声音播放步骤一

在"动画"选项卡的"高级动画"选项组中单击"动画窗格"按钮打开"动画窗格"界面单击声音选项右侧的箭头按钮，在弹出的菜单中选择"效果选项"命令。此时将打开"播放音频"对话框，在"停止播放"选项栏中可以设置音乐从当前幻灯片起播放多少张幻灯片后停止，如图4-12所示。

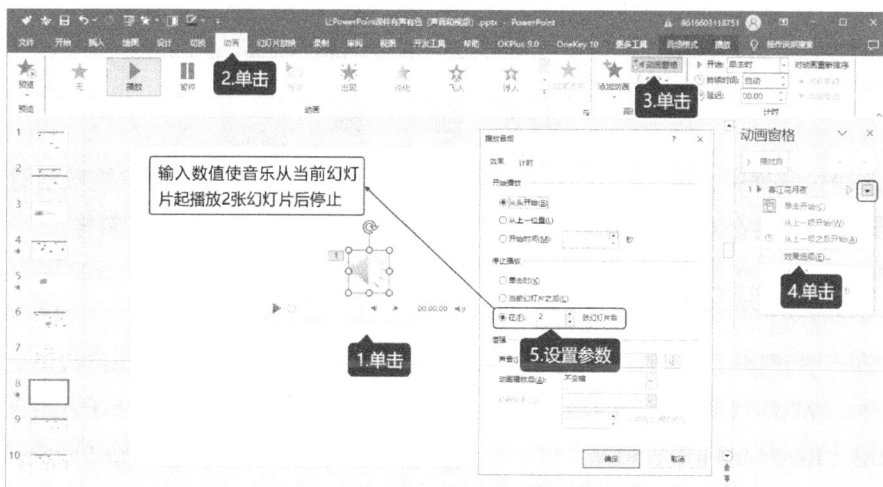

图4-12　自由控制声音播放步骤二

## 4.2.7　录制和使用旁白

PowerPoint可以为课件中指定的某张幻灯片或全部幻灯片添加录音旁白，使用旁白可以为课件的内容添加解说，能够在放映状态下起到对某些问题额外说明的作用。同时，旁白也能增强基于网络或自动运行的课件的放映效果，例如将课件保存为视频文件上传到网上，为了获得较好的教学效果，同时使课件更加生动，旁白就是必需的。PowerPoint 2019提供了录制幻灯片演示功能，该功能除了能够记录演示的时间，还可以记录演示时的标注和旁白。

在"幻灯片放映"选项卡的"设置"选项组中单击"录制幻灯片演示"按钮上的

下三角按钮，在打开的列表中选择录制的方式为"从头开始录制"，打开"录制幻灯片演示"对话框，在其中勾选相应的复选框选择录制的内容，然后单击复选框即可开始录制，如图4-13所示。

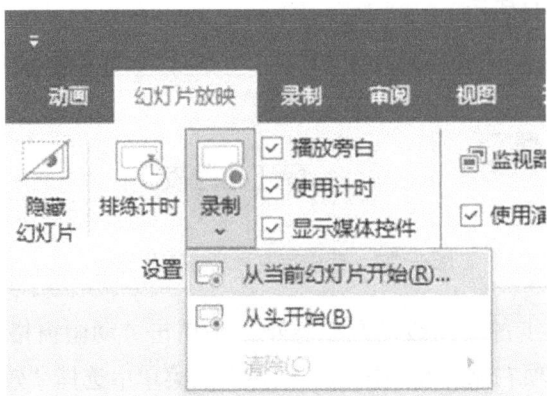

图4-13　录制和使用旁白

这里需要注意，如果要录制旁白，麦克风必须是可用状态。录制成功后在幻灯片上将会显示声音图标，通过声音图标可以对旁白进行预览或重新录制。

## 4.3　视　频

在多媒体课件中，视频以其直观、生动等特点而得到广泛的应用。视频信息是连续变化的影像，通常是对实际场景的动态演示，比如电影、电视、摄像资料等。

### 4.3.1　常见的视频文件格式

目前，视频格式有AVI（Audio Video Interleaved）、MOV（QuickTime Movie Format）、WMV（Windows Media Video）、MP4（Moving Picture Experts Group 4）、RM（Real Media）、FLV（Flash Video）、MPEG/MPG（Moving Picture Experts Group）等。

1. AVI

AVI是数字音频与视频类型的文件格式。它所采用的压缩算法没有统一的标准。虽然都是以.avi为后缀的视频文件，但由于采用的压缩算法不同，需要相应的解压软件才能识别和回放该文件。除了微软公司之外，其他公司也推出了自己的压缩算法，只要把该算法的驱动加到Windows系统中，就可以播放用该算法压缩的AVI文件。

2. MOV

MOV文件格式是Apple公司开发的专用视频格式，只要在PC上安装QuickTime软件，就能正常播放。它具有跨平台、存储空间小的技术特点，采用有损压缩方式的

MOV格式文件的画面效果比AVI格式的画面效果要稍微好一些。它可以被Premiere Pro等非线性编辑软件使用。

## 3. RM

随着宽带网络的普及，RM格式文件在网络上大行其道，RM格式文件是一种网络实时播放文件，它压缩比大，失真率小，已经成为主流的网络视频格式。RM格式的文件需要专门的Realplayer软件来播放，现在的主流软件是RealPlayer 10和Real One Player。

## 4. MPEG/MPG

MPEG格式文件是视频压缩的基本格式，在视频制作中非常流行。它采用一种将视频信号分段取样的压缩方法，压缩比较大。时下较流行的VCD的视频文件中以.dat为后缀名的文件其实就是一种MPEG文件，如果将它的后缀名直接改为.mpg，就可以使用Media Player直接播放。当下流行的大部分视频编辑软件都可以直接将.dat和.mpg文件作为素材导入项目文件。

## 5. FLV

FLV是Flash Video的简称，FLV流媒体格式是一种新的视频格式。它形成的文件极小，加载速度极快，使网络在线观看视频文件成为可能，它的出现有效地解决了视频文件导入Flash后，导出的SWF文件体积庞大，不能在网络上很好地观看等缺点。FLV文件体积小巧，播放时长为1分钟且清晰的FLV视频大小在1 MB左右，一部电影在100 MB左右，是普通视频文件体积的1/3。再加上CPU占有率低、视频质量良好等特点，使其在网络上盛行。目前各在线视频网站均采用此视频格式，如新浪博客、56视频网络、土豆网、酷6网等。FLV已经成为当前视频文件的主流格式。

### 4.3.2 获取视频素材的方法

获取视频素材的方法主要包括网络下载、自己拍摄、截取DVD等，下面分别介绍。

## 1. 网络下载

目前，视频门户网站十分流行，例如优酷、土豆等视频网站都提供了大量的视频素材，这些视频大部分都是FLV格式的文件。要想获取这些视频素材，可以使用专业的FLV视频下载软件，例如，狂雷高清FLV视频下载、维棠FLV视频下载等软件。

另外，利用IE浏览器的缓存也可以轻松获取网络视频。在网络上使用IE浏览器浏览过的任何多媒体内容，如图片、音乐、Flash动画以及视频，都会保存在IE浏览器的缓存中，也就是IE的临时文件夹中。具体查找操作步骤如下：

（1）在IE浏览器窗口中选择"工具"栏中的"Internet选项"命令，打开"Internet选项"对话框，如图4-14所示。

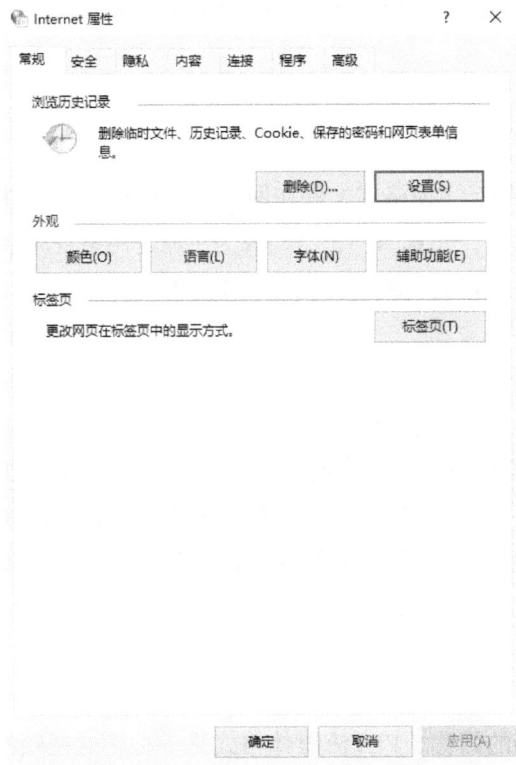

图4-14 找寻IE缓存视频素材位置步骤一

（2）在"浏览历史记录"选项栏中单击"设置"按钮，打开"Internet临时文件和历史记录设置"对话框。单击"查看文件"按钮，即可打开IE浏览器的临时文件夹，在其中就可以搜寻自己需要的视频文件，如图4-15所示。

图4-15 找寻IE缓存视频素材位置步骤二

## 2. 自己拍摄

目前，数字视频的应用越来越广泛，利用DV或者智能手机就可以轻松拍摄一些自己需要的视频素材，如图4-16所示。

图4-16　DV与智能手机示意图

## 3.截取DVD

如果只要截取VCD或者DVD中的某一段画面，可以使用豪杰超级解霸或者QQ影音软件。只要是可以播放的视频文件，不管什么格式，打开播放后，首先选择录取区域，再选择开始点、结束点，将录像指定为MPG或 MPV 文件即可。

Camtasia Studio是一款专门捕捉屏幕影音的工具软件。它能在任何颜色模式下轻松地记录屏幕动作，包括影像、音效、鼠标移动的轨迹、解说声音等。只要是计算机屏幕上播放的影像或者是操作者的操作步骤，都可以使用该软件保存为视频文件，特别方便。

### 4.3.3　视频格式的转换

很多视频格式并不能支持插入PowerPoint，因此在使用视频时，应当清楚视频素材的格式，如果视频素材不能直接插入PPT，还需要进行视频格式转换。

视频格式转换软件特别多，可以从网络搜索并下载。这里推荐一款很好用的数字视频格式转换工具——格式工厂(Format Factory)。它支持几乎所有视频格式文件的相互转换，使用便利，如图4-17所示。

图4-17　格式工厂(Format Factory)

最好将视频文件格式转换为AVI 或者 WMV，这样可以保证课件可以在更多的计算机上正常播放。

## 4.4 在 PPT 课件中应用视频

PowerPoint对视频的插入和播放提供了支持，能够方便地在幻灯片中添加视频，以丰富演示文稿的内容。PowerPoint可支持AVI、CDA、MPG、MPE、MPEG和ML等常见格式的视频文件。

### 4.4.1 直接插入视频

在PPT课件中，视频的插入、设置和控制方法与声音的操作方法基本相同，操作方法如下：

（1）打开需要插入视频的幻灯片，在"插入"选项卡中单击"视频"按钮上的下三角按钮，在打开的菜单中选择"文件中的视频"命令，然后在打开的"插入视频文件"对话框中选择需要插入的视频文件，如图4-18所示。

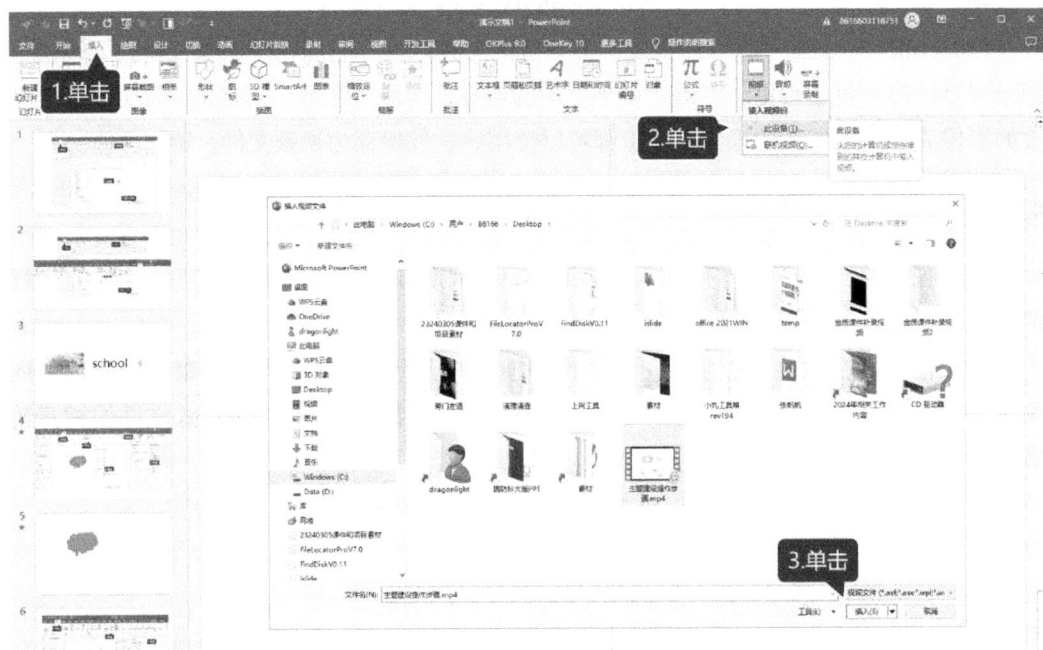

图4-18　直接插入视频步骤一

（2）单击"插入"按钮，视频即被插入当前幻灯片。插入幻灯片中的视频文件的播放窗口的大小和位置是可调整的。拖动边框上的控制柄，可改变视频播放窗口的大小；拖动整个播放窗口，可改变视频播放的位置；单击幻灯片中的视频对象，可在幻灯片中播放视频文件，预览其播放效果，如图4-19所示。

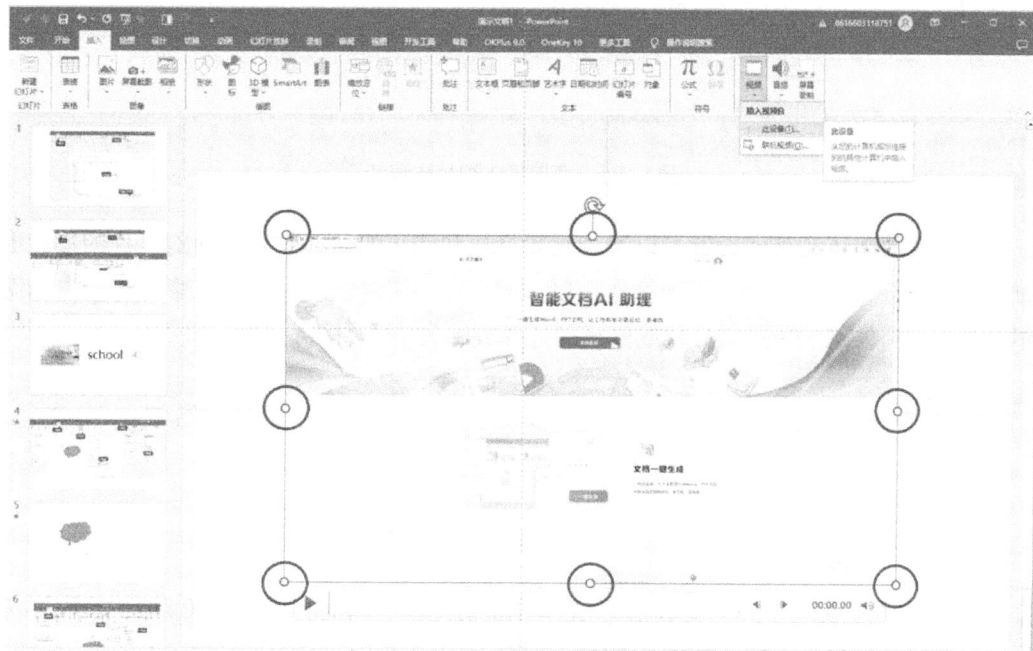

图4-19　直接插入视频步骤二

（3）在"格式"选项卡中单击"视频样式"组中的"其他"按钮，在打开的列表中选择视频样式应用于选择的视频，如图4-20所示。

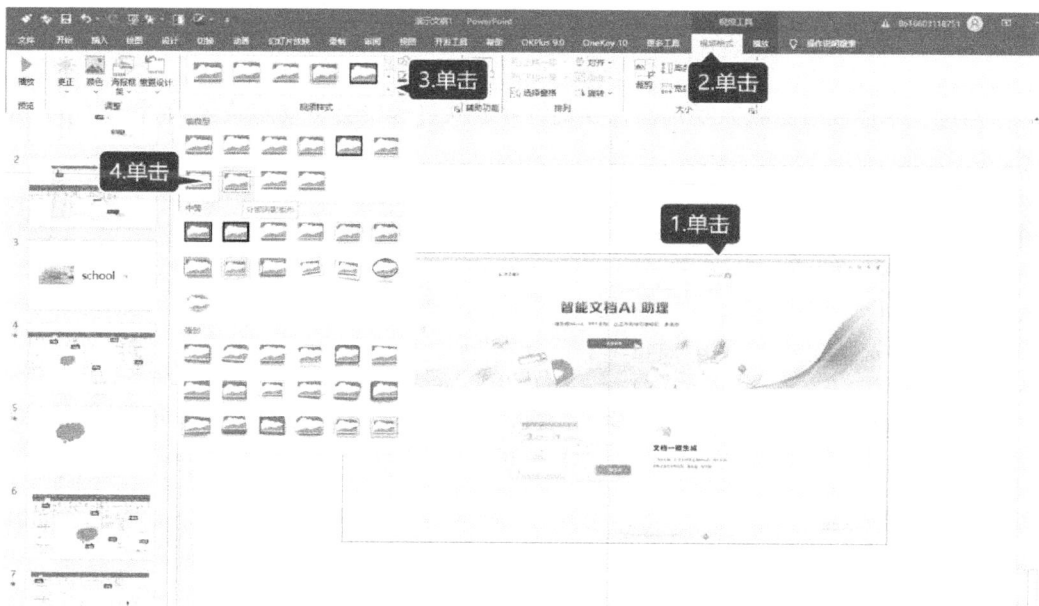

图4-20　直接插入视频步骤三

（4）在"播放"选项卡的"视频选项"组中勾选"全屏播放"复选框。此时，进入幻灯片放映视图后，影片将全屏播放，如图4-21所示。

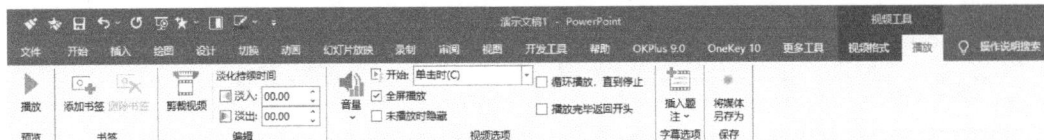

图4-21　直接插入视频步骤四

幻灯片放映还有其他设置可以增加视频播放和停止的设计效果，使幻灯片的过渡更加流畅。勾选"循环播放，直到停止"复选框，在幻灯片放映过程中，影片将会自动循环播放，直到放映下一张幻灯片或停止幻灯片放映为止，如图4-22所示。

图4-22　"循环播放，直到停止"

勾选"播完返回开头"复选框，当影片播放完后，画面将停留在第1帧，否则影片将停留在影片的最后一帧，如图4-23所示。

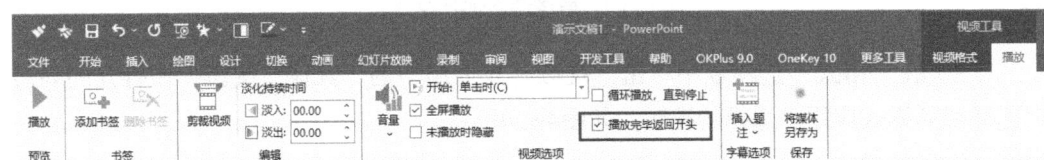

图4-23　"播完返回开头"

勾选"未播放时隐藏"复选框，在幻灯片放映过程中会自动隐藏视频播放窗口，如图4-24所示。

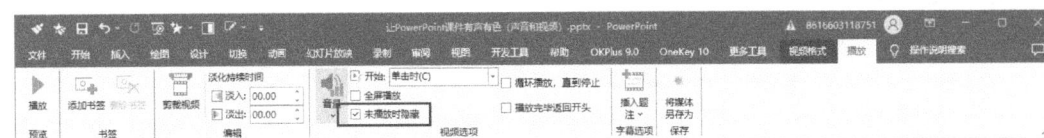

图4-24　"未播放时隐藏"

另外，这里与声音一样，可以通过"音量"列表中的选项来设置视频的播放音量。使用"编辑"组中的命令，对视频进行裁剪，并为视频添加淡入淡出效果，如图4-25所示。

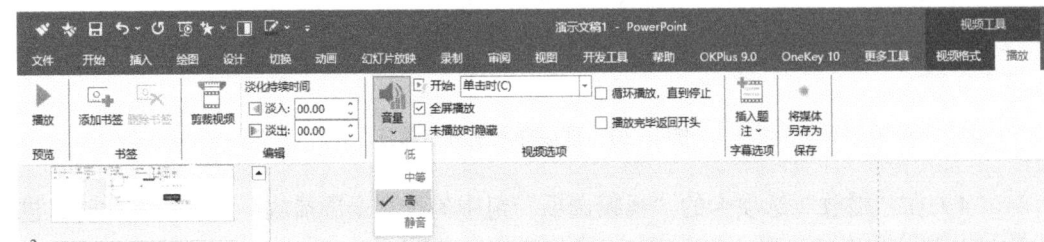

图4-25　调节播放音量

在"开始"下拉列表中选择"单击时"选项，则幻灯片放映时，单击视频播放窗口才可以开始视频播放，如图4-26所示。

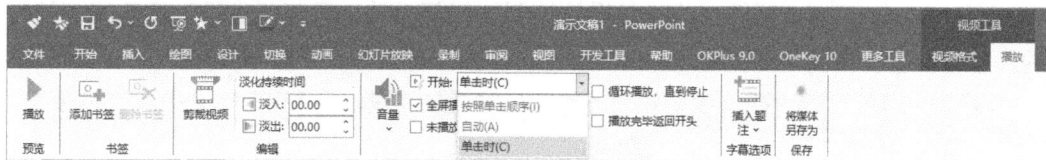

图4-26　视频播放开始设置

## 4.4.2　利用视频控件插入视频

在PowerPoint中，除了可以直接插入视频文件外，还可以利用Windows Media Player控件（简称WMP控件）来插入视频。对于用此方法插入的视频，课件操作者能够随心所欲地进行播放操作。

### 1. 插入 Windows Media Player控件

在PowerPoint 2019的"文件"菜单中选择"选项"命令，打开"PowerPoint选项"对话框，在左侧窗格选择"自定义功能区"项，然后再右侧窗格勾选"开发工具"复选框，如图4-27所示。

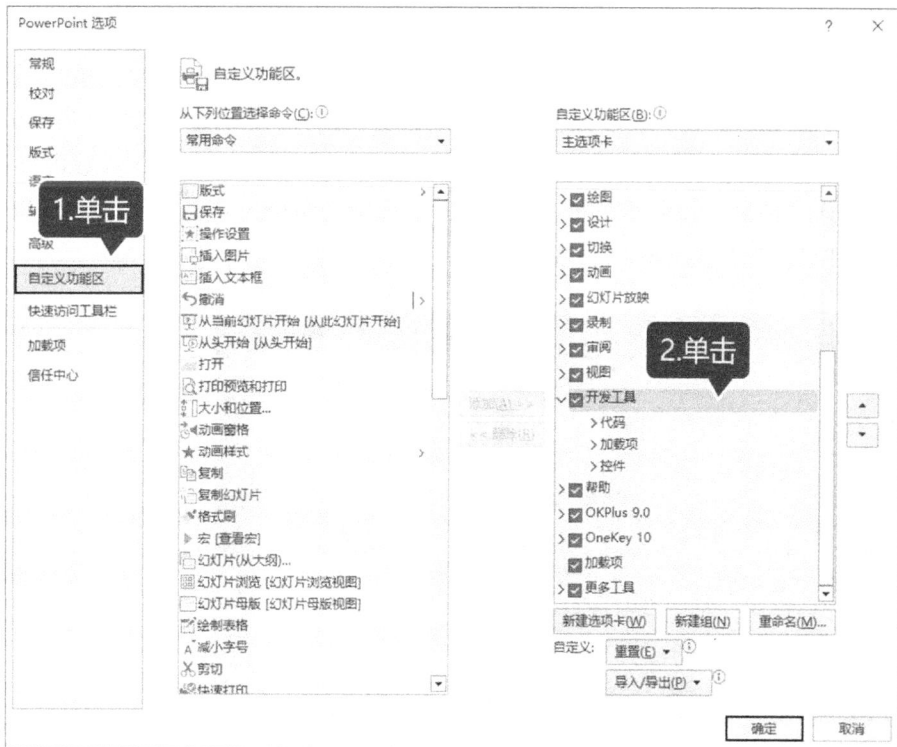

图4-27　插入 Windows Media Player控件步骤一

选中需要插入视频的幻灯片，切换到"开发工具"选项卡，单击"其他控件"按钮，弹出"其他控件"对话框，选择Windows Media Player选项。在工作区中拖出一个Windows Media Player控件，此时各播放控制按钮都无效，呈灰色显示。调整视频控件的尺寸和位置，如图4-28所示。

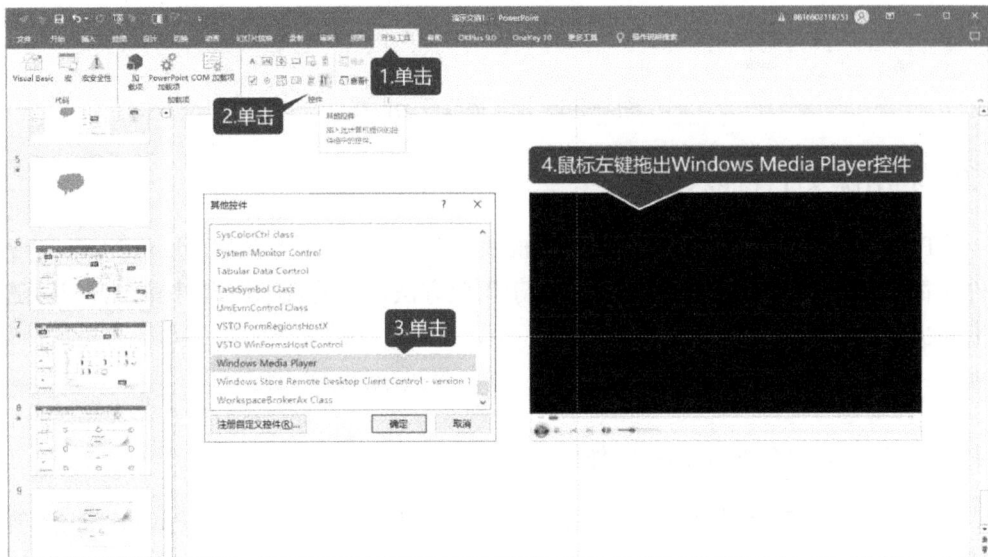

图4-28 插入 Windows Media Player控件步骤二

## 2.设置 Windows Media Player控件属性

选中Windows Media Player控件后右击，在弹出的快捷菜单中选择"属性"命令，打开"属性"对话框。在URL参数项后面的文本框中输入"主题建设操作步骤.wmv"。

制作的幻灯片文件与插入的视频文件在一个文件夹下时，设置URL参数可以省略路径，直接输入文件名。如果不在同一目录下，要以绝对路径的方式写出，例如"E:\素材\part6\主题建设操作步骤.wmv"（见图4-29）。

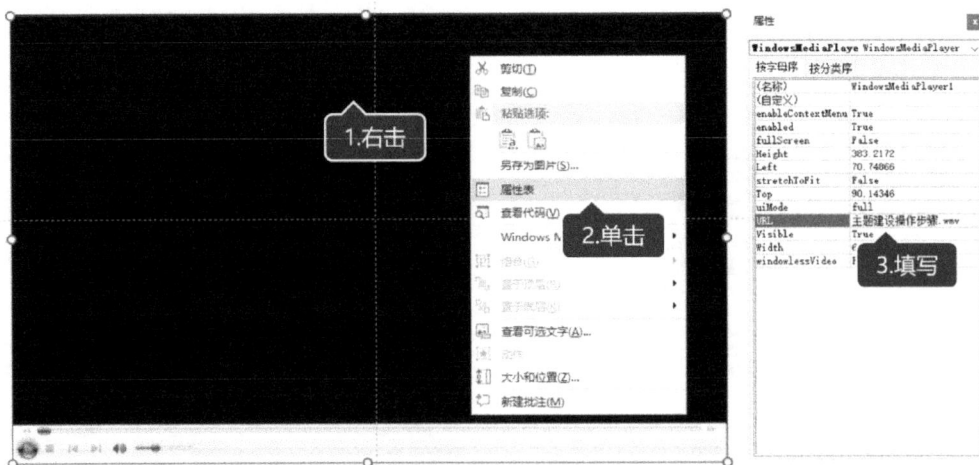

图4-29 设置 Windows Media Player控件属性步骤一

此时，放映当前幻灯片，将看到一个Windows Media Player播放器，通过播放器上的控制按钮，可以很轻松地控制视频的播放，如图4-30所示。

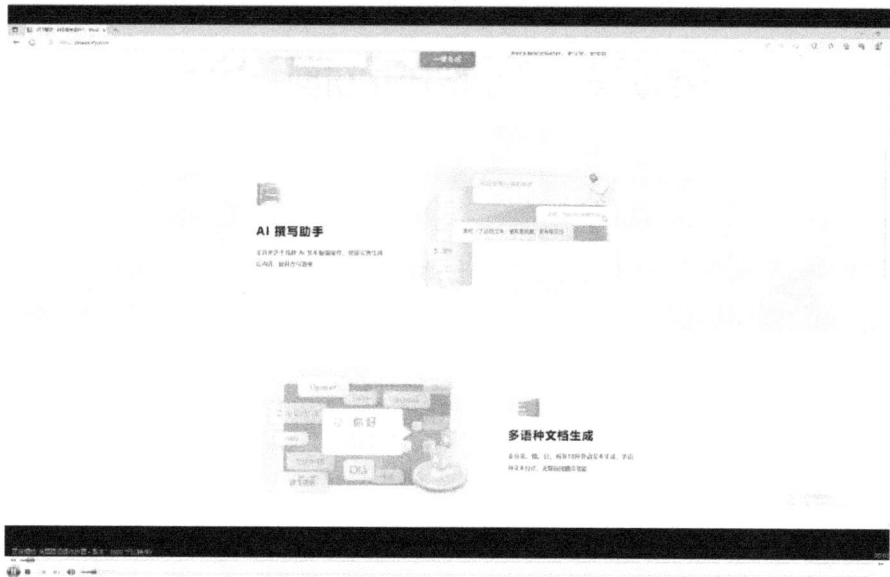

图4-30 插入 Windows Media Player控件步骤二

Windows Media Player控件一般只支持WMV、AVI、ASF、MPG等视频格式，如果是RM或者RMVB格式的视频，应选择Real Player G2 Control 控件；如果是MOV格式的视频，应选择Apple Quicktime Player控件。

### 4.4.3 控制视频的播放

在PPT课件中控制视频播放的方法和控制声音的播放一样，也可以将幻灯片中的对象设定为触发器来实现。用户可以在PPT课件中设计3个按钮，然后在这3个按钮上定义触发器，分别对视频的播放、暂停和停止进行控制。

# 第5章  巧妙的动画设计

## 5.1  切换动画

切换是指页面与页面之间过渡时的动态效果。使用原则：不干扰讲述，适应画面内容。切换动画页面示意图如图5-1所示。

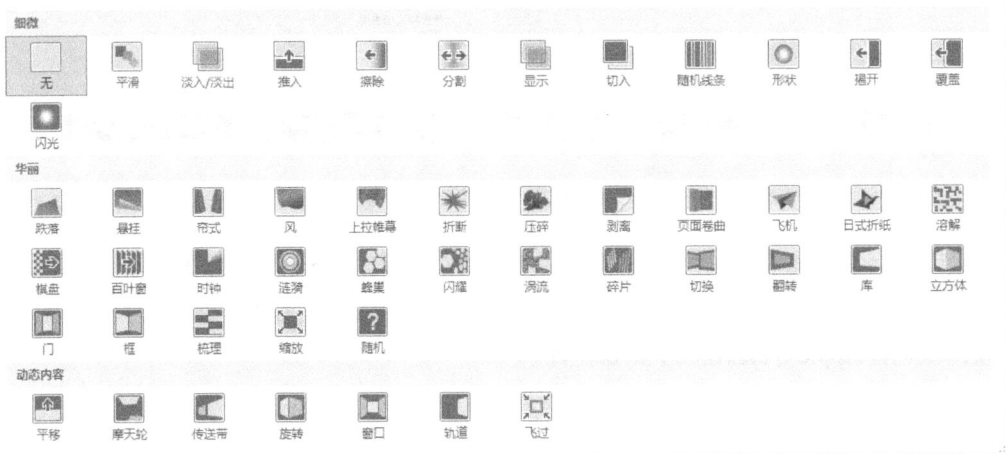

图5-1  切换动画页面示意图

### 5.1.1  平滑切换动画

平滑切换是最好用的切换方式，它可以实现两页PPT之间的平滑过渡，如图5-2所示。

图5-2  平滑切换图标示意图

如果两页PPT有相同的元素，那么使用平滑切换，可以展现元素的变化过程。在设置的时候，只需要改变元素的大小和位置，然后在第二页设置切换方式为平滑，就可以得到如图5-3所示的效果。

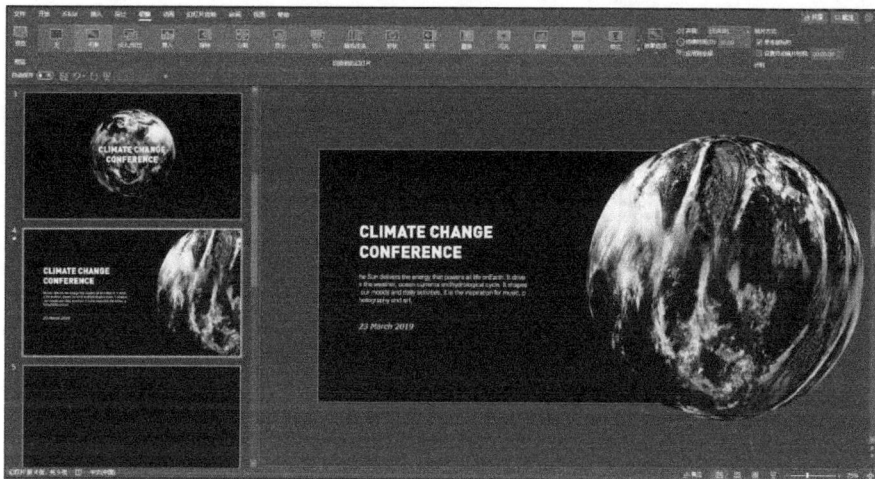

图5-3 平滑切换

平滑切换操作步骤如下：

（1）图片从黑白变成彩色，需要分别准备两张图片，如图5-4所示。

图5-4 平滑切换步骤一

（2）将两张图片重叠，彩色图片放置黑白图片的上方，并复制一页相同的幻灯片。

（3）裁剪第一页幻灯片的彩色图片，把画布内的彩色图片都裁剪掉，第二张保持不动。

（4）将两页幻灯片的切换动画改为"平滑"，完成图片的"上色"动画，如图5-5所示。

图5-5 平滑切换步骤二

案例

伸缩移动图片操作步骤如下：

（1）新建一张幻灯片。点击"插入"选项卡中的"图片"选项组中的"此设备"，选择对象图片进行等比例缩放至合适大小，如图5-6所示。

图5-6　伸缩移动图片步骤一

（2）调整图片大小及顺序（点击图片设置或者在设计工具中选择顺序设置），如图5-7所示。

图5-7　伸缩移动图片步骤二

（3）给图片设置图片样式，点击"图片格式"选项卡中的 "映像圆角矩形"效果，如图5-8所示。

图5-8　伸缩移动图片步骤三

（4）将背景进行美化，右击幻灯片背景空白部分，点击设置背景格式，选择背景填充，如图5-9所示。

图5-9　伸缩移动图片步骤四

（5）复制该幻灯片，使用设计工具将图片位置以从右往左的顺序进行调整，幻灯片效果设置为"切换"选项卡的"平滑"效果选项，持续时间设为2 s，如图5-10所示。

图5-10　伸缩移动图片步骤五

（6）复制该幻灯片重复上述步骤将图片的前后位置依次进行调整，幻灯片效果设置为"切换"选项卡的"平滑"效果选项，持续时间为2 s，得到效果，如图5-11所示。

图5-11　伸缩移动图片步骤六

（7）复制该幻灯片，重复上述步骤直至所有图片轮换完成，幻灯片的效果皆为平滑。伸缩移动图片动画的效果设置完成，如图5-12所示。

图5-12　伸缩移动图片步骤七

## 5.1.2　缩放定位

缩放定位是允许用户在演示过程中快速跳转到特定幻灯片或分区，从而提升并演示的灵活性和效率。缩放定位动画主要有三种，分别为摘要缩放定位、节缩放定位和幻灯片缩放定位。前两种都是以节为单位进行缩放定位。节缩放定位是先将幻灯片分成不同的章节。演示时点击节图片可以连接跳转到该节；节演示完，返回节缩放定位。

操作步骤如下：

（1）首先为幻灯片建"节"。选中左侧幻灯片缩略图区域，右键可以新增节，然后再进行命名。

（2）建"节缩放定位"。点击插入菜单，找到缩放定位里面的节缩放定位，点击就会出现如图5-13所示的窗口，里面显示的就是节，只要勾选然后点击插入就可以了。

图5-13 建"节缩放定位"

（3）调整"节缩放定位"。调整节缩放定位的图片，将它们排版好。这里用islide插件的矩阵布局，快速调整，得到如图5-14所示的效果。

图5-14 调整"节缩放定位"

幻灯片缩放定位比较自由，是指直接创建指向某一页的链接。操作步骤如下：

（1）选中喜欢的幻灯片预览图，鼠标按住，拖拽进版面。

（2）将链接好的图片排版好。将图片旋转，放映的效果更好，如图5-15所示。

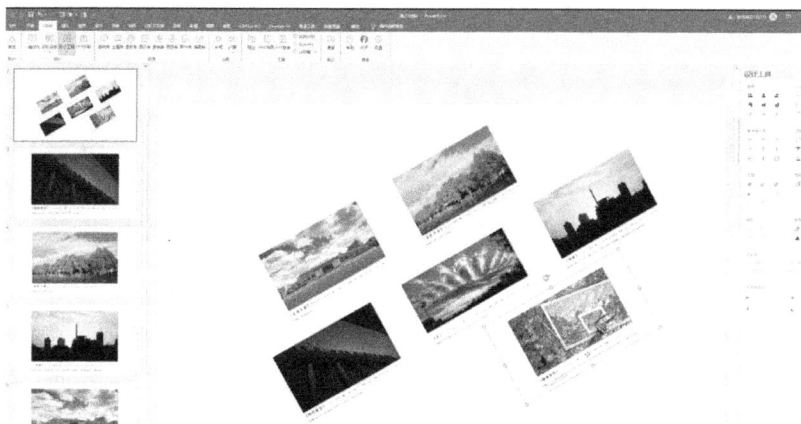

图5-15 缩放定位

### 5.1.3 推入切换

推入切换的制作非常简单，将一张图片裁剪成两张，并且沿着幻灯片的轮廓进行上下摆放，如图5-16所示。

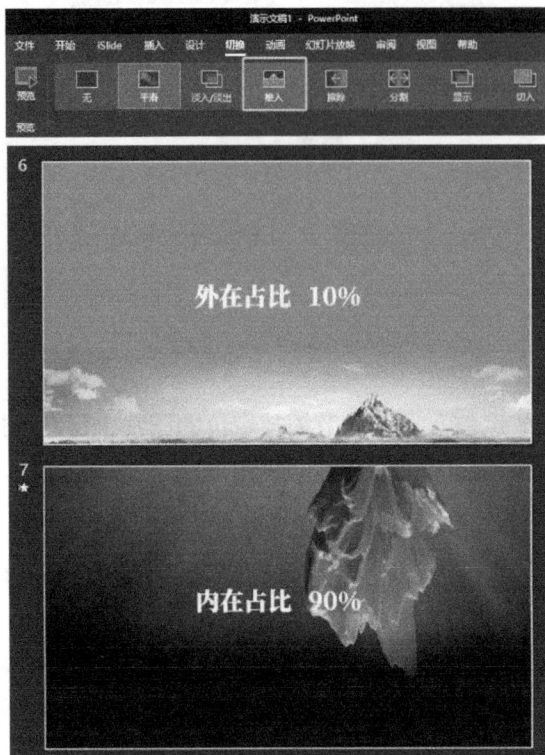

图5-16　推入切换步骤一

设置第二张幻灯片的切换方式为推入，将效果选项设置为自底部，如图5-17所示。

图5-17　推入切换步骤二

例如，时间轴的页面事件内容多一页无法放下，那么可以放在两页，将两页之间用推入动画过渡。操作步骤：首先，需要将山脉的图片裁成两张，摆放在两页幻灯片里；然后，给第二张添加推入动画，在效果选项里面选择自右侧，如图5-18所示。

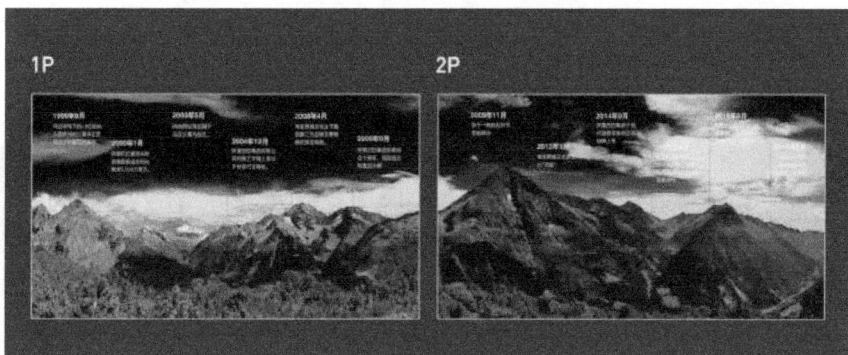

图5-18 推入切换案例分析示意图

## 5.1.4 上拉帷幕切换

上拉帷幕的切换动画，如图5-19所示，操作步骤如下：

（1）第一页摆放文字，制作悬念。使用文字云的效果，文字云的出现使用了淡化动画，时间为3 s，文字会慢慢地浮现出来。

（2）第二页摆放产品，设置第二页的切换方式为上拉帷幕，如图5-20所示。

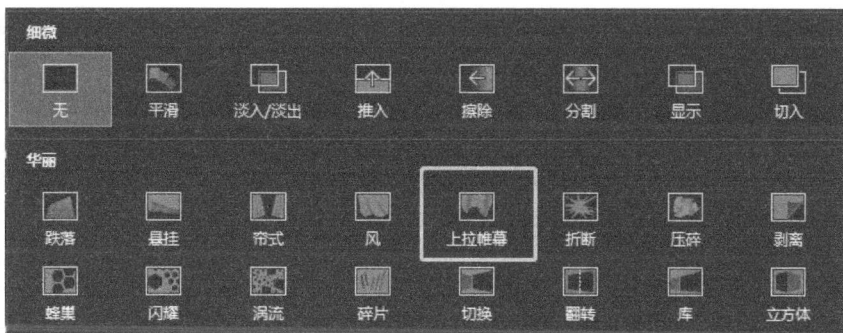

图5-19 上拉帷幕

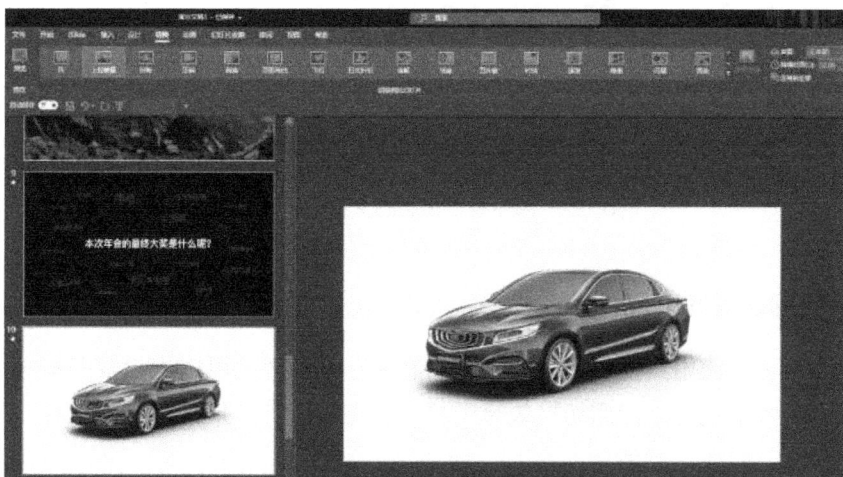

图5-20 上拉帷幕案例分析示意图

## 5.1.5 棋盘切换

棋盘的切换动画，属于华丽型的动画，如图5-21所示。

图5-21 棋盘切换动画图标示意图

考古出土的文物的展示使用棋盘切换效果，操作步骤如下：

（1）首先要将产品图片排版工整。

（2）插入一个7×5的表格，然后将产品图片置于每一个单元格的中间。排版完成后为这页添加"棋盘"动画，如图5-22所示。

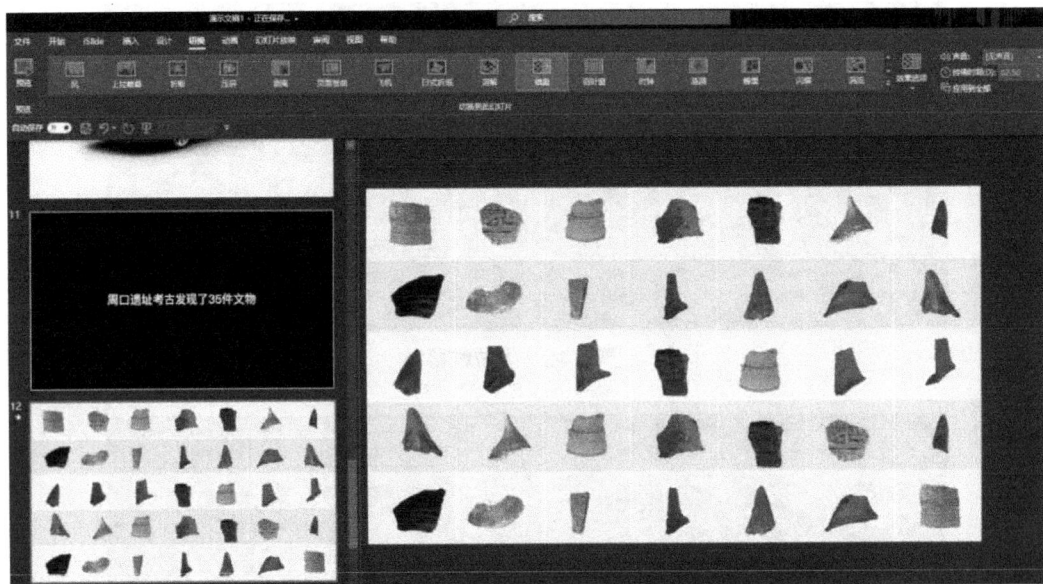

图5-22 展示考古出土的文物效果图参考

## 5.1.6 模拟物理世界的动作效果

翻页效果可以使用切换效果中的"页面卷曲"，此效果可以模拟沿书本中线来翻页的状态。翻页效果也可以使用切换效果中的"剥离"，其效果可以模拟从右下角向左上角翻页的状态，如图5-23所示。

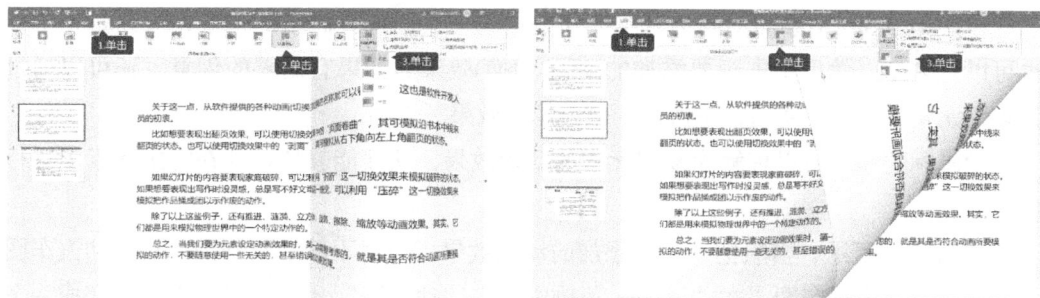

图5-23　PPT翻页效果制作

如果幻灯片的内容要表现破碎效果，可以利用"折断"这一切换效果来模拟破碎的状态。如果想要表现出写作时没灵感，体现出写不好文章的感觉，可以利用"压碎"这一切换效果来模拟把作品揉成团以示作废的动作。效果如图5-24所示。

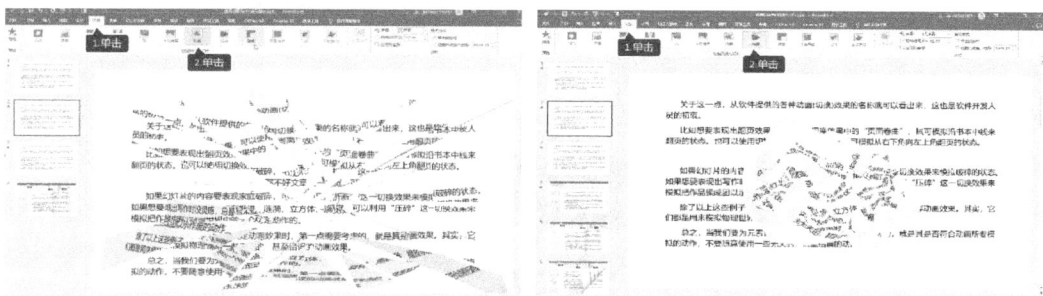

图5-24　"折断"效果与"压碎"效果示意图

除了以上这些效果，还有推进、涟漪、立方体、旋转、擦除、缩放等动画效果。其实，它们都是用来模拟物理世界中的一个特定动作的。

总之，要为元素设定动画效果，第一点需要考虑的就是元素是否符合动画所要模拟的动作，不要随意使用一些无关的甚至错误的动画效果。

## 5.2　内容动画

动画是指单独页面上元素的动态效果。PowerPoint中设有淡入淡出、旋转出入、百叶窗等多种运动方式。对它们的使用并不是为了热闹、搞稀奇，而是为了调节气氛、唤醒视觉注意，从而实现加强重点内容的感染力，如图5-25所示。

图5-25　内容动画

在PowerPoint中添加动画的基本操作是：选中页面或页面中的元素，可以是一个，也可以是多个，然后单击想要添加的动画(切换)效果。如果有足够的创意，还可以通过为多个元素添加多个动画，来做出十分酷炫的效果。

动画刷的作用可以理解为复制元素的动画效果，从而能够快速地在特定元素上进行使用。

如图5-26所示，当想把火车图添加的动画效果，原封不动地复制到相机图和汽车图上时，只需选中火车图，在"动画"菜单中单击"动画刷"，这时鼠标光标会变成一个小刷子形状，然后在相机图上单击一下即可。

图5-26　动画刷

逐一复制过于麻烦，这里还有一个小技巧是双击"动画刷"按钮，这时"动画刷"就能够连续地为多个元素复制同一种动画效果。动画刷的使用方法与格式刷的使用方法相同。内容动画在实际应用过程中要注意以下几方面：

一是注意与内容的关系，对数量较多的文字内容，一般应采用简易的运动方式，除了量少的立体字外，尽量少用旋转、翻滚等运动。在这里要注意对运动进行加以规范，如同一个章节使用同一方式，保持多媒体教材形式的整体性和连续性。

二是要突出重点内容，把幅度大、时间长、刺激性强的运动方式，用在总标题和最重要的内容上。只有这样才能使运动起伏有致，重点突出，更有意义，注意要做到三防：防眼花缭乱、防破坏字貌、防喧宾夺主。

三是运动设计的原则，不同内容的多媒体制作，对文字运动的要求也不一样，不可能有一个固定的模式。但要共同遵守合理、和谐、生动、简明的原则。

### 5.2.1　文字变淡动画实例——吸引观众的注意力

一份优秀的幻灯片需要有逻辑的内容表达及有创意的设计。如图5-27所示，强调"有逻辑"和"有创意"这两个概念。页面美化的操作步骤如下：

想要做出一份优秀的幻灯片
需要有逻辑的内容表达以及有创意的设计

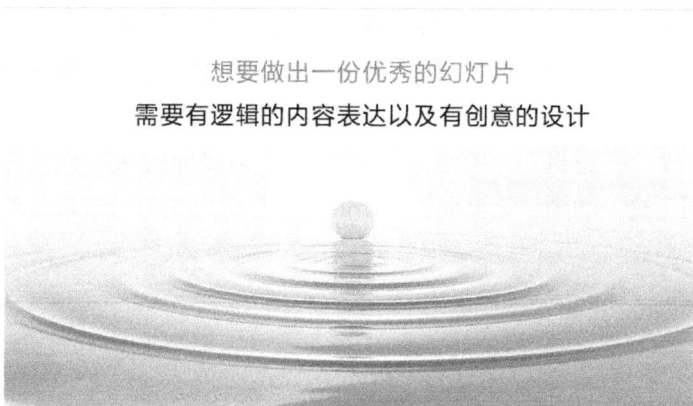

图5-27 文字变淡动画实例原稿示意图

（1）首先，可以将两个定语之外的其他文字颜色变淡，这样就能突出想要表达的内容，如图5-28所示。

想要做出一份优秀的幻灯片
需要**有逻辑**的内容表达以及**有创意**的设计

图5-28 文字变淡动画实例步骤一

（2）将这句话拆分成4部分，分别是"有逻辑""有创意""想要做出一份优秀的幻灯片"及剩余的文字，并且按照未拆分前的状态来确定其位置关系，如图5-29所示。

图5-29 文字变淡动画实例步骤二

（3）如果不拆分，当为元素添加动画时，就会对全部内容执行颜色变淡的动画效果，这样，就不能凸显"有逻辑"和"有创意"这两个概念。因此需要先对语句进行拆分。

（4）选中除"有逻辑""有创意"这两个定语之外的文本框，在"动画"菜单中，添加"透明"这一动画，让页面被单击时，产生颜色变淡的效果，如图5-30所示。

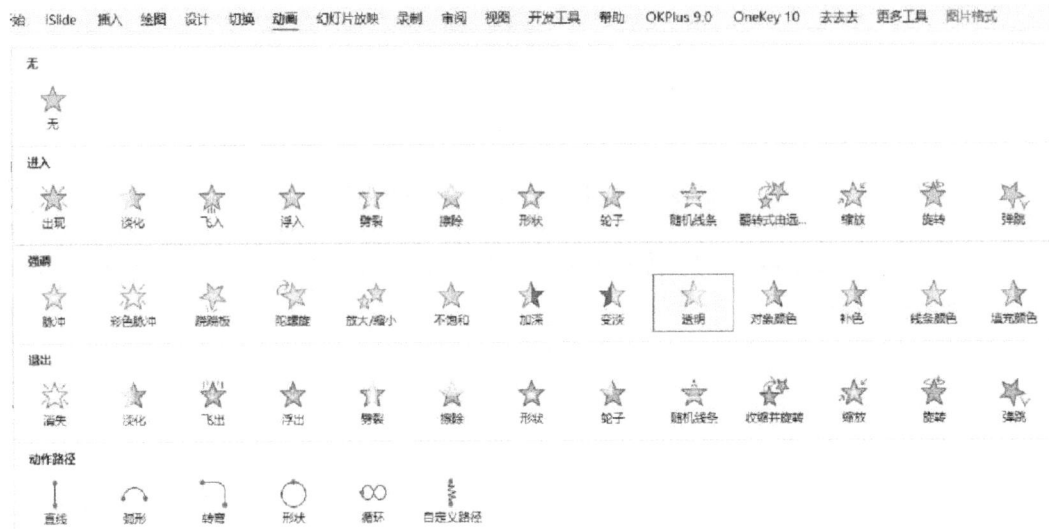

图5-30 文字变淡动画实例步骤三

（5）在讲解过程中，需要强调"有逻辑"和"有创意"这两个概念时，只需单击页面即可。

除使用颜色变淡的方法之外，凸显重点内容的方法还有很多。比如想专门讲解这两个概念可以为其他文字添加缩放退出的动画，让页面上只留下特定的内容，如图5-31所示。

图5-31 文字变淡动画实例示意图

### 5.2.2 进入动画实例——凹面镜的性质

凹面镜制作的操作步骤如下：

（1）首先，鼠标右击面板"设置背景格式"填充为黑色。在"插入"选项卡中选择"弧线"与"直线"绘制出凹面镜和光线，并给两个图形设置发光效果以及柔化边缘，如图5-32所示。

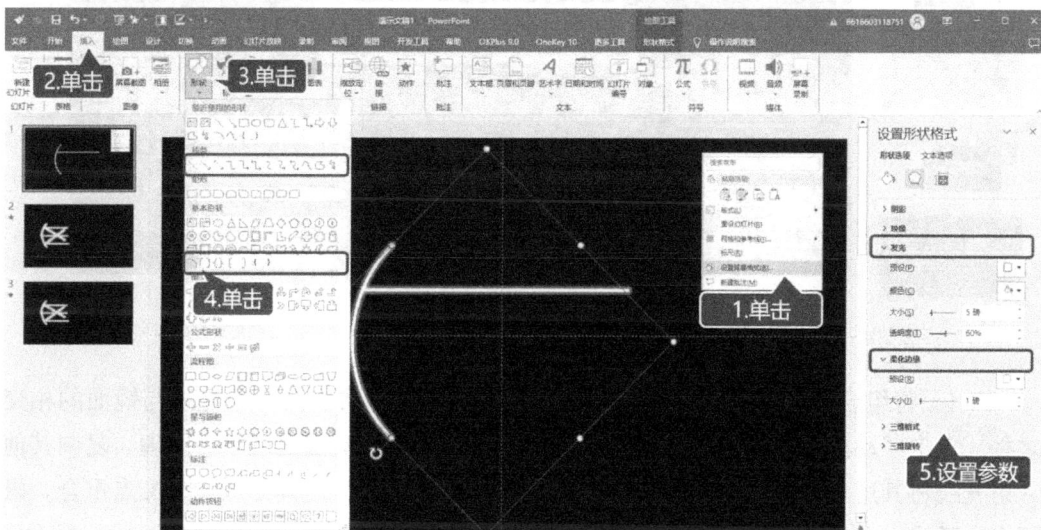

图5-32 凹面镜的步骤一

（2）复制一个光线图形，将其设置成无边框的黑色填充图形，将其与原来图形对齐并用快捷键"Ctrl+G"组合为一个对象。点击"动画"为其添加"劈裂"动画效果并设置"中央向左右展开"效果，如图5-33所示。

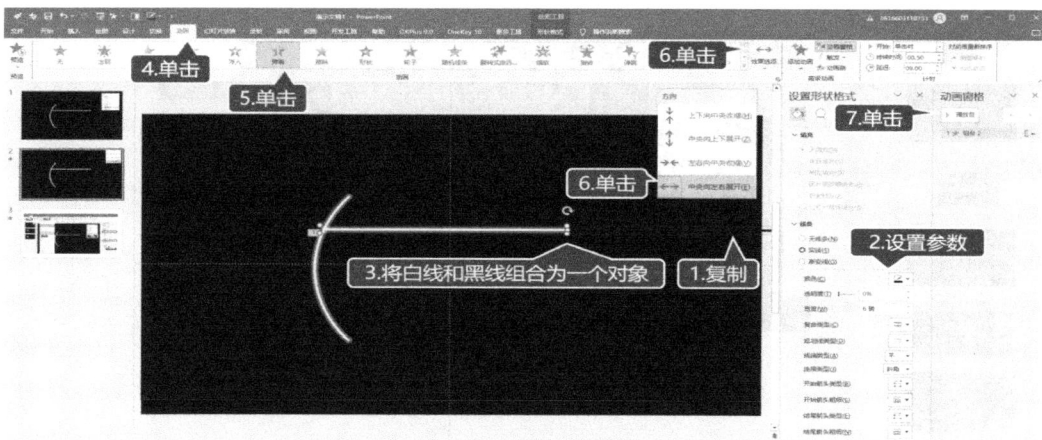

图5-33 凹面镜的步骤二

（3）复制2个组合图形，同时选择2个图形，点击"动画"选项卡中的"开始"选项组点击"与上一动画同时"。这样，入射光线的进入动画效果制作完成，如图5-34所示。

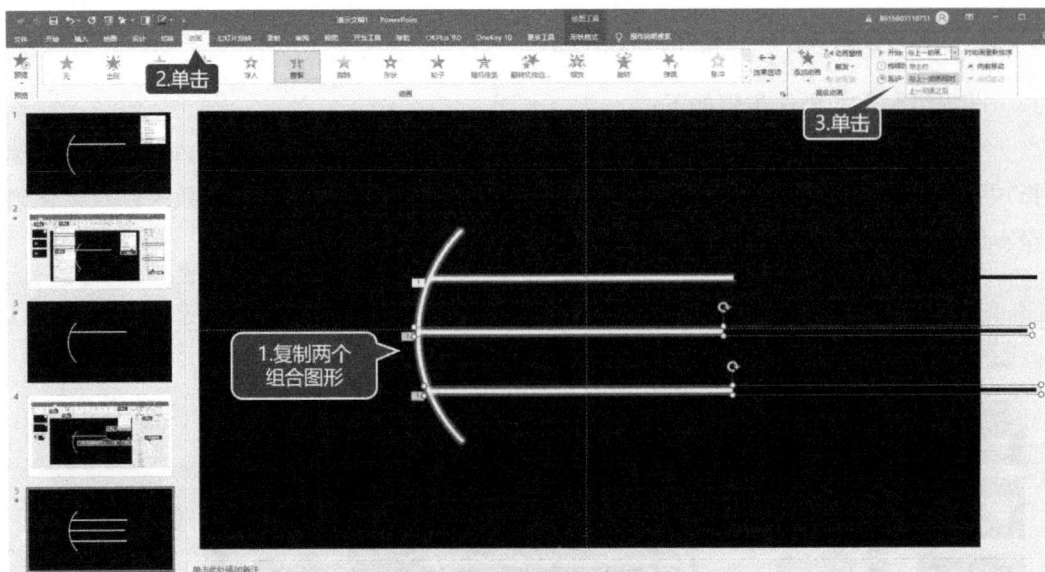

图5-34 凹面镜的步骤三

（4）将组合图形再复制一个，并旋转角度，将其放置在第一条光线与镜面的相交之处。点击"动画"选项卡的"开始"选项组点击"上一动画之后"。同理，复制其他入射光线将其适当旋转，放置到入射光线与镜面的交叉处，使其终点与交叉点重合。鼠标右击弧线，点击"置于顶层"命令。最终效果完成。步骤如图5-35所示。

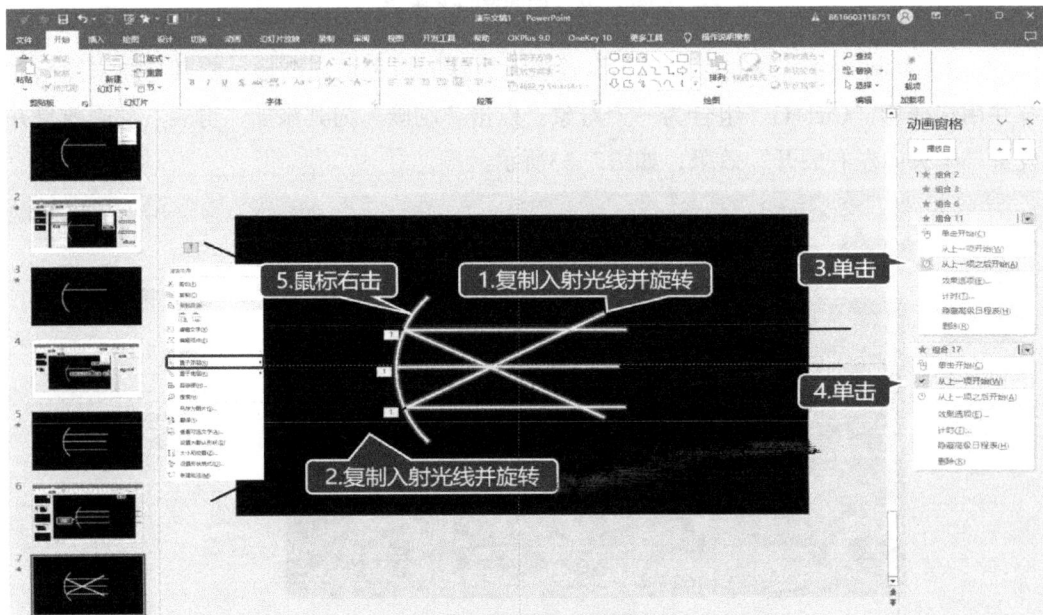

图5-35 凹面镜的步骤四

### 5.2.3 退出动画实例——轴对称图形

轴对称图形制作的操作步骤如下：

（1）首先，插入6张素材图片，设置图片的样式和尺寸。将图片拖放到幻灯片的外部，只保留要显示的第一张图片，并为其添加一个"回旋"进入动画效果，将"开始"设置为"单击"时，持续时间为0.5 s。再为其添加一个"螺旋飞出"退出动画。依次选择放置于幻灯片外的图片，将它们分别旋转出不同的角度。使用"动画刷"快速将所有图片设置动画效果。步骤如图5-36所示。

图5-36 轴对称图形的步骤一

（2）将所有图片同时选中，在"图片格式"选项卡的"对齐"选项组选择"水平居中"命令。再打开"对齐"菜单栏中选择"垂直居中"命令。步骤如图5-37所示。

图5-37 轴对称图形的步骤二

### 5.2.4 强调动画实例——单摆

单摆动画制作的操作步骤如下：

（1）在菜单栏点击"插入"形状选择"椭圆"与"直线"，参数设置为4.5磅，黑色填充。将两个形状使用快捷键"Ctrl+G"组合为一个对象。复制该组合，同时进行垂直旋转，将上方组合设置为无形状填充与无形状轮廓，如图5-38所示。同理，单摆的路径虚线制作也是如此。

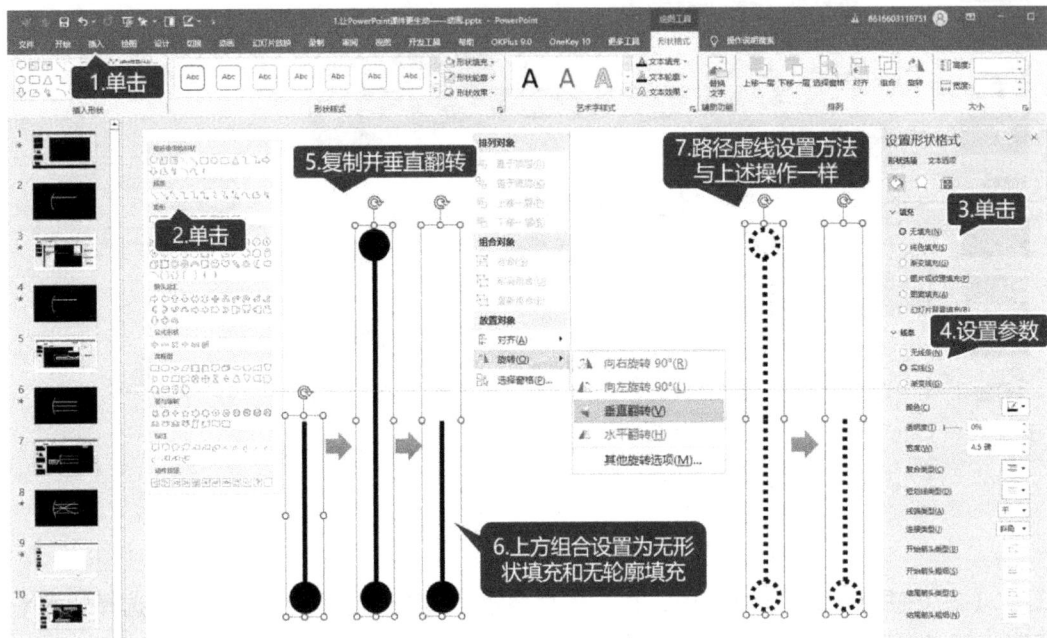

图5-38　单摆的步骤一

（2）单击单摆，打开"设置形状格式"选项组，点击"大小"栏目中的"旋转"，设置旋转角度为45°（路径虚线同样步骤设置）。点击"动画窗格"添加"陀螺旋"强调动画，设置相应参数，同时勾选"自动翻转"复选框。

### 5.2.5 路径动画实例——平抛运动

平抛运动运动动画制作的操作步骤如下：

（1）击锤绕锤柄端点旋转一定角度后击打钢片，这种旋转动画将使用"旋陀螺"动画效果来制作。因此，锤击图形需要制作一个组合对象，上边的对象设置成透明。步骤如图5-39所示。

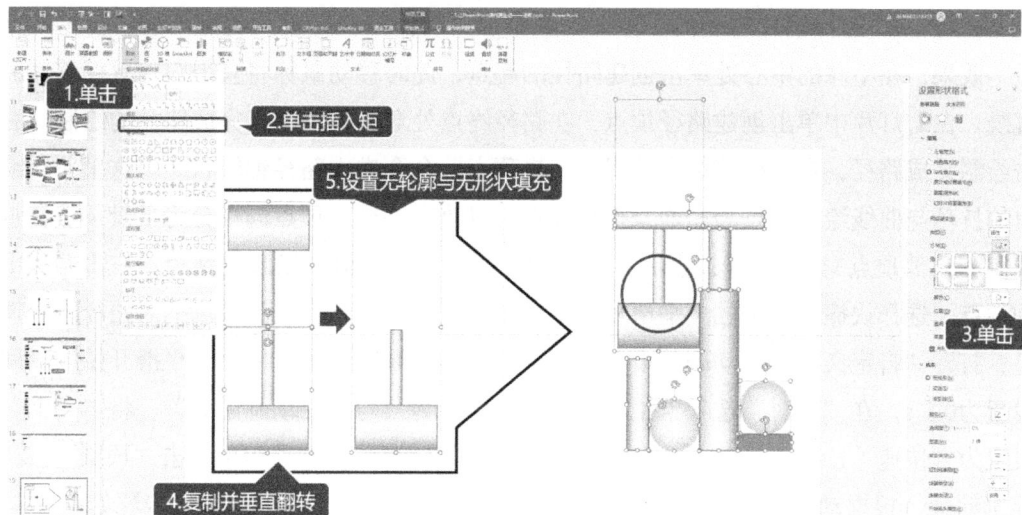

图5-39　单摆的步骤二

（2）将击锤放置到钢片的左侧，使击锤正好和钢片接触。然后将其旋转一定的角度。为其添加"陀螺旋"强调动画，并设置动画声音为"捶打"。步骤如图5-40所示。

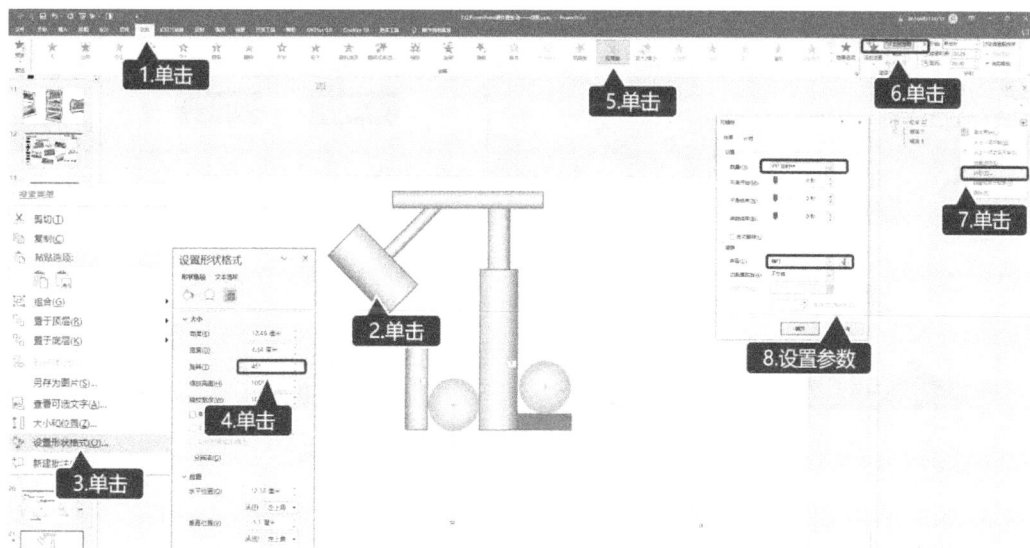

图5-40　单摆的步骤三

（3）本范例中需要两个小球，一个放在钢片左侧，另一个放在钢片右侧。在幻灯片中选择钢片左侧的小球，为其添加"动作路径"动画类型中的"直线"效果，此时幻灯片中会出现小球运动的动画路径。路径上的绿色箭头表示运动路径的起点，红色箭头表示运动路径的终点。使用鼠标拖动这两个箭头可以改变路径起点和终点的位置，这里将终点放置到表示地面的直线上。

打开"向下"路径动画的设置对话框，在"效果"选项组选择"平滑开始"设置为0.5 s；单击选择。"计时"，将"开始"设置为"上一动画之后"，将期间设置为"快速（1 s）"。选择钢片右侧的小球，为其添加"动作路径"动画类型中的"自定义路径"效果，在小球的中心处单击创建路径的起点，此时移动鼠标将获得跟随鼠标移动的直线。在幻灯片中单击创建路径顶点，在路径终点处双击添加端点完成路径的绘制。右击绘制完成路径，在快捷菜单中选择"编辑顶点"命令进入路径编辑状态。这里路径编辑的技巧与曲线绘制的技巧相同，拖动顶点可以改变路径。顶点同样分为平滑顶点、直线点和角部顶点3类。选择顶点后，拖动顶点两侧的控制柄可以改变路径。右击路径中的顶点，选择快捷菜单中的"平滑顶点"命令，然后拖动顶点上的控制柄对路径进行调整；打开"自定义路径"动画的设置对话框，在"效果"选项卡中将"平滑开始"时间设置为0.5 s；在"计时"选项卡中将"开始"设置为"与上一动画同时"，将"期间"设置为"快速（1 s）"。然后在"动画"选项卡的"预览"选项组中单击"预览"按钮预览动画，根据动画预览的效果对小球的路径和地面的位置进行调整。步骤如图5-41所示。

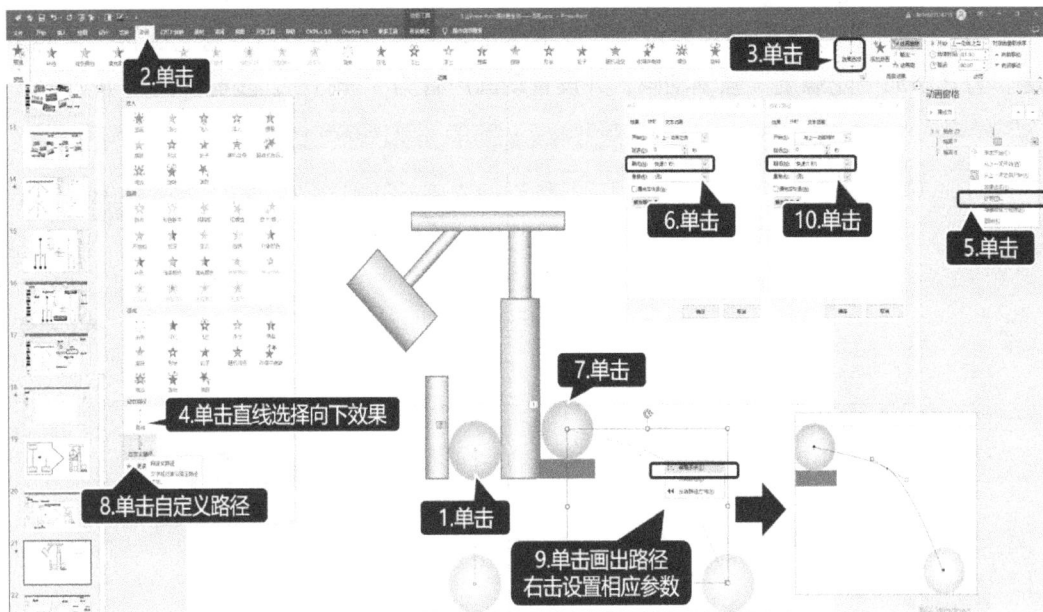

图5-41　单摆的步骤四

## 5.2.6　制作汉字笔画描红动画

汉字笔画描红动画制作的操作步骤如下：

（1）在幻灯片编辑区输入一个汉字，字号要尽量大，颜色为白色。在"插入"选项卡中点击"形状"下拉列表中选择"任意多边形"工具，然后沿着字的轮廓和书写笔画描出红色的笔画。右击笔画图形，在弹出的快捷菜单中选择"编辑顶点"命令，对描出的笔画进行编辑，使之将文字完全覆盖。步骤如图5-42所示。

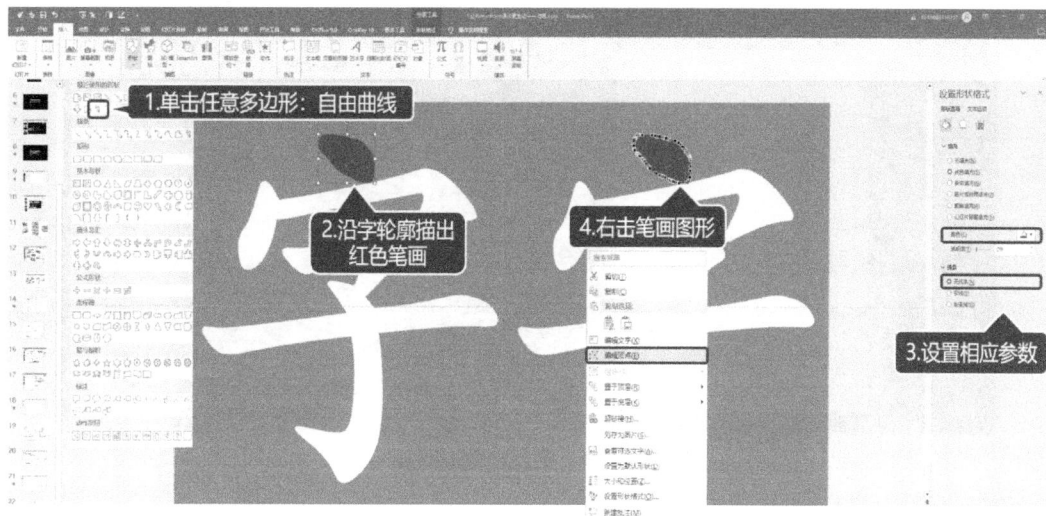

图5-42　制作汉字笔画描红动画步骤一

（2）按照同样的方法绘制出其他全部笔画，按照正确书写笔画的顺序给每个笔画图形添加"动画"选项组的"擦除"动画效果，注意要按照每个笔画正确书写的方向设置动画方向。除了第一个笔画动画的开始设置成"单击时"外，其他的动画开始效果都设置为"上一动画之后"。在"动画窗格"面板中拖动各个动画的时间条，使它们在窗格中依次呈阶梯状排列。步骤如图4-43所示。

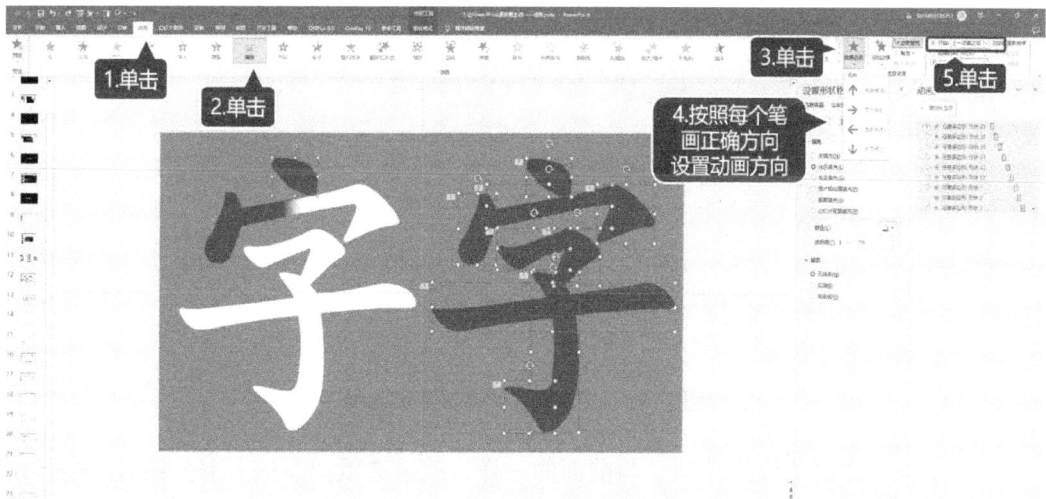

图5-43　制作汉字笔画描红动画步骤二

### 5.2.7　图表动画

饼状图的制作步骤如下：

（1）绘制出数据图表。通过形状工具中的饼形绘制出图表（这里黄色的部分是由弧形进行填充形状制作的），如图5-44所示。

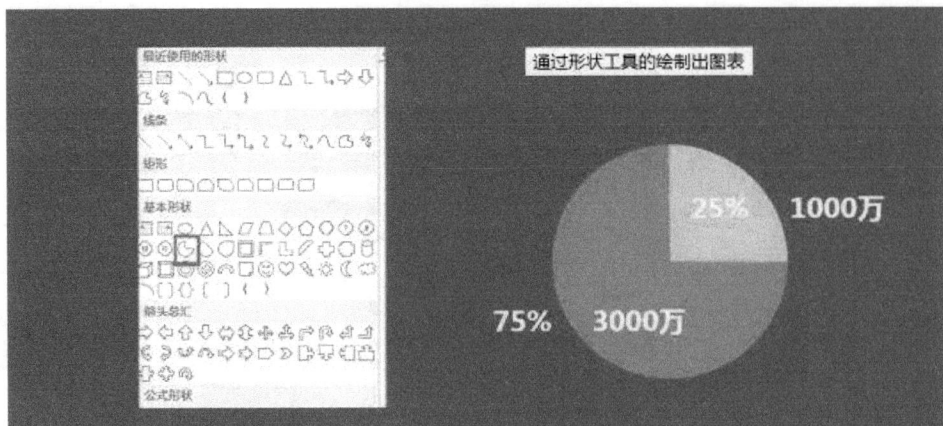

图5-44　绘制出数据图表

（2）给饼形和文本框添加动画。75%的饼形色块主要有三个动画，分别为轮子动画、放大动画和消失动画，其中扇形和放大为同时进行。文本数据主要也有三个动画，分别为出现、路径和消失。黄色的饼形有两个动画，分别为路径和放大。给饼形和文本框添加动画示意图如图5-45所示。

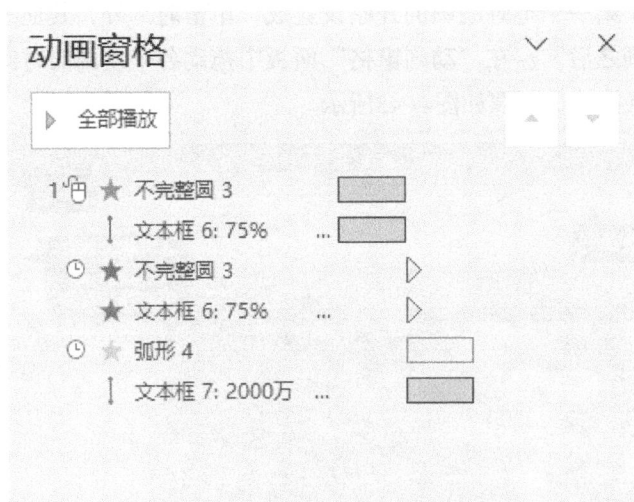

图5-45　给饼形和文本框添加动画

（3）调节动画的效果选项。与前面的一样，效果选项调节的大部分内容还是开始的时间和持续的时长，对于这个动画的开始时间，可以选择与上一动画同时，也可以选择上一动画之后。

形象图表的制作操作步骤如下：

（1）图表填充。在PPT中，柱状图和条形图是可以填充各种形状的，首先准备一个弧形形状，进行复制，选中柱状图的数据系列，按"Ctrl+V"，就可以将形状填充进去，如图5-46所示。

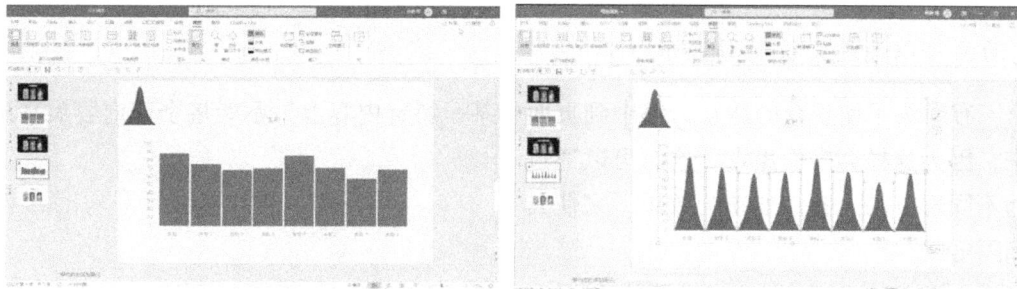

图5-46　形象图表的制作步骤一

除了填充形状，还可以填充图片、图标，如图5-47所示。

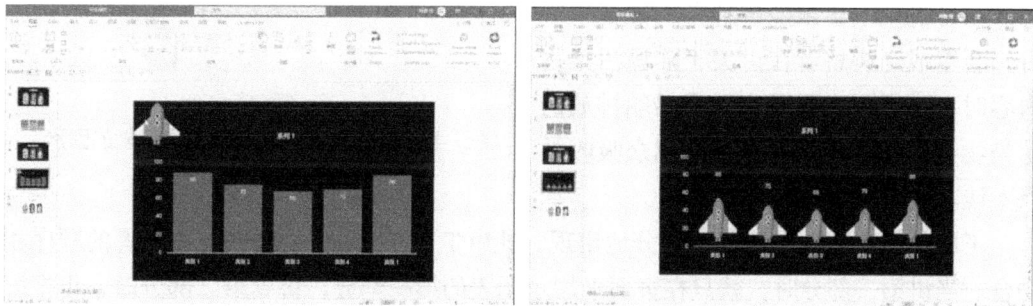

图5-47　形象图表的制作步骤二

（2）使用参照数据。　在Excel表格中除了实际的数据列外，额外添加一列作为参照数据列。这列数据可以全部设置为100%，代表KPI（关键绩效指标）的总目标或预期完成度。

打开需要插入图表的幻灯片。点击"插入"选项卡，在"插图"组中，点击"图表"按钮。在"插入图表"对话框中，选择合适的图表类型，如柱状图、折线图等。点击"确定"按钮后，PPT中会插入一个空白图表，并自动打开与之关联的Excel表格。在Excel表格中，输入或粘贴实际数据和参照数据。确保参照数据列（如100%的数据）与实际数据列相邻或易于区分。

在PPT中，选中图表，会弹出"图表工具"选项卡。设计者可以通过调整数据系列的格式、颜色等属性，来区分实际数据和参照数据。如果设计者使用的是柱状图等需要堆叠的图表类型，可以选中参照数据系列，右键点击，选择"设置数据系列格式"。在"系列选项"中，将"系列重叠"设置为100%，使参照数据系列与实际数据系列完全重叠或部分重叠，以表示它们是同一个类别的不同数据点。区分参照数据和其他数据，可以为参照数据系列设置不同的颜色或填充样式。

插入图像或形状。选择"插入"选项卡，点击"图片"或"形状"按钮，插入设计者想要的图像或形状。

设置填充。选中图像或形状，右键点击，选择"设置形状格式"或"设置图片格式"。在"填充"选项中，选择"图片或纹理填充"。

### 1.动画可以使元素被间隔显示

有时为了使观众的注意力集中到页面中某一特定内容上，不能将全部内容展现出来，因为这样会丧失焦点。这时可以通过为不同部分的元素添加动画效果，来使其间隔出现。

比如当向别人讲解关于污染和损害我国海洋环境因素的4点原因时，如果4点原因全部在同一PPT页面上展示出来，那么观众可能就不会跟随讲解者的节奏来听讲，会造成当讲解者在讲关于陆源污染物内容时，而观众在思考为什么船舶排放的污染物会占比30%，从而导致观众吸收效果不佳。如图5-48所示。

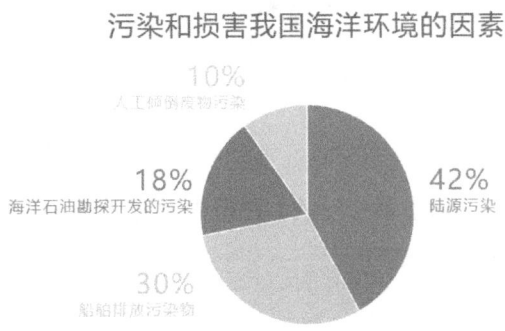

图5-48　"污染和损害我国海洋环境的因素"示意图

正确的做法应该是使其逐部分地出现，让PPT上内容出现的顺序与讲解者的顺序相吻合。当讲第一部分时，就只在页面上展示图表的第一部分，讲到第二部分时，再把第二部分图表展示出来，以此类推。这里牵扯到关于动画的两个技巧：动画的效果选项页和动画的播放顺序。

动画的效果选项表明元素按照什么样的方式来播放动画效果。为饼图添加了"淡出"的动画效果后，在"效果选项"下拉菜单中可以看到有两个选项，一个是"作为一个对象"出现，另一个是"按类别"出现，如果想让其逐部分地出现，那么将"效果选项"设定为"按类别"即可。示意图如图5-49所示。

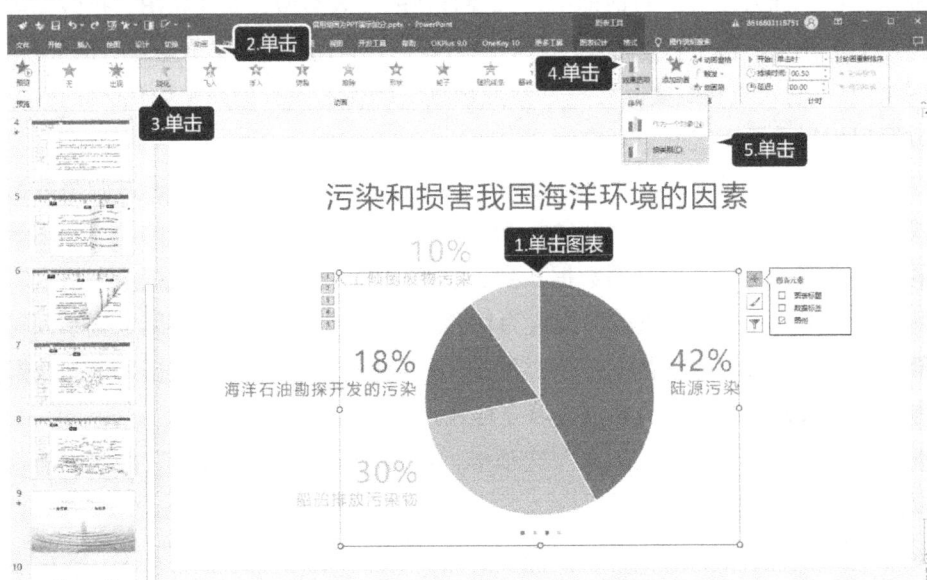

图5-49　动画的效果选项示意图

动画的播放顺序就是页面中元素上动画播放的先后顺序。如图5-50所示，因为需要每一部分饼图搭配相关文字内容同时出现，所以需要调整软件默认的动画播放顺序。

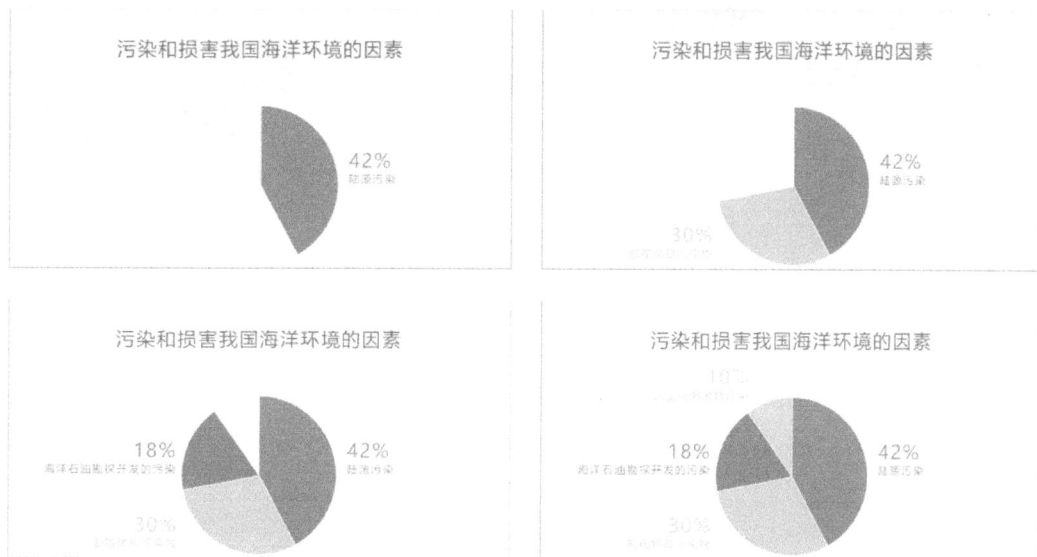

图5-50 动画的播放顺序示意图

调整动画播放顺序的操作步骤：

（1）单击"动画"菜单中的"动画窗格"选项，在右侧弹出的窗格中显示页面中动画的播放序列。如果想对其进行调整，可以移动动画窗格中每一个动画的位置。步骤如图5-51所示。

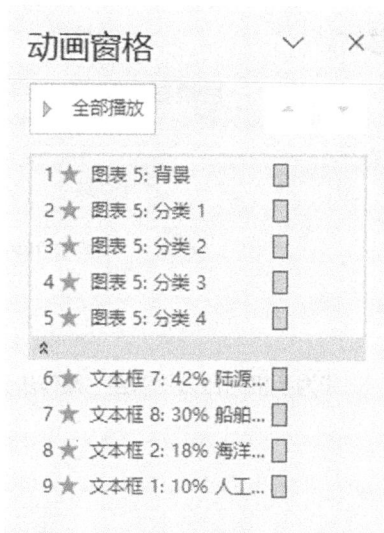

图5-51 "污染和损害我国海洋环境因素"播放顺序调整步骤一

（2）分别将文本框7、文本框8、文本框2及文本框1（分别代表了4段文字内容）移动至分类1、分类2、分类3、分类4的下面。选中文字内容的动画序列，点击鼠标右键，在弹出的菜单中选择"效果选项"。在弹出对话框的"计时"选项卡中将"开始"方式更改为"与上一动画同时"，这样就能够实现每单击一次页面，就会显示一个图表部分及其对应的文字内容。步骤如图5-52所示。

图5-52　"污染和损害我国海洋环境的因素"播放顺序调整步骤二

此外，如果页面上需要展示的内容过多，为了避免页面失去焦点，可以应用动画效果来使内容间隔出现。比如，需要在一页幻灯片上分别阐释"华为手机为什么受欢迎"，为了让观众的思路能跟着讲解者的节奏，可以逐点地把原因展示在幻灯片页面上。步骤如图5-53所示。等最后一点阐释完毕，可以再追加一个动画，使4点原因全部展示出来，进行整个内容的总结。

图5-53　"华为手机为什么受欢迎"操作步骤示意图

### 5.2.8　遮罩动画

遮罩效果，其实它和镂空字的效果类似，指形状上有一部分被掏空。通常是通过布尔运算中的剪除运算制作。遮罩动画案例一的操作步骤如下：

（1）布尔运算制作镂空效果。首先插入色块铺满版面，将色块上方放置文本。先选中色块，按住"Shift"键同时选中文本，点击"合并形状"下的剪除，就可以得到镂空效果。效果如图5-54所示。

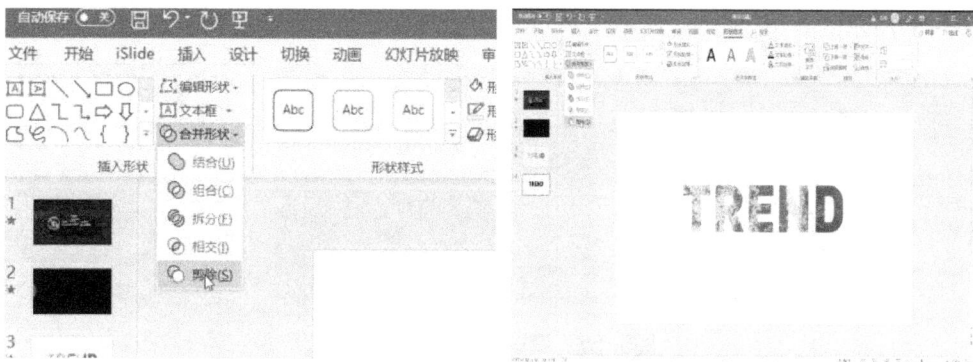

图5-54 布尔运算制作镂空效果

（2）在镂空形状下放置视频。插入视频，将视频移动到镂空形状下面一层，设置视频的播放效果为"上一动画之后"。效果如图5-55所示。

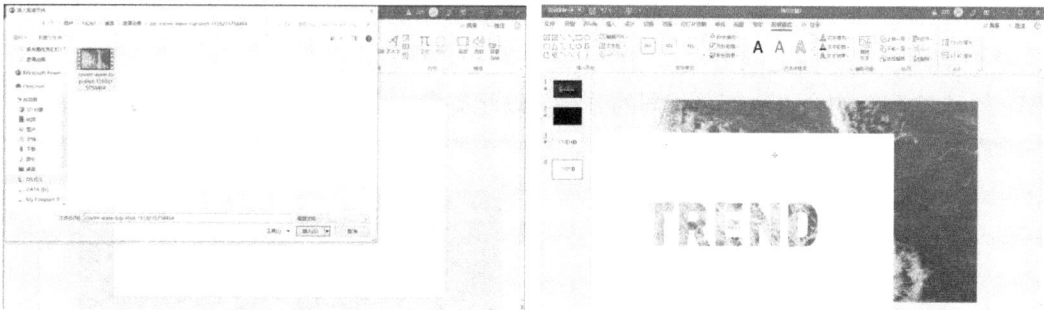

图5-55 布尔运算制作镂空效果

（3）设置遮罩色块为缩放动画。选中遮罩色块，设置动画效果为"基本缩放"，效果选项里面选择"缩小"。在动画窗格里面，将遮罩的动画移动到视频上面，也就是说先播放遮罩动画再播放视频。效果如图5-56所示。

图5-56 遮罩动画案例——效果图

遮罩动画案例二的操作步骤如下：

（1）制作镂空形状。首先插入一张毕业照的图片。在上面插入一个色块，这个色块的长宽比例要远远大于PPT的版面，然后再插入一个椭圆的形状，通过布尔运算得到如图5-57所示的效果。

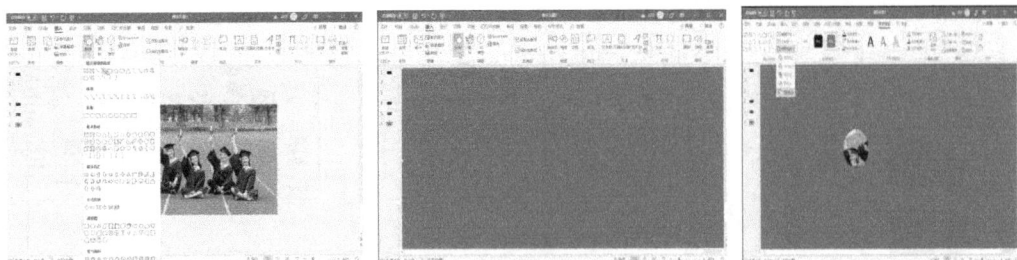

图5-57　遮罩动画案例二步骤一

（2）设置路径动画。设置形状的长宽比例大于PPT版面，避免出现边缘遮罩不够的情况。选中遮罩的形状，点击动画，在下拉三角形里面，找到动作路径，选择直线路径。

制作第一个人物向第二个人物移动，首先点击添加动画，在动画效果里面，选择自由路径动画，在版面上画出移动路径。画好路径之后，按键盘的"Esc"键结束。后面第三个人物到第四个人物都是相同的方法，以此类推。步骤如图5-58所示。

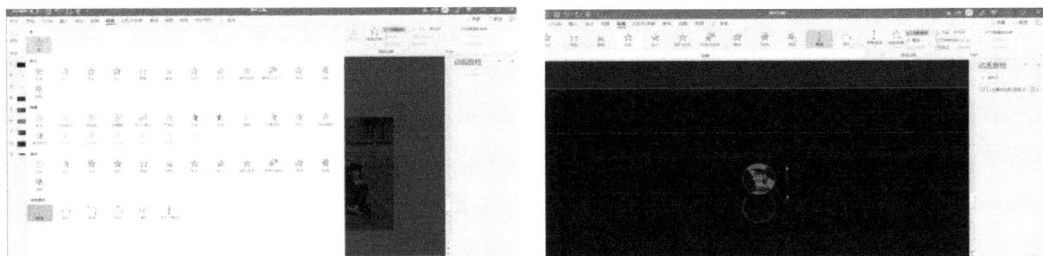

图5-58　遮罩动画案例二步骤二

（3）添加文本动画并且设置文本的出现动画和消失动画。当遮罩色块移动到某个头像时，文字出现；色块重新开始移动时，文字消失。

如图5-59所示，这个动画窗格文字的出现动画在路径动画前，文字的消失动画与路径动画同时发挥效果。

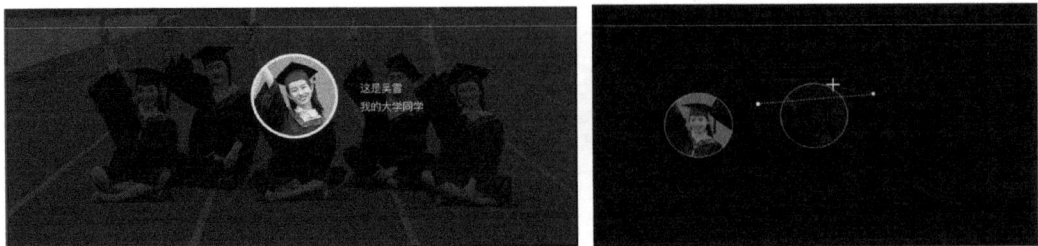

图5-59　遮罩动画案例二步骤三

## 5.2.9　数字滚动动画

数字滚动动画的操作步骤如下：

准备数字。在做动画之前，先把每列的数字准备好，"插入"文本框，然后输入一个数字，然后敲击回车，再输入一个数字，再敲击回车，重复该动作，如图5-60所示。数字可以随便输，但是必须保证每一列的最后数字是最终想要得到的。比如，想得到的数字是123%，那么个、十、百三列数字的最后一个数字分别是1、2、3。

```
1  2  3
2  2  2
1  1  1
1  2  3
```

图5-60  数字滚动动画步骤一

（2）准备背景。黑色部分上下都是白色背景，如图5-61所示。

```
            %
```

图5-61  数字滚动动画步骤二

（3）让个位与百位的数字作向上滚动，十位的数字向下滚动，把数字摆放好如图5-62所示。

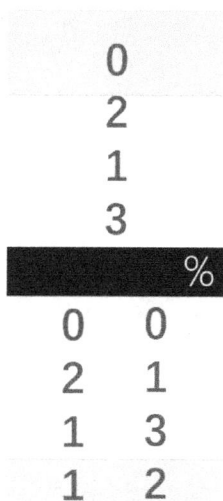

```
      0
      2
      1
      3
      %
    0  0
    2  1
    1  3
    1  2
```

图5-62  数字滚动动画步骤三

（4）数字滚动设置："动画"中找到"路径动画"设置动画向上或者向下，"持续时间"设置为2 s，如图5-63所示。

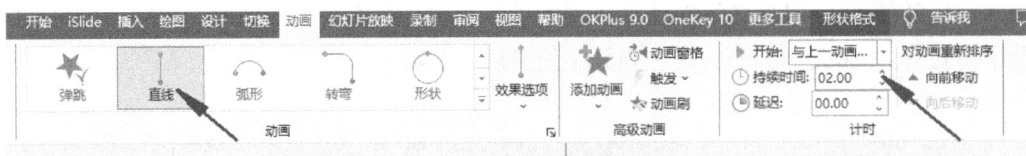

图5-63　数字滚动动画步骤四

（5）"动画窗格"第一个文本框设置为鼠标单击时触发，其余都选择与上动画同时，如图5-64。

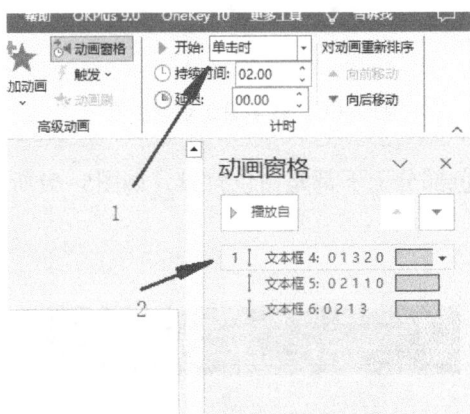

图5-64　数字滚动动画步骤五

（6）在移动数字需要按住"Shift"键，实现垂直移动。"切换"选项中找到"平滑"效果，"持续时间"设置成2 s，如图5-65所示。

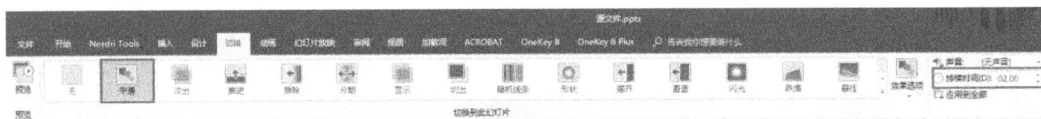

图5-65　数字滚动动画步骤六

（7）最后进行比例大小及调整位置，最终效果制作完成，如图5-66所示。

123%

图5-66　数字滚动动画步骤七

## 5.2.10　三维图片展示动画

三维图片展示动画的操作步骤如下：

（1）首先，打开Windows自带的画图3D功能。在里面新建一个画板。接着，在菜单栏选择2D形状，在右侧选择六边形，在白色画板中画出六边形，如图5-67所示。

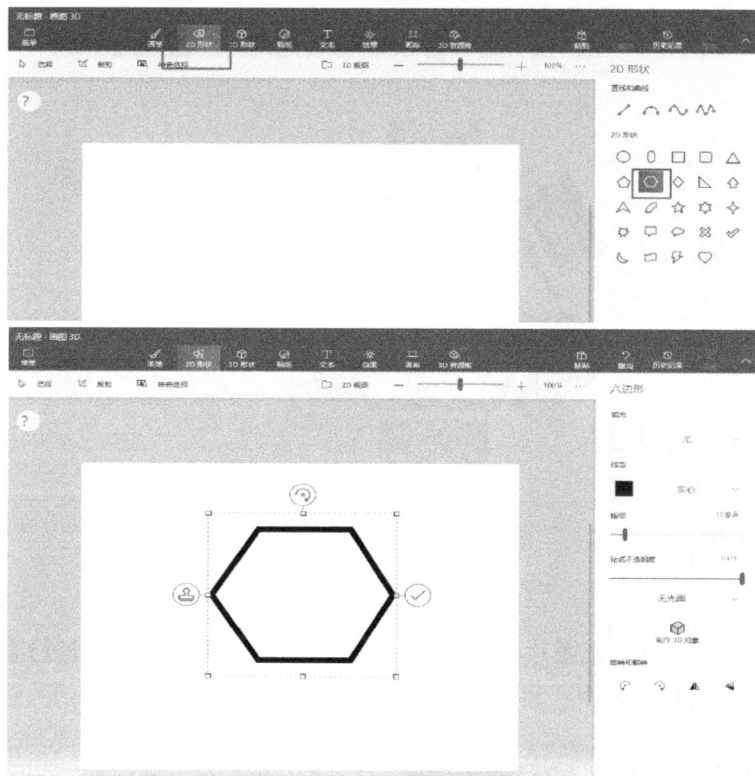

图5-67 三维图片展示动画步骤一

（2）选择左上角"菜单"中的"插入"选项，打开文件夹选择需要的对象图片点击"打开"，选择"制作3D对象"，按此步骤依次插入6张图片，如图5-68所示。

图5-68 三维图片展示动画步骤二

（3）插入图片后，将图片进行多选或者全选进行等比例缩小直至与创建的六边形长度相等，并将每张图片的顶端与六边形重合，如图5-69所示。

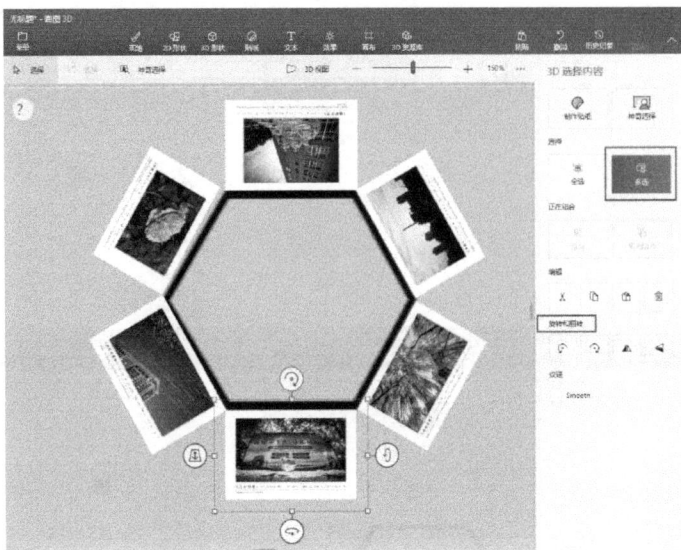

图5-69 三维图片展示动画步骤三

（4）放大画布将每张图片以X轴为基点进行90°旋转，对图片进行全选，并进行60°旋转。依次将这六张图片如上述步骤进行操作，得到如图5-70所示的效果图。

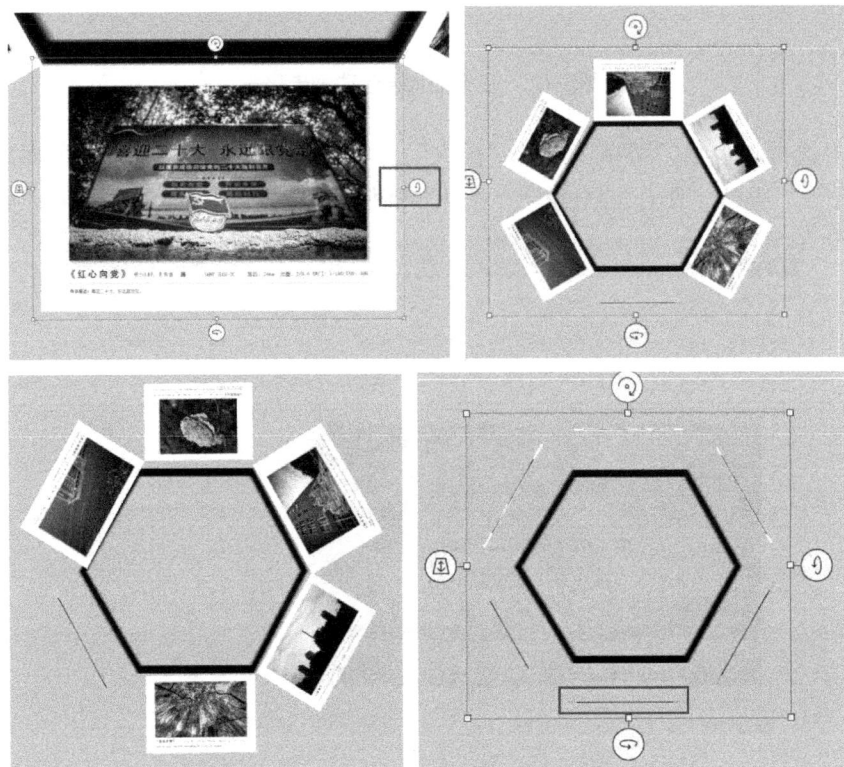

图5-70 三维图片展示动画步骤四

（5）提前预览三维效果。可以框选所有图片以*X*轴为基点进行–90°旋转，得到如图5–71所示的效果。

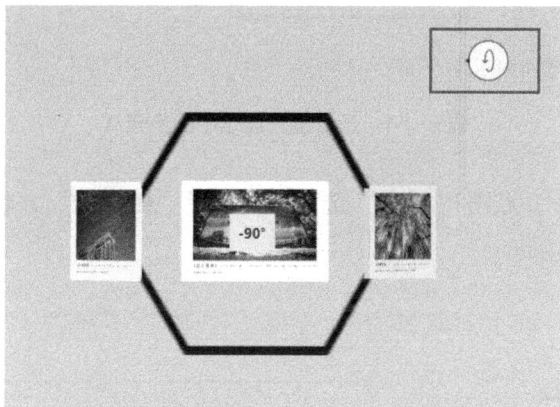

图5–71 三维图片展示动画操作步骤五

（6）图5–71所示三维图片缝隙太大，呈现效果不够美观，可如图5–72所示进行美化。

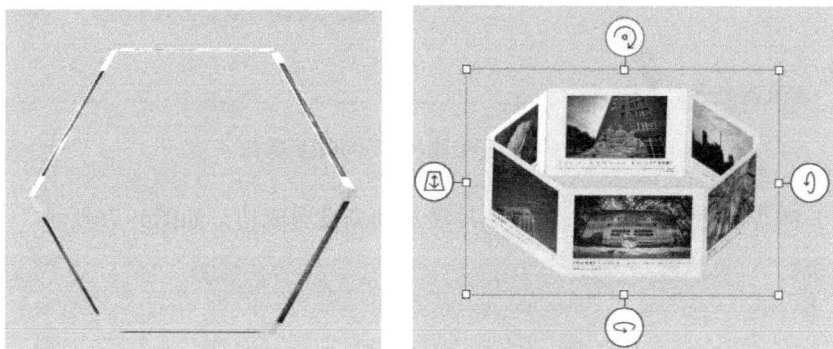

图5–72 三维图片展示动画步骤六

（7）效果预览完毕，将六边形图形删除后接着效果保存，保存步骤为：点击"菜单"，选择"另存为"以"3D模型"形式保存，如图5–73所示。

图5–73 三维图片展示动画步骤七

（8）注意保存文件的格式，如图5–74所示。

文件名(N)： 三维图片展示glb.3mf

保存类型(T)： 3D - 3MF (*.3mf)

文件夹

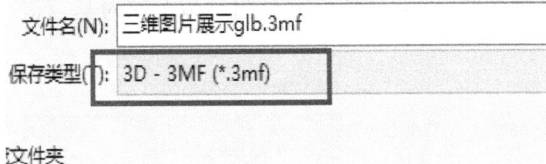

图5-74　三维图片展示动画步骤八

（9）打开幻灯片，点击"插入"选项片，选择"3D模型"，将图片以 ⊕ 为基点进行旋转，如图5-75所示。

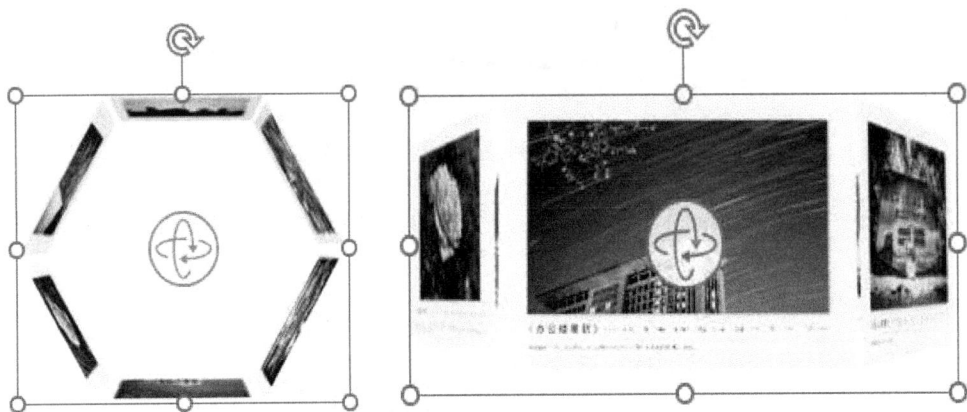

图5-75　三维图片展示动画步骤九

（10）将动画设置为转盘，三维图片展示动画设置成功，如图5-76所示。

图5-76　三维图片展示动画操作步骤十

## 5.2.11　图片墙动画

图片墙动画案例一操作步骤如下：

（1）准备好图片素材，裁剪成长宽比例一致。（可以用islide插件的一键裁剪来实现）

（2）把图片分成三行，然后并列排布。全选每一行图片，分别按"Ctrl+G"组合，就可以得到三个图片组。

（3）将第一行和第三行图片向左移动，第二行向右移动。

（4）给第一行和第三行图片添加一个向右的直线路径动画，第二行添加一个向左的直线路径动画。并且要移动路径动画的红色控制点，调整路径动画的移动距离。

（5）打开动画窗格，选中三组动画，设置开始时间为"与上一动画同时"，持续时间为8 s。然后点击鼠标右键打开动画效果选项，把"平滑开始"和"平滑结束"都去掉，让图片匀速。接下来，把前景的图片加上，会有前后的效果。背后加一个渐变蒙版。如图5-77所示，图片墙动画制作完成。

图5-77　图片墙动画效果示意图

图片墙动画案例二操作步骤如下：

（1）准备好图片素材，用islide插件裁剪图片，并裁剪成长宽比例一致。如图5-78所示。

图5-78　图片墙效果制作步骤一

（2）将图片分成三行，然后并列排布。全选每一行图片按"Ctrl+G"组合，得到三组图片，如图5-79所示。

图5-79　图片墙效果制作步骤二

（3）将第一行和第三行图片向左移动，第二行向右移动，如图5-80所示。

图5-80　图片墙效果制作步骤三

（4）为第一行和第三行图片添加一个向右的直线路径动画，第二行添加一个向左的直线路径动画。并且要调整路径动画的红色控点，调整路径动画的移动距离。打开动画窗格，选中三组动画，设置开始时间为与"上一动画同时"，持续时间为8 s。然后点击鼠标右键打开动画"效果选项"，关闭"平滑开始"和"平滑结束"效果，让图片匀速。步骤如图5-81所示。

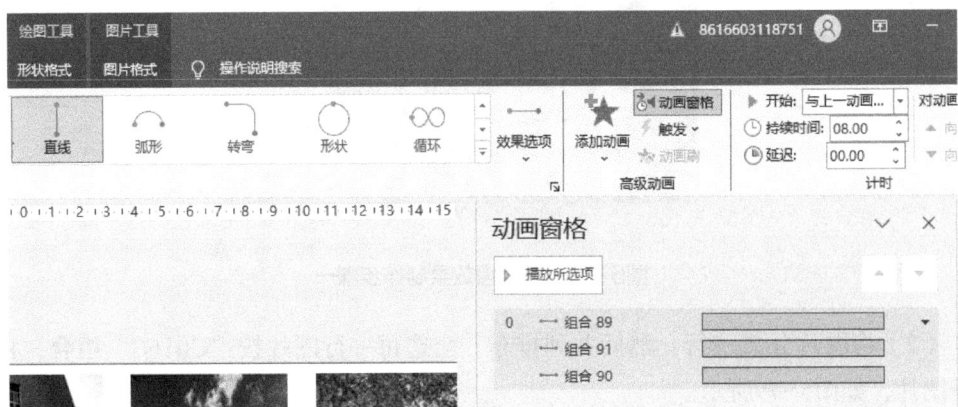

图5-81　图片墙效果制作步骤四

（5）将前景图片加上，同时背后添加渐变蒙版，体现前后对比效果。步骤如图5-82所示。

图5-82　图片墙效果制作步骤五

## 5.2.12　基本缩放动画

基本缩放主要有6种效果类型，选中动画后，在右侧项目栏中进行选择。6种缩放动画效果中，常用的动画效果有以下两种。

（1）轻微缩小。元素慢慢地由大变小，最后定格在缩小后的状态，如图5-83所示。

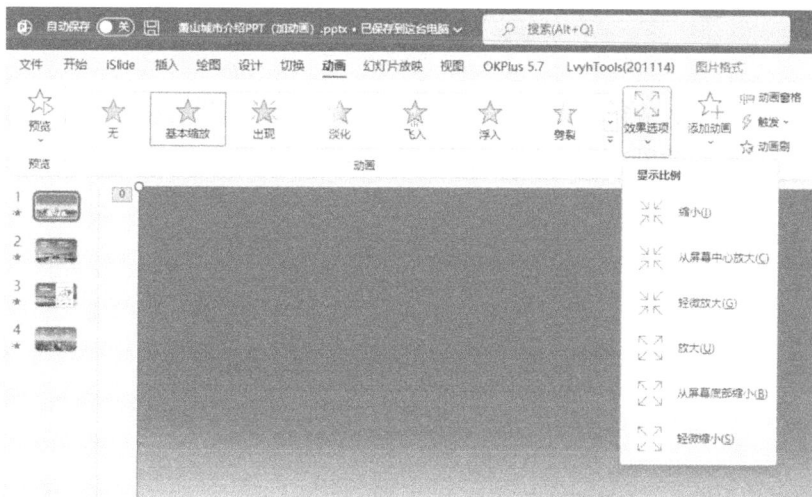

图5-83　轻微缩小的效果选项示意图

基本缩放动画属于进入动画，一定要设置为与上一动画同时，不能为鼠标单击播放，因为进入时先是空白，然后图片出现并缩小，转场会很生硬，如图5-84所示。

图5-84 轻微缩小的参数设置

（2）从屏幕底部缩小。元素缓慢地从幻灯片底部向中央由大变小，最后定格在幻灯片中央的缩小后的状态。

### 5.2.13 放大/缩小动画

放大/缩小动画属于强调动画的一种。强调动画主要有两种情况分别为放大与缩小，如图5-85所示。

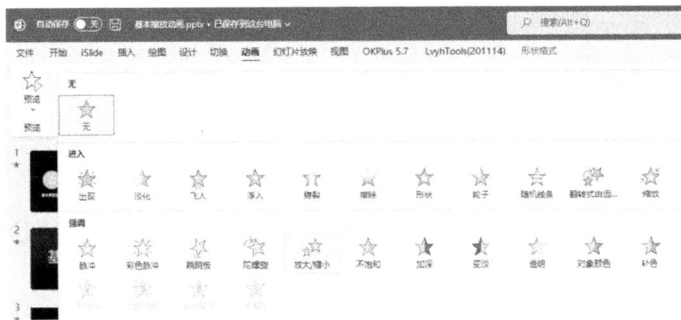

图5-85 放大/缩小动画

使用放大动画时，放得太大图片会模糊。需要自己对图片大小进行设置，如图5-86所示，双击打开动画效果选项，自定义放大为120%。

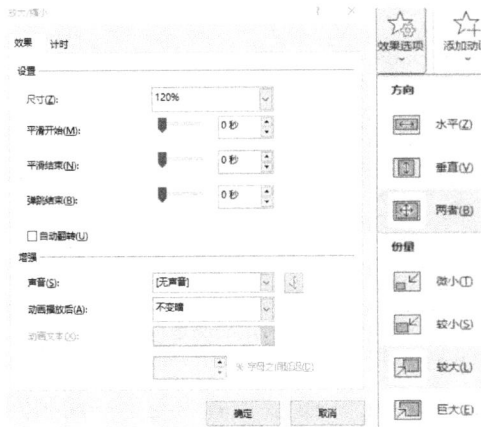

图5-86 设置图片素材放大尺寸

使用缩小动画时，首先将图片拖大，确保缩小后是全屏效果，避免画面出现大量空白的问题，如图5-87所示。

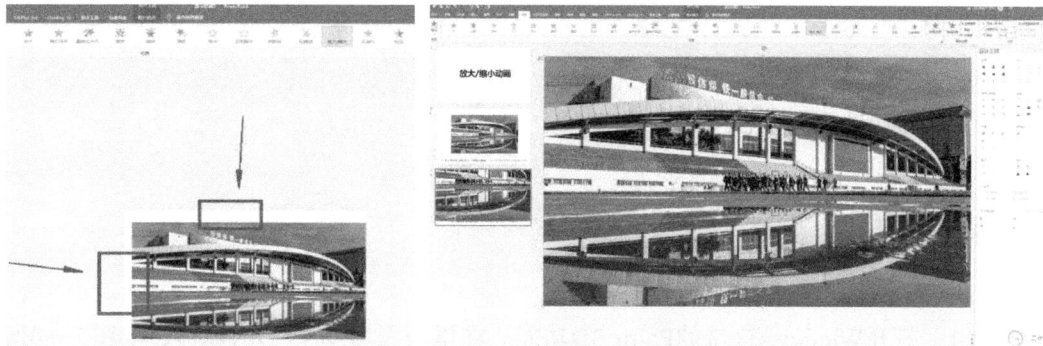

图5-87　缩小动画参数设置

## 5.2.14　路径动画

路径动画有向上、向右的直线路径动画。要想PPT页面做的丝滑高级，就要使用组合动画，如图5-88所示。

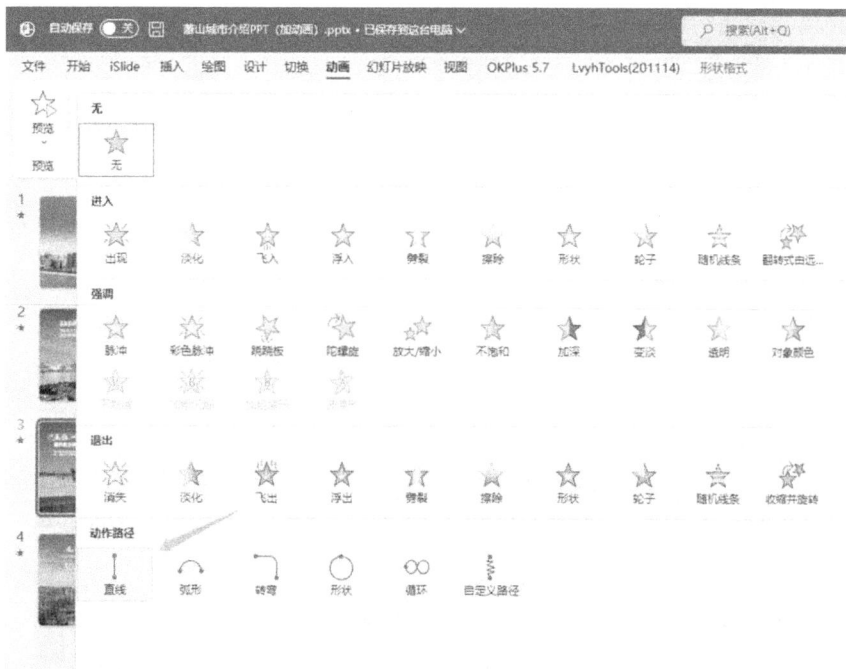

图5-88　路径动画图标示意图

路径动画的操作步骤如下：

（1）添加一个直线路径动画。

（2）设置路径动画的"平滑开始"和"平滑结束"都为0。

（3）设置文字的动画与背景图的动画同时进行，如图5-89所示。

图5-89　路径动画

## 5.2.15　3D

3D（三维）的星球的操作步骤：

（1）打开Windows自带的Paint 3D功能。在里面添加一个3D的球体，如图5-90所示。找张图片直接贴到球体中，最后保存为3D模型。

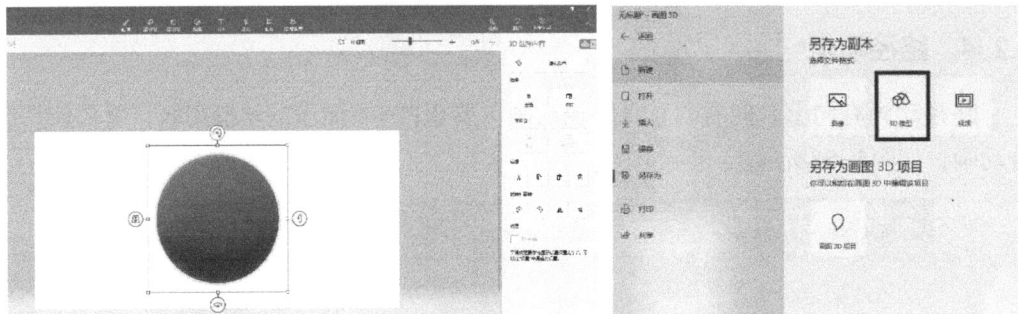

图5-90　3D星球的制作步骤一

（2）Power Point 365和Power Point 2019才有3D模型这个功能。将球体导入PPT，将其缩小到手机屏幕中。复制这张PPT，并将里面的球体放大，如图5-91所示。

图5-91　3D星球的制作步骤二

（3）用镂空的色块将手机屏幕外的球体遮挡住。最后将两张PPT设置为"平滑切换"功能，如图5-92所示。

图5-92　3D星球的制作步骤三

最终效果图如图5-93所示。

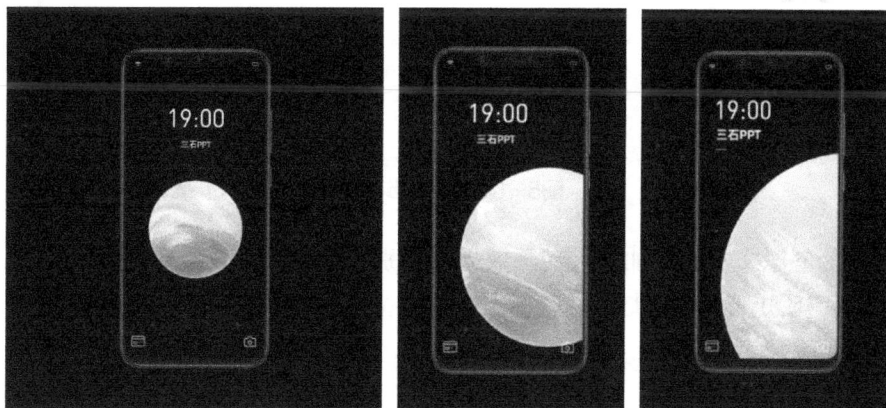

图5-93　3D星球效果图

# 第6章 强大的交互智能

## 6.1 习题中的交互

### 6.1.1 填空题

在PowerPoint课件中制作填空题的方案是，将题目和答案放置在同一张幻灯片中，为答案添加进入动画效果，然后绘制透明形状覆盖答案，以这个透明形状作为触发器来触发答案的进入动画使答案显示。填空题制作的操作步骤如下：

（1）在幻灯片中输入填空题文字以及正确答案，绘制一个矩形覆盖答案，将矩形的边框线设置为"无"，将填充透明度设置为100%，如图6-1所示。

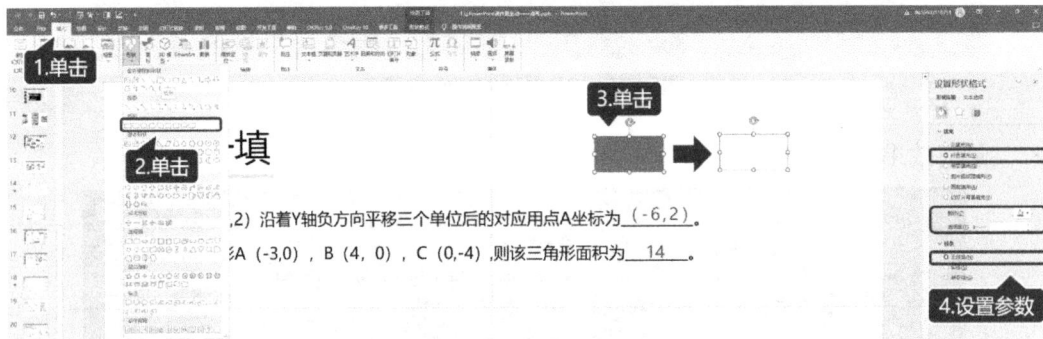

图6-1 填空题步骤一

（2）为答案文本框添加进入动画效果，分别将这些动画效果的触发器设置为覆盖在答案上的透明矩形，在幻灯片放映时点击填空位置即可显示答案，如图6-2所示。

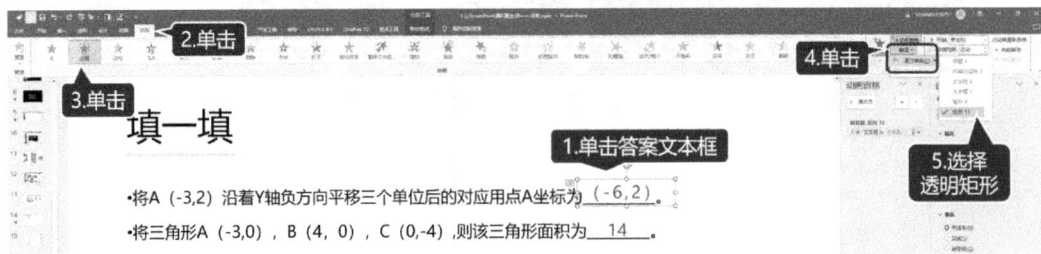

图6-2 填空题步骤二

### 6.1.2 选择题

在PowerPoint课件中制作选择题，一般需要解决两个问题，一个是选择题括号中显示学生选择的答案，另一个是对学生的答案做出判断。一般情况下，比较简单的做法是在幻灯片中放置好题干、选择项、答案和正误反馈信息。为答案和正误反馈信息添加进入动画后，以选择项作为触发器来控制答案和反馈信息的显示。选择题制作的操作方法如下：

在幻灯片中使用文本框输入题目和各个选项，同时输入答案以及对钩和叉号。为答案、对钩和叉号添加进入动画效果（由于一个动画只能指定一个可以触发器，对于需要3次出现的两个叉号，这里添加3个相同的进入动画，也可以为每个选择题制作3个叉号，为每个叉号添加一个进入动画）。所有动画的"开始"均要设置为"与上一动画同时"。

为每一个对象的进入动画效果添加触发器。（例如，下图题中答案字母A的触发器为第一个选项的文本框。由于A选项框为正确答案，则对号的动画触发器也为该文本框）将每一题的答案以及对号和叉号放置在一起。至此这张选择题幻灯片制作完成。放映幻灯片，点击相应的选项将显示选择的答案，并对选择的正误进行判断。示意图如图6-3所示。

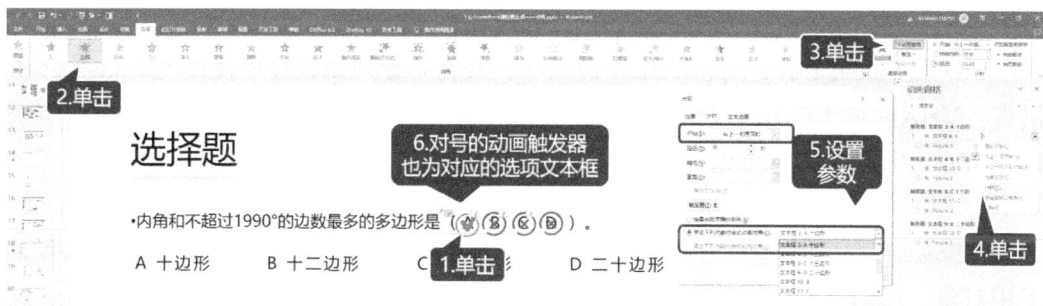

图6-3 选择题操作步骤示意图

### 6.1.2 连线题

由于PowerPoint的交互能力有限，单独使用PowerPoint制作的连线题并非传统意义上的连线题。传统意义上的连线题应该能够在任意两个单击点处连线，能够对连线的正误进行判断并删除已经存在的连线。这样的交互效果不使用VBA是无法在PowerPoint课件中实现的。

在PowerPoint课件中能够制作的连线题主要用于显示连线的正确结果，在制作时与填空题和选择题的制作思路相同。连线题制作的操作步骤如下：

在幻灯片中创建连线对象和连接线段，为连接线段添加进入动画"擦除"，同时根据画线的方向来设置动画的效果选项。为线段的进入动画效果指定触发器，在幻灯片放映时，单击人名文本框即可获得连接称号和人名的连接效果，如图6-4所示。

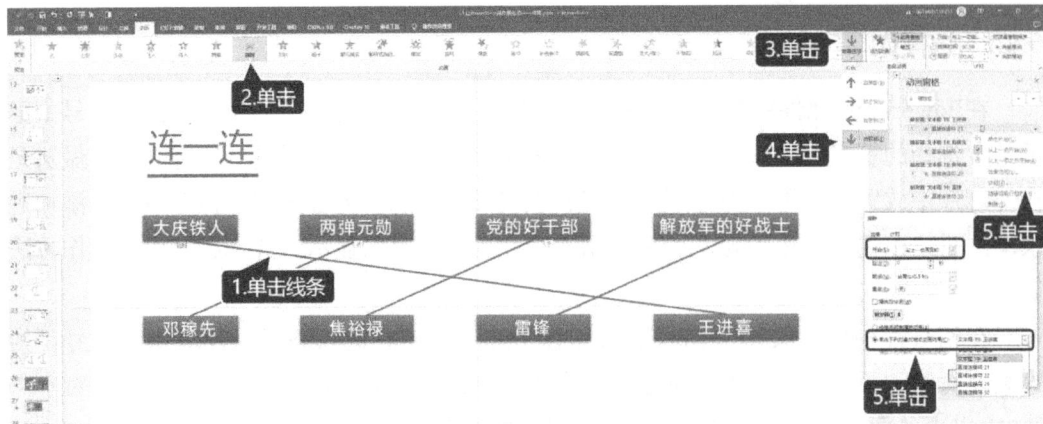

图6-4　连线题操作步骤示意图

## 6.2　功能强大的VBA

使用PowerPoint制作课件有很多明显的优势，但PowerPoint的短板也是显而易见的，那就是其交互能力较差。如果要在PowerPoint课件中实现较为复杂的交互效果，就需要使用 PowerPoint VBA。

### 6.2.1　VBA简介

VBA是Visual Basic Application 的简称，其为特定应用程序中使用的Visual Basic 语言。VBA内置于Office应用程序中，必须依赖于宿主程序(即Office)才能运行。在PowerPoint中应用VBA可以轻松地编写宏程序来实现许多使用PowerPoint无法实现的功能。

在PowerPoint课件中使用VBA，可以实现重复操作的自动化，如删除课件中大量的无用对象、对幻灯片中大量文字的样式进行设置或者向幻灯片中添加大量图形等。同时，VBA是增强PowerPoint课件交互性的一个有效手段，比如，要实现随机出题、学生自由答题并对答题情况进行评判计分，仅依靠PowerPoint是不行的必须借助于VBA。另外，PowerPoint还可以通过VBA实现与其他应用程序的交互，这大大拓展了PowerPoint课件的功能。

#### 1. VBA中的对象

VBA编程语言包含语法和类库两个部分，两者结合能够完成程序编写。VBA的语法是书写代码的基础，用来描述怎么做。在使用VBA编程时，通过调用类库中的方法，可以实现对PowerPoint中对象的操作。

VBA是一种面向对象的程序语言，要实现对象编程，必须了解PowerPoint VBA中的对象。在制作PowerPoint课件时，经常需要接触的是演示文稿、幻灯片、图形和文字等，下面对PowerPoint VBA中几类常见的对象进行介绍。

（1）Application对象：PowerPoint的顶层对象，从该对象开始可以访问PowerPoint中的所有对象。

（2）演示文稿：VBA使用Presentation对象来表示一个演示文稿，Presentations对象集合表示所有打开的演示文稿。通过Presentations对象可以对演示文稿进行操作。

（3）幻灯片：在PowerPoint VBA中，Slide对象表示演示文稿中的幻灯片。由于演示文稿往往是由多张幻灯片组合而成的，所以Slides对象集合可以访问演示文稿中的所有幻灯片，包括对幻灯片进行添加、删除、插入和复制等。

（4）形状和绘图对象：PowerPoint的形状或绘图对象由3种不同对象来表示，分别为Shapes集合对象、ShapeRange集合对象和Shape对象。Shapes集合对象用于创建形状，并对幻灯片中的所有形状进行操作。ShapeRange集合对象用于多个形状的操作，Shape对象用于对单个形状进行操作。

（5）文字：Shape对象包括与文字有关的对象，它们是TextEffectFormat对象、TextFrame对象和TextRange对象。其中，TextEffectFormat对象用于对艺术字进行操作；TextFrame对象表示Shape对象中的文本框，用于对文本框中文字的样式进行设置；TextRange对象用于对附加于形状上的文本进行操作。

## 2. 控件

PowerPoint支持ActiveX控件，允许将控件插入幻灯片，并通过对控件的编程来实现各种复杂的程序功能。在演示文稿中使用控件，能够避免烦琐的编程工作，使功能的实现变得简单，也为创建具有应用程序特征的PowerPoint课件提供便利。

在PowerPoint 2010中，打开"开发工具"选项卡，在"控件"选项组中选择需要使用的控件后，在幻灯片中拖动鼠标可以添加该控件。如果需要使用的控件不在"控件"选项组中，可以在该组中单击"其他控件"按钮，打开"其他控件"对话框，然后在该对话框的列表中选择需要使用的控件。

在幻灯片中添加控件后，可以通过在"属性"面板中更改控件的属性来设置控件的外观。要打开"属性"面板，可以在选择控件后在"开发工具"选项卡的"控件"选项组中单击"属性"按钮，也可以点击鼠标右键控件后在弹出的快捷菜单中选择"属性"命令。这里要注意的是，控件的属性既可以在"属性"面板中进行设置，也可以通过VBA代码来进行设置，如图6-5所示。

图6-5　控件的使用

## 6.2.2　随机出题

在PowerPoint课件中，利用VBA可以实现随机出题。使用VBA制作随机出题课件的方法很多，对于纯文字性命题来说，一般都是在幻灯片中使用控件来实现，使用"文本框"控件作为题目文字的载体，使用"命令按钮"控件来控制出题，编写VBA程序设置"文本框"控件中显示题目。

由于VBA程序能够对幻灯片中的对象进行控制，因此这里还可以不使用控件，直接使用文本框对象作为题目文字的载体，通过编写Sub过程代码来实现随机出题。相对于控件编程的方法，由于可以设置PowerPoint中对象的样式（如对文字应用艺术字效果），这种方法能够获得更好的演示效果，更容易实现课件风格的统一。随机出题制作的操作步骤如下：

在幻灯片中添加文本框和用作按钮的图形对象，选择用于放置题目的文本框，在"选择和可见性"面板中更改文本框的名称。更改对象的名称后，就可以在程序中直接使用该名字来引用对象。

打开 Visual Basic编辑器，创建一个模块，在模块的"代码"窗口中输入程序代码。程序中，使用Rnd函数获取随机数，由于本例只有5个题目，所以表达式Int（（5*Rnd）+1）将生成1~5之间的随机整数；使用Select Case结构来实现多分支选择，该结构在分支较多时使用十分方便。

切换回PowerPoint 2010，选择幻灯片中的"随机出题"按钮，在"插入"选项卡的"链接"选项组中单击"动作"按钮打开"动作设置"对话框，在"单击鼠标"选项卡中选中"运行宏"单选按钮，在其下的列表中选择上步所创建的Sub过程。

由于带有VBA程序，所以演示文稿无法保存为*.pptx格式，应将其保存为*.pptm 格式。放映演示文稿时，单击"随机出题"按钮即能实现在幻灯片中随机出题的效果。

### 6.2.3 基于VBA的选择题

前面介绍了使用触发器来制作选择题的方法，但使用这种方法制作出来的选择题的交互性并不强。在PowerPoint中，使用VBA控件能够方便快捷地制作交互性很强的选择题课件。

下面通过案例来介绍制作基于VBA的选择题课件的方法。在此案例中，用户通过单击相应的选项来进行答案选择，程序将能对用户的选择做出反馈。同时，程序可以取消用户的选择并显示正确答案。

在幻灯片中绘制"选项按钮"控件作为选择项，在"属性"面板中将控件Caption属性设置为选择题选项文字。同时，设置文字样式。

在幻灯片中绘制4个"命令按钮"控件，使用与上步所相同的方法设置控件的Caption属性和Font属性。

双击"提交答案"按钮，在打开的"代码"窗口中输入如下程序代码（这样的代码在单击该按钮时被执行，称为Click事件响应程序），使用If结构判断是否选择了"C，正八边形选项"，如果选择正确，则使用MsgBox函数显示正确提示信息，否则将显示错误提示信息。

Click事件响应程序：

```
Private Sub CommandButton1_Click( )
        Dim m
        If OptionButton3. Value = True Then
                m = MsgBox("恭喜你，答对了!", vbOKOnly)
        Else
                m = MsgBox("很抱歉，答错了，还需要继续努力哟!", vbOKOnly)
        End If
End Sub
```

双击"重新选择"按钮，在"代码"窗口中输入如下程序代码，将4个"选项按钮"控件的Value属性设置为False，这样可以在单击按钮时取消它们的被选择状态。

```
Private Sub CommandButton2_Click( )
        OptionButton1. Value = False
        OptionButton2. Value = False
        OptionButton3. Value = False
        OptionButton4. Value = False
End Sub
```

双击"查看答案"按钮，在"代码"窗口中输入如下程序代码，将正确选项对应的"选项按钮"控件的Value属性值设置为True，其他"选项按钮"控件的Value属性值设置为False。

当单击"查看答案"按钮时，正确答案处于选择状态。

Private Sub CommandButton3_Click( )

        OptionButton1. Value = False

        OptionButton2. Value = False

        OptionButton3. Value = True

        OptionButton4. Value = False

End Sub

双击"下一题"按钮，在"代码"窗口中输入如下程序代码，使用MsgBox函数创建提示对话框，使用If语句判断用户是否单击了对话框中的"是"按钮，如果是，则进入下一张幻灯片。

Private Sub CommandButton4_Click( )

    If MsgBox（"要继续完成下一题吗?"，vbYesNo + vbQuestion）= vbYes Then

        With SlideShowWindows(1).View

        .Next

        End With

    End If

End Sub

在放映幻灯片时，首先单击答案对应的单选按钮答题，然后单击"提交答案"按钮，程序会根据选择正误给出提示信息。单击"重新选择"按钮，将取消对答案的选择；单击"查看答案"按钮，程序将自动选择正确答案；单击"下一题"按钮，程序将给出提示对话框提示是否继续完成下一题。

### 6.2.4　播放Flash动画

Flash 动画是当前流行的动画方式，也是制作多媒体课件的一大利器，在 PowerPoint 课件中使用Flash动画能够弥补PowerPoint动画制作能力的不足。

PowerPoint中使用Flash动画的方法一般有两种，一种是以对象的形式插入动画，另一种是使用ActiveX控件。使用ActiveX控件来播放Flash动画，能够将动画嵌入幻灯片，同时也可以对动画的播放进行控制，这是PowerPoint课件中使用Flash动画的一种比较好的方法。下面通过实例来介绍使用ActiveX控件实现Flash动画播放控制的具体方法。

选择控件，在"属性"面板中对控件的属性进行设置，这里将EmbedMovie属性设置为True，使Flash动画成为嵌入动画。控件的Movie属性用于指定需要播放的Flash文件，这里需要输入详细的文件路径和文件名。由于本案例准备使用按钮来控制动画的播放，所以将Playing属性设置为False，使动画不会在加载时直接播放。完成上述属性设置后，播放幻灯片Flash动画将会被加载，但不会播放。

在幻灯片中添加6个"命令按钮"控件，在"属性"面板中设置它们的Caption属性和Font属性对按钮上显示的文字及其样式进行设置。

双击幻灯片中的"播放"按钮，在打开的"代码"窗口中输入如下程序代码，调用ShockwaveFlash Object对象的Play方法来播放动画。

```
Private Sub CommandButton1_Click( )
        ShockwaveFlash1.Play
End Sub
```

双击幻灯片中的"停止"按钮，在打开的"代码"窗口中输入如下程序代码，调用ShockwaveFlash Object对象的Stop方法来停止动画的播放。

```
Private Sub CommandButton2_Click( )
ShockwaveFlash1.Stop
End Sub
```

在"代码"窗口中分别为"步进"按钮和"步退"按钮添加如下程序代码（这里以"步进"按钮为例，"步退"按钮上的代码类似）。两段代码调用ShockwaveFlash Object对象的 GotoFrame方法使动画播放头跳转到指定的帧，同时通过CurrentFrame属性值获取当前的帧数，将其加40或减40得到跳转的目标帧，单击按钮时，将能够使动画前进40帧或后退40帧播放。

```
Private Sub CommandButton3_Click( )
        ShockwaveFlash1.GotoFrame (ShockwaveFlash1. CurrentFrame + 40)
        ShockwaveFlash1. Play
End Sub
```

在"代码"窗口中为"跳转到开头"按钮添加如下程序代码，使用ShockwaveFlash Object 对象的Rewind方法将动画播放头放置到动画开头。幻灯片播放时，单击该按钮，将使动画从头开始播放。

```
Private Sub CommandButton5_Click( )
        ShockwaveFlash1. Rewind
        ShockwaveFlash1. Play
End Sub
```

在"代码"窗口中为"跳转到结尾"按钮添加如下程序代码，使用ShockwaveFlash Object 对象的TotalFrames属性获取动画的总帧数，使用GotoFrame方法使播放头移到总帧数指明的位置。这样，在幻灯片播放时，单击该按钮，动画播放将跳转到结尾。

```
Private Sub CommandButton6_Click( )
        ShockwaveFlash1.GotoFrame (ShockwaveFlash1. TotalFrames)
End Sub
```

完成程序添加后播放当前幻灯片，在幻灯片中单击相应的按钮能够对Flash动画的播放进行控制。

## 6.3 快捷键

与幻灯片放映、版面设计、PPT文件操作相关的快捷键内容与作用如表6-1所示。

表6-1 快捷键的内容与作用

| 与幻灯片放映相关 | |
| --- | --- |
| 快捷键 | 作用 |
| 【F5】 | 从开始放映幻灯片 |
| 【Shift+F5】 | 从当前位置放映幻灯片 |
| 【B】 | 放映时，屏幕显示为黑屏 |
| 【W】 | 放映时，屏幕显示为白屏 |
| 与版面设计相关 | |
| 快捷键 | 作用 |
| 【F4】 | 重复执行最后一次操作 |
| 【Shift+F9】 | 显示或者隐藏网格线 |
| 【Alt+F9】 | 显示或者隐藏网格线 |
| 【F2】 | 选择图形中的全部文本 |
| 【Ctrl】+【G】 | 组合对象 |
| 【Ctrl】+【Shift】+【G】 | 解除对象组合 |
| 【Ctrl】+【Shift】+【C】 | 复制选中的格式 |
| 【Ctrl】+【Shift】+【V】 | 粘贴复制的格式 |
| 与PPT文件操作相关 | |
| 快捷键 | 作用 |
| 【Ctrl】+【Shift】+【S】 | 执行"另存为"命令 |
| 【F12】 | 执行"另存为"命令 |
| 【Ctrl】+【M】 | 插入新幻灯片 |
| 【Ctrl】+【L】 | 文本左对齐 |
| 【Ctrl】+【E】 | 文本段落居中 |
| 【Ctrl】+【R】 | 文本段落右对齐 |
| 【Ctrl】+【T】 | 文本字体设置 |
| 【Ctrl】+【D】 | 创建对象副本 |

➡ 操作练习

快捷键F4的使用：

（1）在页面中任意改变形状参数，通过F4键连续改变其他形状，体会功能作用，如图6-6所示。

（2）在页面中使用F4键练习改变文字格式、添加表格、修改图片格式等操作。

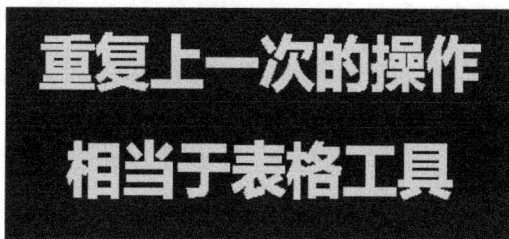

图6-6　快捷键F4图标

添加表格操作步骤：打开"插入"选项卡，选择"表格"，设置样式。选中表格右击选择从表格下方插入；点击键盘"F4"键重复操作。

图表颜色更换操作步骤：打开"插入"选项卡，选择"形状"，设置样式。选中形状右击设置形状格式，选择颜色填充；点击键盘"F4"键重复操作。

## 6.4　SmartArt

### 6.4.1　SmartArt的含义

SmartArt图形是信息和观点的视觉表示形式。可以从多种不同布局中进行选择来创建SmartArt图形，从而快速、有效地传达信息，如图6-7所示。

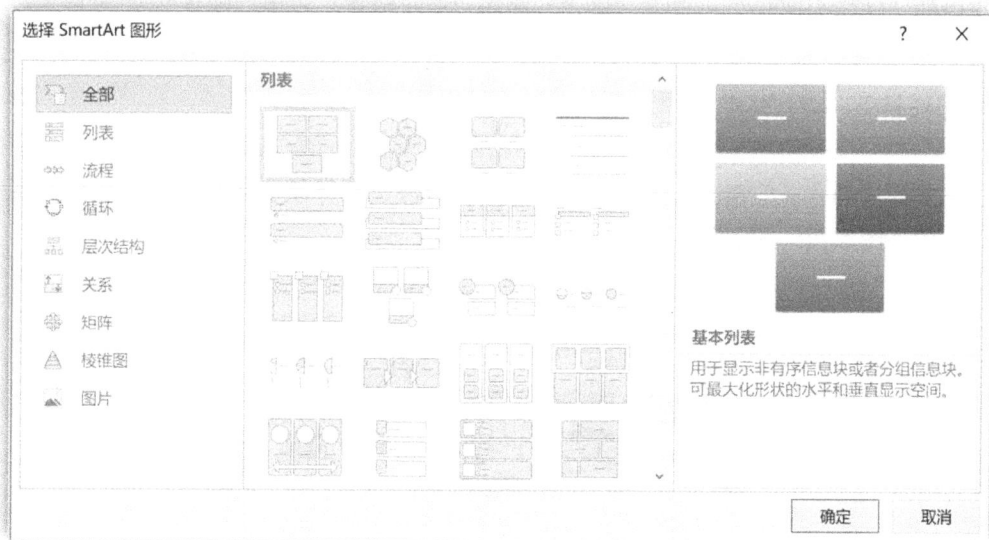

图6-7　选择SmartArt图形

### 6.4.2　SmartArt图片排版

图片排版的操作步骤：框选所有图片，点击"格式"，点击"图片版式"选择版式，实现快速排版。SmartArt图片排版如图6-8所示。

图6-8　SmartArt图片排版

### 6.4.3　SmartArt图片填充的操作步骤及操作练习

图片填充的操作步骤：插入SmartArt对象，点击"设计"选项卡，选择"转换"选项组中的"转换为形状"，点击"格式"选择"形状填充"点击"图片"。

**操作练习**

在页面中插入一个SmartArt图形，按照上述方法，整体填充图片，体会操作并观察效果。效果图如图6-9所示。

图6-9　SmartArt填充图片效果图

### 6.4.4 SmartArt自动生成文字目录/自动排版文字

自动生成文字目录的操作步骤：文本框中输入文字，点击"开始"选项卡中的"转换为SmartArt"，选择合适的对象形式，如图6-10所示。

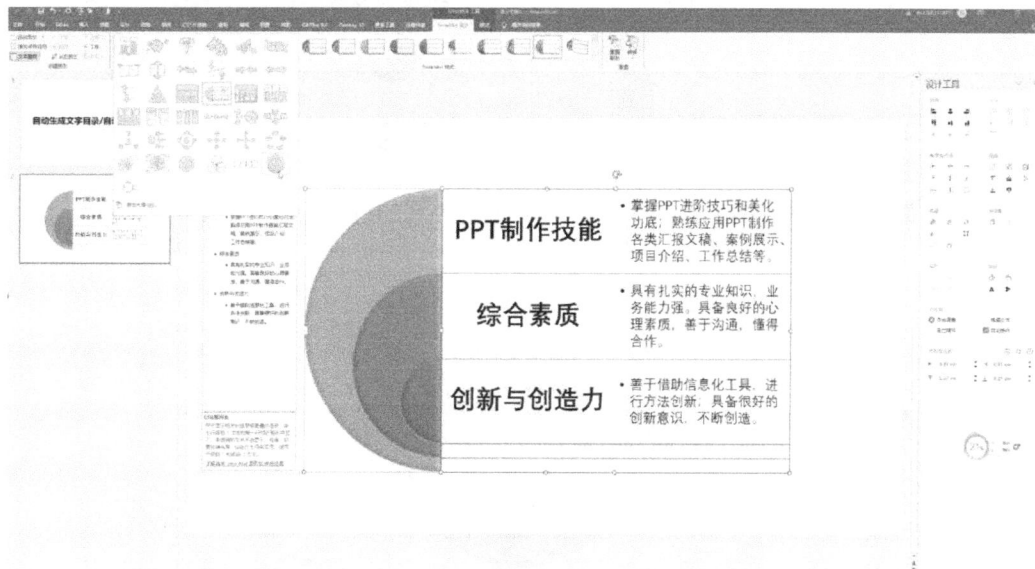

图6-10 SmartArt自动生成文字目录/自动排版文字

### 6.4.5 SmartArt 图形的运用

对于SmartArt图形的运用基本分为三步，分别是分析内容逻辑，找到匹配的SmartArt图示，改造图形。SmartArt 图形的运用操作步骤如下：

（1）首先进行分析内容逻辑，如图6-11所示，这页PPT属于典型的包含关系。

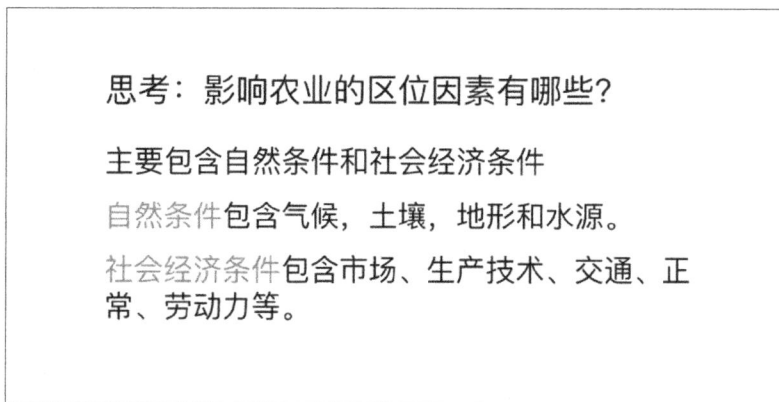

图6-11 SmartArt图形的运用步骤一

（2）接着，寻找合适的SmartArt图示应用并输入相应文字，如图6-12所示。

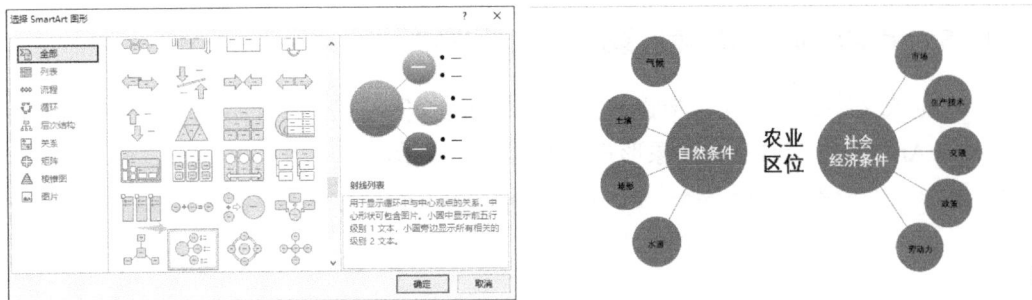

图6-12　SmartArt图形的运用步骤二

（3）最后，调整字体、圆的大小还有配色，得到的PPT效果，如图6-13所示。

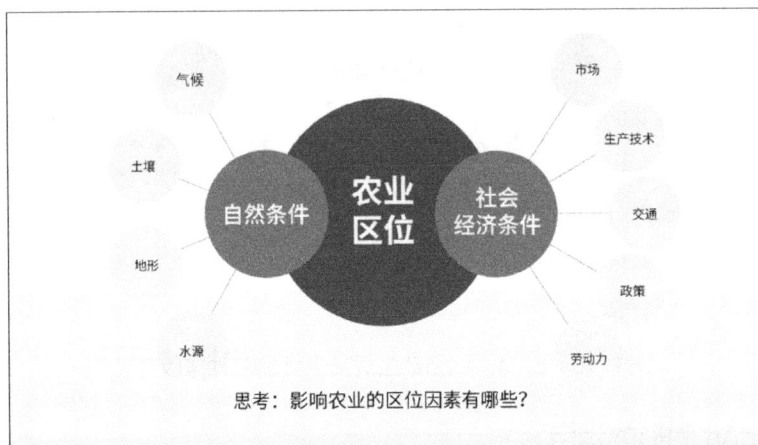

图6-13　SmartArt图形的运用步骤三

## 6.4.6　SmartArt 将Word 转成 PPT

运用SmartArt将Word 转成 PPT基本分为四步，分别是调整文字层级，一键转PPT，导入模板与SmartArt快速排版。Word转成PPT的操作步骤：

（1）首先，调整文字层级，打开 Word 文档，点击"视图"选项卡的"大纲"，然后再按住"Ctrl"键，选中所有的大标题设为一级，小标题改成二级，正文改为三级，然后再进行保存，如图6-14所示。

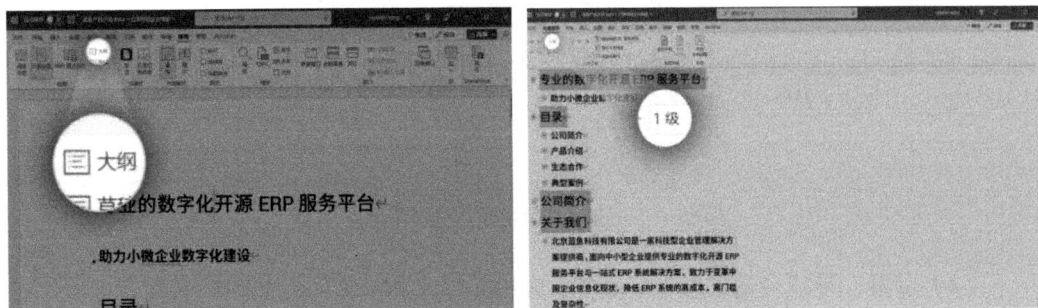

图6-14　SmartArt 将Word 转成 PPT步骤一

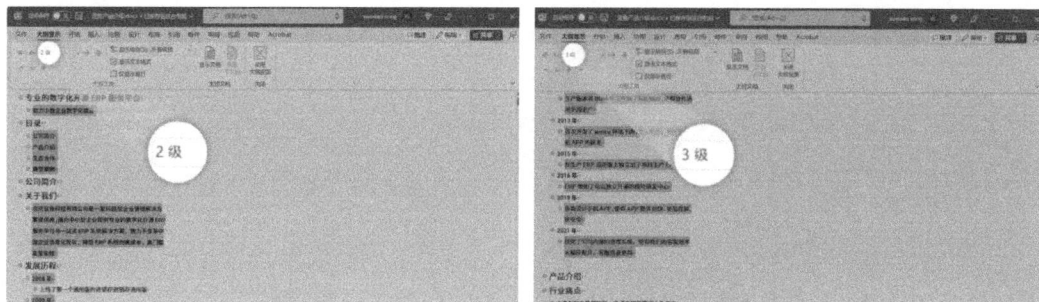

续图6-14　SmartArt 将Word 转成 PPT步骤一

（2）第二步，一键转PPT。打开 PPT，新建幻灯片，点击"幻灯片从大纲"，选择刚才保存的 Word 文档，得到白底的 PPT，如图6-15所示。

图6-15　SmartArt 将Word 转成 PPT步骤二

（3）第三步，导入模板。点击"设计"选项卡，找到浏览主题，选择PPT 模板。接着，为页面匹配相应的版式。利用 PPT 模板中内置的版式，可以很快完成典型页面制作，如图6-16所示。

图6-16　SmartArt 将Word 转成 PPT步骤三

（4）第四步，SmartArt快速排版。点击鼠标右键选择文本框，将其转换为 Smartart，选择图形样式，完成时间轴页面的排版，如图6-17所示。

图6-17 SmartArt 将Word 转成 PPT步骤四

如果想要把页面做的更加美观，可以尝试对 SmartArt 图形进行优化。如图6-18所示，可以调整图形颜色，控制形状尺寸，以及优化文字排版。还可以在页面中加入图片，或者加入图标，从而让页面的视觉效果更加丰富。

图6-18 对SmartArt图形进行优化

## 6.5 AI智能生成PPT

讯飞智文，是一款免费智能PPT制作工具。它提供PPT秒速制作的智能服务，可以帮助用户简化文案撰写的过程。只需要选择PPT页面中的文案，输入相应的操作，即可轻松地完美并优化相关文字，使文本更具精确性和可读性，从而大大提高文本处理效率和质量。

该工具同时提供多款专业模板和图式供用户选择，不管PPT是商务报告，还是课堂讲解，都能找到最匹配的模板。该工具的功能特点包含PPT秒速制作、文案轻松撰写、多款模板/图式随心选择、演讲备注自动生成、智能优化。

PPT主题创建流程步骤：

首先，访问讯飞智文的官方网站，点击注册按钮，通过手机号和验证码完成注册。登录后，点击"PPT创作"或类似的图标，在PPT创作界面点击"主题创建"选项。输入PPT的主题。例如，输入"春节的习俗文化"。系统会自动生成一个包含标题和大纲的PPT框架，可以根据设计者的需求进行修改和调整。接着，系统会根据设计者的主题推荐多种风格模板，点击选中的模板，系统就会将该模板应用到PPT中，完成智能生成PPT。点击界面AI按钮可以进行文本润色以及AI生图，输出格式为PPT、PDF与DOC。效果如图6-19所示。

图6-19　PPT主题创建流程效果图

# 第7章　合理的布局与配色

## 7.1　界面布局

### 7.1.1　重复

重复组合分为单纯重复和变化重复两种形式。单纯重复是单一基本形的反复再现，这种重复体现了平和、简约的特征。

如图7-1所示，多次重复的光影线使人在整个界面的整齐有序中感受到了一种波光粼粼的灵动、平和之美。

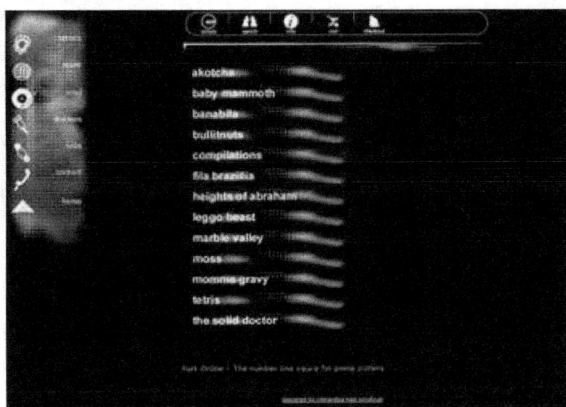

图7-1　多次重复

如图7-2所示，完全一致的四个图标的整齐排列给人一种庄重、简约的感觉。

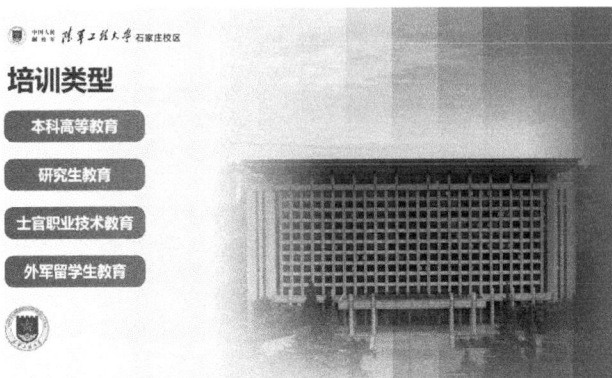

图7-2　重复

在同一界面中，单纯重复与变化重复的配合使用会产生更加传神的效果。

如图7-3所示，四个并列且相同的圆形小图标分别对应四个章节，让人一目了然。右侧也是并列的三个小图标，但形状、颜色各不相同，三种不同的物体分别代表三种交互操作，给画面增添了几分俏丽。整个界面的主体图标是大小不同、方向各异的圆形进行变化重复，使画面看起来生动、活泼，充满着光与影的流动感。

图7-3　变化重复

## 7.1.2　渐变

渐变是在一个界面中，形态有规律连续变化的一种组合方式。渐变组合体现了形态的发展变化过程，具有过渡感和衔接感，会让人感觉含蓄、柔和，并从整个界面中感受到时间和空间流动的特征。在设计中运用渐变组合能让相互对立的事物之间形成过渡，从而产生一种和谐的秩序感。

渐变组合又分为形状渐变（从一个形状渐变成另外一个形状）、方向渐变（基本形的方向有规律地逐渐发生变化）、大小渐变（基本形由大到小或由小到大逐渐变化）和色彩渐变（色彩的明度、纯度、色相逐渐发生变化）四种形式。

如图7-4所示，这是一种人的形状渐变，画面的前景处是运动员跑步上篮投球的渐变图像，这些图像显示的动作连贯、优美、舒展，并遵循人的视觉特征——由小至大、由远及近、由暗到明，就仿佛把连续流畅的动作按时间顺序在空间上铺展开来，给画面带来十足的动感，产生良好的视觉效果。

图7-4　形状渐变

如图7-5所示，黑色的底色上简单的白色线条，方向渐变让画面呈现出一种节奏感，并且还巧妙地分割了画面，形成了若干可交互的板块。

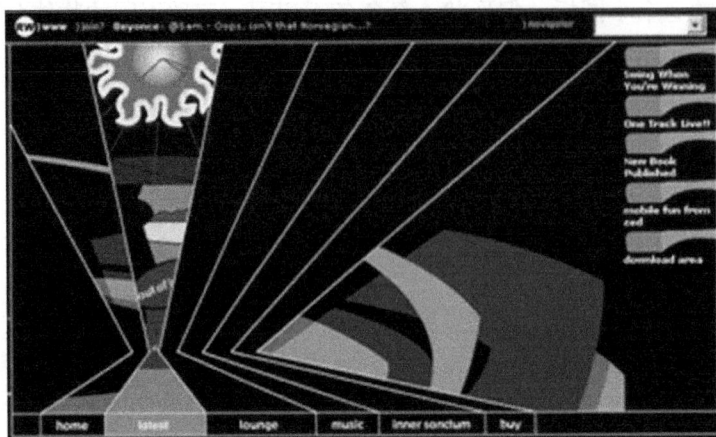

图7-5　方向渐变

如图7-6所示，下列左侧图片呈现的为大小渐变形式；右侧图片呈现的为色彩渐变形式。

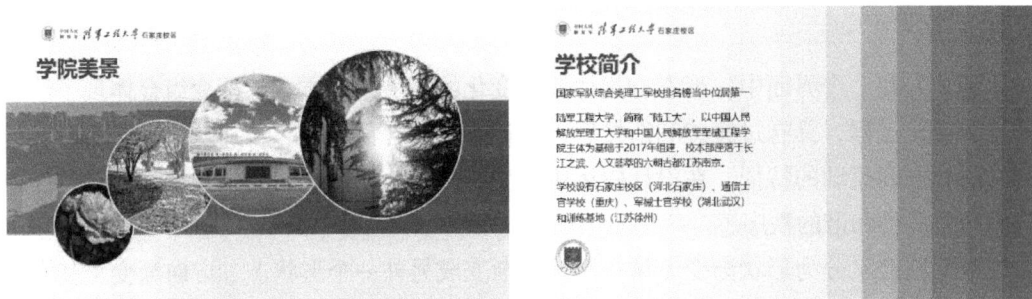

图7-6　大小渐变与色彩渐变

### 7.1.3　对称

对称是界面中的形态以某一点为中心，左右或者上下进行同等、同量、同形配置的一种组合方式。在设计中运用对称能带给人稳定、严肃、整齐、秩序、安宁、沉静、端庄等一系列的审美感受。

对称可以是以中轴线为轴的左右对称，也可以是以水平线为轴的上下对称和以中心点为基准的放射对称。

如图7-7所示，左右完全对称的四个罗马柱子使画面看起来非常稳定，那种庄严与神秘感仿佛把人带进了一座真正的罗马宫殿。

图7-7 左右对称

如图7-8所示，虽然马和骑士处于画面正中的位置，且以呈放射状的圆形光环让人的视线全部集中在画面中心，这是一种极其稳定的构图，但左右的两组图标却让这种稳定的对称中出现了变化的契机，它们在形状和数量上是近似的，并没有破坏画面的稳定感，而它们不同的动态组合和游走于它们之间的细线，使稳定的画面呈现出了动感，给整个画面又增加了几分童话般的浪漫气息。

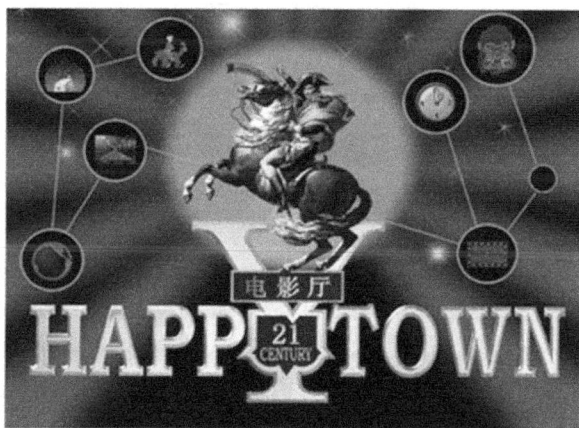

图7-8 放射对称

## 7.1.4 均衡

均衡是界面中的形态以某一点为中心，左右或者上下进行等量但不等形配置的一种组合方式。

均衡组合在造型上呈现一种变化的平衡状态，它揭示了形式上内在的、含蓄的秩序和平衡，体现了造型动与静相结合的美感。对称是把界面的重心放在最稳定的中心线上，给人一种平衡、稳重的感觉，而均衡所具有的画面美感是由界面中多个重心相互作用而产生的整体效应。是人本能地寻求一种心理上的平衡的结果，因为平衡使人产生稳定、平静、安全、信任的心理感受，而不平衡则使人产生危机感和不信任感，所以在多媒体课件的设计中，应该利用视觉元素的均衡组合让界面呈现出整体的均衡美。

如图7-9所示，图片有大有小、有明有暗，按主次、强弱关系次序排列，并且相互之间表现出一种呼应和起承的关系，右上方的文字处在图片的空白处，整个画面展现出一种从容不迫的条理性和一种胸有成竹的秩序美。

图7-9　均衡组合示例二

### 7.1.5　重复

重复是在画面中不断重复的基本线或形。如果它们的形状、大小、方向都是相同的，就会产生整齐、规律的感觉，但是也容易显得平淡乏味或缺乏趣味性，如图7-10所示。

图7-10　重复

### 7.1.6　对称和均衡

对称是同等同量的平衡。对称的形式有左右对称、上下对称和放射对称三类。对称的特点是稳定、整齐、庄严、安宁。均衡是一种有变化的平衡，它利用一种等量不等形的方式来表现矛盾的统一性，达到一种静中有动或动中有静的条理美。

均衡的形式富于变化，具备生动、有趣味的特点。均衡是形式美的重要法则，在把画面的各个部分组成一个完整画面的过程中，最重要的是画面是否均衡。均衡是人们在长期生活中形成一种心理要求和形式感觉，画面均衡与否与观众的接受心理有着紧密的联系。一幅多媒体教学画面在一般情况下应该是均衡、安定的，能使观众感到稳定、和谐、完整。效果图如图7-11所示。

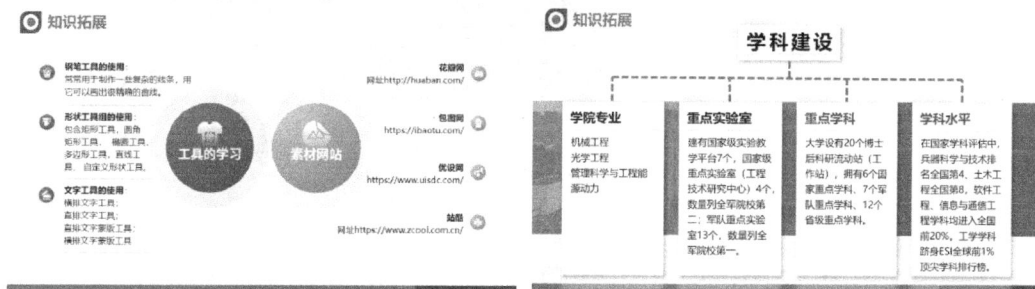

图7-11 对称和均衡

## 7.1.7 分割

分割是在界面中把诸形态按一定比例和秩序进行切割或划分的一种组合方式。分割使界面被有序地划分为若干视觉区域，这些视觉区域的组合、变化就带给学习者对画面的整体感受。分割组合分为水平分割、垂直分割、水平-垂直分割、变化分割、自由分割（黄金分割、三等分的原则）等。

水平分割强调水平线的作用，使界面具有安定、平静的感觉。如图7-12所示，图片和色块形成了互相平行的水平线，把画面进行水平分割，主体形象与解释说明一目了然，层次清晰，给人耳目一新的感觉。

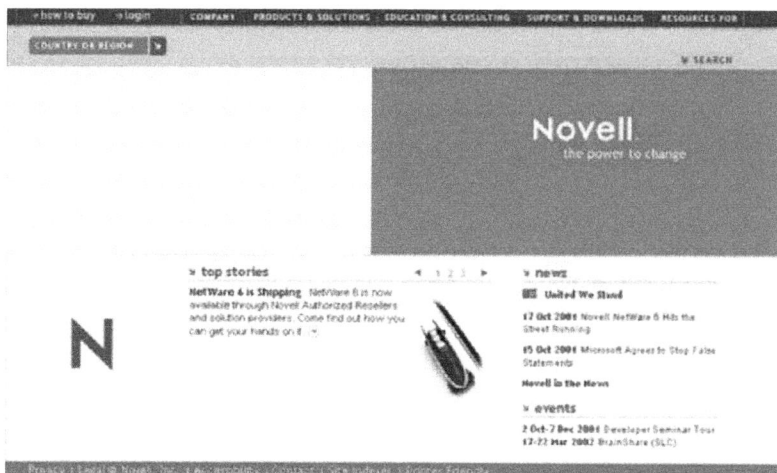

图7-12 水平分割

垂直分割强调垂直线的作用，具有坚硬、理智、冷静和秩序的感觉。如图7-13所示，两个色块把界面分成了左右两个部分，一行竖着书写的文字更加强调了这种垂直的分割，左侧呈现导航信息，右侧呈现主体信息，整个界面大方而不俗气，十分符合人的视觉习惯。

图7-13　垂直分割

水平-垂直分割是将水平与垂直分割同时使用，它们之间容易形成对比关系，比单向分割更为丰富、实用且灵活多变。如图7-14所示，界面先垂直分割后又用图片及色块对其进行水平分割，从而形成大小不同的矩形，这些矩形丰富了页面的空间层次，静中有动，整体呈现方正、规矩的特点，又流露出温馨、雅致直观感受。

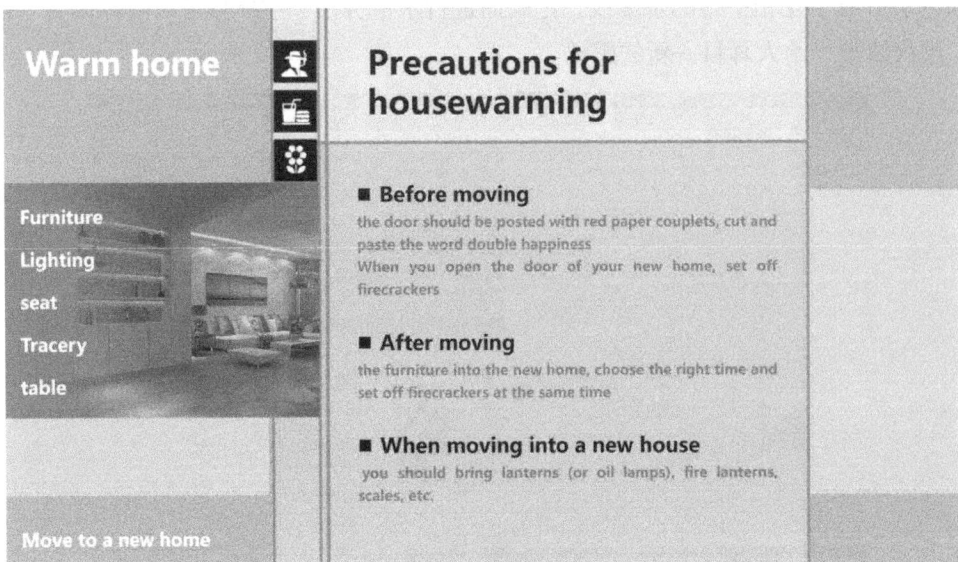

图7-14　水平-垂直分割

如图7-15所示，先用红黑对比的大面积色块对画面进行垂直分割，然后导航栏以直线的形式又进行一次水平分割，这次分割不但没有让画面走向散乱，反而起到贯穿左右的作用，并且由于叠置于其他元素之上，所以标志与导航栏得到强化而更显突出。

图7-15　水平—垂直分割

变化分割是在直线分割的基础上进行变化，将直线、斜线、弧线相结合，组合出灵活多变的分割方式，变化分割有几种典型的形式图，如图7-16所示。

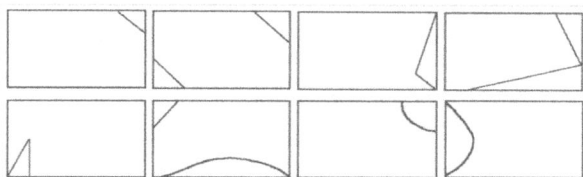

图7-16　变化分割

变化分割改变规矩的构图方式，打破页面的安定感，产生出运动感、韵律感。如图7-17所示，大胆地用折线分割出一个与主色调大不相同的色块区域，并在这个区域中进行设计，让整个画面看起来独特而又不失亲切，精巧而又不失潇洒。又把水平与垂直分割都做了相应的变化处理，让弧线代替直线进行水平分割，并且在水平和垂直方向都没有分割到底，而是留出了部分距离，让整个画面看起来更加流畅，各元素的布局、组合也显得更加合理。

图7-17　变化分割

黄金分割率（Golden Section Theorem）的思想萌芽可以追溯到古希腊的毕达哥拉斯学派。许多美学实验证明，多数人喜欢黄金分割，它被认为最合乎美感的要求。这个比例是一个常数，等于3/5、5/8、8/13等的近似值。学会将画面进行黄金比例的切割，并将主体放在分割线位置，会突出主体又具有美感。如图7-18所示。

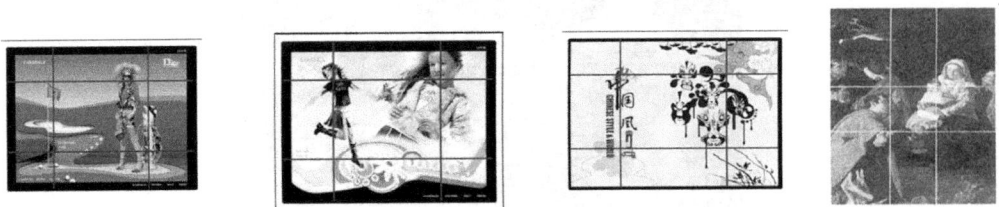

图7-18　黄金分割率

三等分原则即为三分法构图，也称为"黄金分割""九宫格"或"三等分法则"，是构图的基本规则之一。它通过将画面按水平和垂直方向各分为三等分，形成九个大小相等的方格，然后将重要元素或主体放置在这些线条的交点或沿线上。

未使用三等分原则处理方式的图片虽然保留了原图的生动鲜艳特色，但文字却难以清晰地呈现。如果采用淡化背景的方式来突出文字，原图又会使图片失色，显得缺乏生气，如图7-19所示。

图7-19　三等分示意图一

使用三等分原则处理方式的图片既保留了原图的特色，而且也使文字与图片更加协调，原图的地平线在中间画面看起来不协调，下移到图片的三分之一处更加协调，如图7-20所示。

图7-20　三等分示意图二

### 7.1.8　善用留白

留白也叫空白或消极空间，它的概念十分简单，但真正应用起来却很难。留白不一定就是真的留出来白色，而是指空白的地方。留白与图片、文字具有同等重要的作用。效果图如图7-21所示。

图7-21　善用留白

初学者只关注文字、图片等，认为课件是用来填充内容的，内容越丰富越好，并没有意识到真正优秀的课件的奥秘在于学会使用空白。现在经常出现的问题就是没有留空白部分，在每张课件塞满文字、图像、图表等，造成画面信噪比低，可读性差。效果图如图7-22所示。

图7-22　不留白案例参考

留白意味着简约与精致。比如，一些高端品牌或者高档商场，在内部空间设计都尽可能开放，不会堆放得拥挤，这是因为留出空间能够为顾客营造出高品质、成熟、尊贵的氛围。留白是带有一定目的性的。设计新手可能只会关注文字、图形等积极元素，而忽视运用留白以使设计更加夺人眼球。恰恰是留白赋予了一个"呼吸"的空间，营造出恰当的艺术氛围。

### 7.1.9 突出主体

主体即指画面的主要对象，是画面内容和结构的重心。突出主体有虚实处理、淡化背景、将文字从背景中浮现出来三种方法。主体效果体现得好不好，通常是把所有相关文字全蒙起来，设计者问自己"这里表现什么主体内容？"如果设计者对画面的解析和需要表现的主体恰好吻合，那主体效果就比较成功。

如图7-23所示，画面开始是一条延伸的公路，然后，一辆汽车撞进来，整个开场采用主观视角，有一种玻璃被砸碎的感官刺激。整个内容部分都尽量回避惨烈的车祸镜头，使用一些图表来展示车祸的严重性。

图7-23  突出主体案例参考

虚实处理。如图7-24所示，图片内容想突出以军代表为主体，可以将主体和背景做虚实处理。采用对比的方法，对比是差异性的强调，把构图素材放置在比较之下，就会产生诸如大小、明暗、粗细、疏密、高低、远近、直曲、浓淡、轻重等的对比，对比是画面设计中必然用到的形式法则，作用是突出主从关系和显示统一变化中的艺术效果。

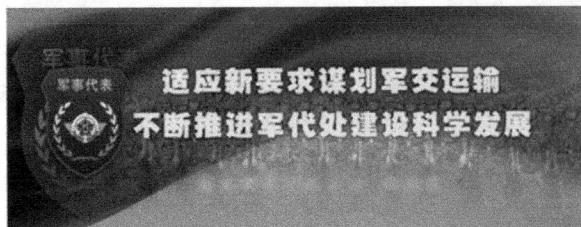

图7-24  虚实处理

淡化背景。通常来讲，课件的背景本身不应过于突出，应该尽量保持简洁，更要避免使用比较花哨复杂的图像，这样不会干扰前景元素。如图7-25所示，将背景进行虚化，突出了主体。

图7-25　淡化背景

将文字从背景中浮现出来。根据格式塔的图形/背景原则，由于无法同时感知所有的元素，制作者就会自然而然地简化背景，一次只关注一个元素，而在课件中想要表达的信息是那些图形元素，背景信息则是次要的，因此使用一个透明或不够透明的挡板把主体隔离开，更好地突出主体，课件的背景应该尽量简单，这样不会干扰前景元素，如图7-26所示。

图7-26　将文字从背景中浮现出来

### 7.1.10 界面中的导向

界面中的导向作用，巧妙运用图片中人、动物或物品的朝向来引导观者的视线。一般来说，人们的视线容易随着他人的视线而转移，当页面中人或动物的视线集中于某一方向时，观者的视线也会自然而然地转向那边。如图7-27所示，随着左侧人物的朝向，人们的目光会自然地汇聚到右侧的信息主体——文字上，这不仅能在构图上达到一种平衡，而且可以强化文字信息。

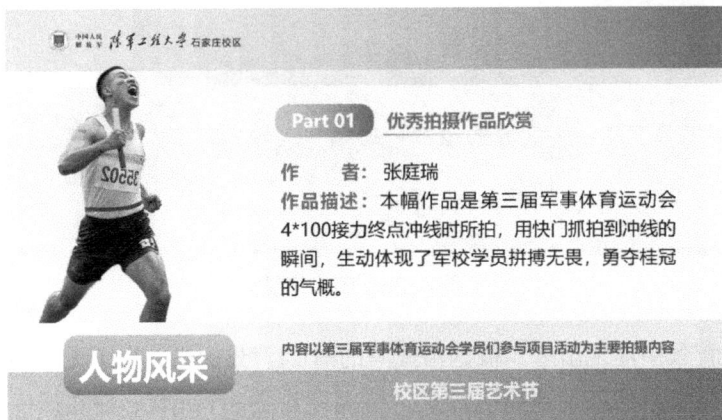

图7-27　界面中的导向

界面中的导向作用通过指示性的箭头、手指或具有透视感的线条来引导视线。如图7-28所示，随着画面中人物旗子所指的方向，分别展开列出两套系统，人们的目光自然地受到诱导从旗子处开始阅读。该案例可以说明，在界面的设计中，应该因"势"造"式"，即随着图形、图像的"势"来造就画面、版式的"式"。

图7-28　界面中的导向

## 7.2 颜色搭配

### 7.2.1 色彩概述

多媒体课件的色彩体系则是由背景色彩、文本色彩、图形图像色彩、动画和视频的色彩构成的。背景色彩的平和稳定性，文本色彩的概括洗练性，图形图像色彩的丰富性，动画色彩的灵活性与视频色彩的客观真实性形成多媒体课件的色彩区别于其他教材的重要特性。

用颜色营造和谐。色轮是选择颜色的一个强有力的武器，五环色轮，12种基本颜色，共48种明暗色调，如图7-29所示。

有时制作者会认为"这种颜色好看，那种颜色不好看"，但事实上，颜色不可能单独存在，它总是与另外的颜色产生联系，就像音乐的音符，只有当多种颜色搭配作为一个整体时，才能判断是协调或者不协调。

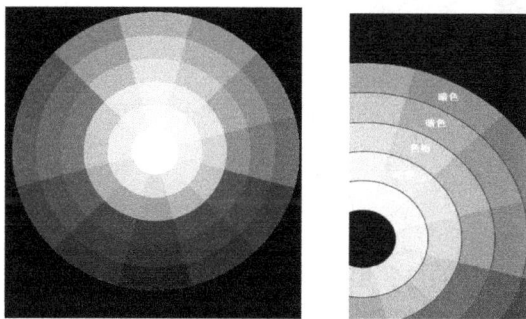

图7-29 色轮

在设计中选择颜色的基本的准则就是简洁。设计中颜色越多，越难达到和谐统一。设计要明确色相、明度、饱和度这几个基本的术语。

色相是颜色身份象征，即通常所说的什么颜色。明度是颜色的深浅程度。也就是向里面增加白色和黑。饱和度是颜色的相对纯度或者鲜艳程度。饱和度高则色彩颜色艳丽，容易识别，饱和度低则色彩颜色更接近于灰色。非彩色只有明度特征，没有色相和饱和度的区别。色彩配色案例如下。

纯色在黑色背景上的注目性，如图7-30所示。

图7-30 纯色在黑色背景上的注目性

纯色在白色背景上的注目性，如图7-31所示。

图7-31 纯色在白色背景上的注目性

识别度低的十种配色，如图7-32所示。

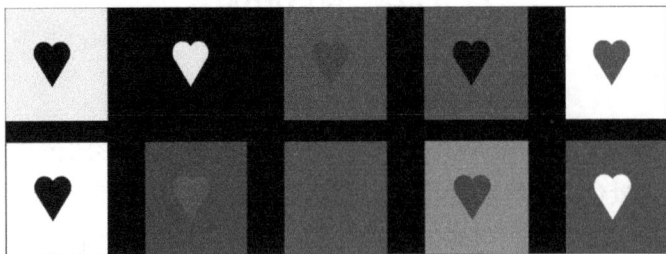

图7-32　识别度低的十种配色

识别度高的十种配色，如图7-33所示。

图7-33　识别度高的十种配色

## 7.2.2　同类色组合

同类色组合是使用一种颜色，但是颜色的深浅和饱和度不同，单色搭配上并没有形成颜色的层次，但形成了明暗的层次。这样的画面给人协调统一而且专业的感觉。这种搭配在设计中应用时，效果不会出错。如图7-34所示。

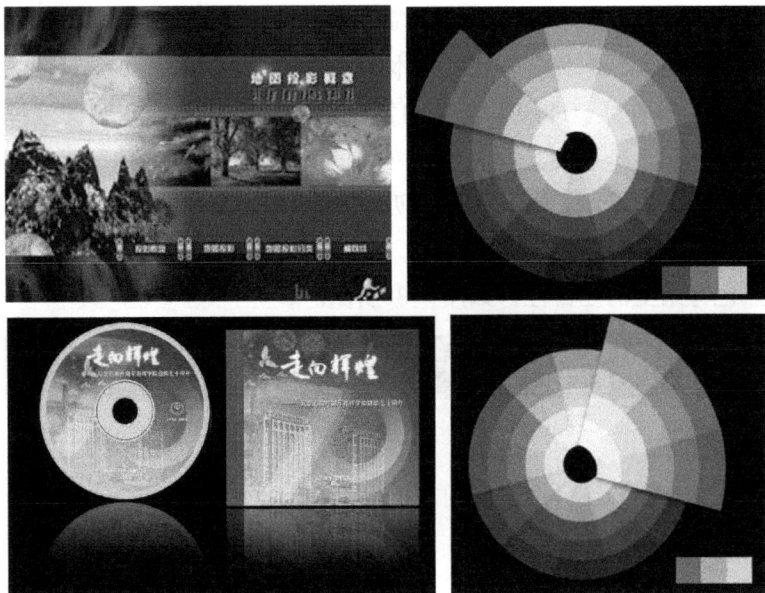

图7-34　同类色组合（一）

### 7.2.3　互补色组合

互补色组合有美术互补色和光学互补色两种形式。美术互补色定义，色相环中呈180°角的两种颜色。光学互补色（对比色）是成对的颜色，当组合时，相互抵消。美术中常见的互补色对有：红色与绿色，蓝色与橙色，黄色与紫色。光学中常见的互补色对有：红色与青色（水蓝色），蓝色与橙黄色，黄绿色与蓝紫色，青绿色与品红色。补色并列时，会引起强烈对比的色觉，会感到红色的更红、绿色的更绿。效果图如图7-35所示。

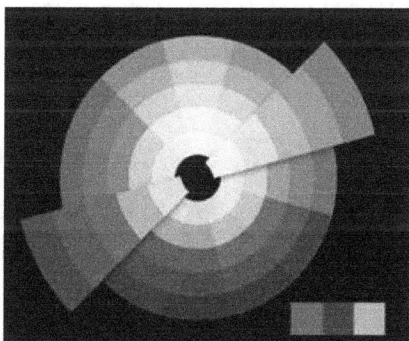

图7-35　同类色组合（二）

### 7.2.4　无彩色+1

无彩色+1——无彩色就是没有任何颜色，只有黑白灰。+1指的是在黑白灰上配以一种颜色，起到加强作用。

如果在昏暗或者宽敞的地方最好用深色的背景，因为白色或其他浅颜色的背景在昏暗的房间会显得十分刺眼，如果光线充足可以选择白色或者浅色的背景。

使用白色背景的好处是能够随意使用默认的图片，而不必去掉它们的白色背景。无论使用哪种背景，重要的就是保持背景和前景元素间的适当对比度，如图7-36所示。

图7-36　无彩色+1

### 7.2.5 形成主体基调

确定课件的主体基调。背景色彩的选择是多媒体课件色彩设计的主体。从某种意义上，背景色彩建立了多媒体课件的基调和主题。

随着多媒体课件制作经验的积累，用色有一种趋势：单色—五彩缤纷—标准色—单色。选择一种色彩或几种近似色彩为主体背景色，使整个画面产生出一种和谐统一的视觉色彩倾向，这种画面的色彩视觉倾向就是色彩基调。

以军械工程学院制作的多媒体课件《常用机构原理及应用》为例。由于这是一部讲授机械常用机构的教材，整体设计以冷色调中的蓝色为基调，界面看起来和谐、清爽；而标题使用对比度较大的黄色，结构清晰，一目了然，使这部教材课件凸显散发出科学、理性的特点，如图7-37所示。

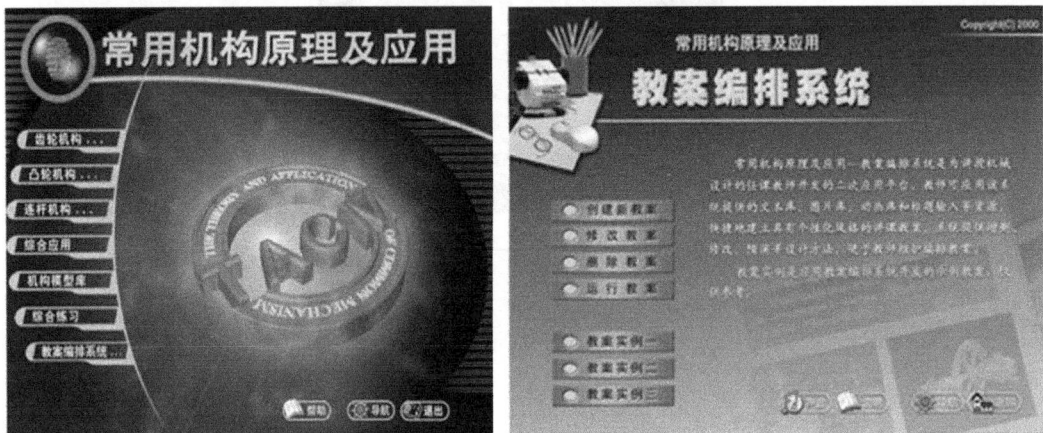

图7-37 形成主体基调

由北京印刷学院设计艺术系和新起点多媒体互动工场共同编制的多媒体课件《皮影戏》讲述了中国古老的民间艺术形式——皮影戏。如图7-38所示，这部多媒体课件的色彩以古朴优雅的檀木色为基调，形成了古香古色、庄重典雅的色彩风格，与教学内容吻合贴切，让学习者充分领略了中国传统文化的巨大艺术魅力。

图7-38 背景色彩的选择

续图7-38 背景色彩的选择

## 7.2.6 视觉空间感

视觉空间感是利用不同色彩进行视觉区域划分，增强感官上的空间立体感，是视觉传达设计中的常用手法。

营造的色彩视觉空间主要利用色彩的前进与后退来实现。色彩的前进与后退和色彩的波长有关。因为波长较长的暖色好像在前进，而波长较短的冷色好像在后退。从明度上看，亮色有前进感，暗色有后退感。在同等明度下，色彩的纯度越高就越往前，纯度越低则越向后。色彩的前进与后退和背景色紧密相关。在黑色背景上，明亮的色彩向前推进，深暗的色彩却潜伏在黑色背景的深处。相反，在白色背景上深色向前推进，而浅色则会融入白色背景中。面积的大小也影响视觉空间感。大面积色彩向前推进，小面积色彩向后推进；大面积色彩包围下的小面积色彩则向前推进。如图7-39所示，黑色与蓝色的不同面积与明度构成一个视觉的幻想空间。

图7-39 视觉空间感示例一

如图7-40所示，图片利用近实远虚、近大远小的视觉原理模拟视觉看到的现实空间，使整个界面沉浸在一种演练的大背景中，画中的人物仿佛正从硝烟弥漫的战场中奔跑而来，给人强烈的真实感。

图7-40　视觉空间感示例二

## 7.2.7　心理空间感

课件利用色彩营造心理空间感，实现转换。多媒体课件是在相对静止的运动过程中逐一将教学信息呈现给学习者的。设计有序而又充满变化的色彩在区别教学内容、分清主次结构、突出教学重点等方面都起着十分重要的作用，是设计者进行色彩设计时应该总体把握的一个重要问题。

色彩的空间感应用到多媒体课件设计上，就是用色彩突出教材结构的层次感。即模块与模块之间，章与章、章与节之间，要有较为明显的变化。即在遵循总体色彩风格的前提下，用色彩明度或纯度变化来提示教学内容的转换。

多媒体课件《皮影戏》中色彩的设计与运用就是一个非常成功的范例。教材共分为"影""戏""人"三大部分，分别讲述皮影戏的道具、技法和皮影戏的传人。如图7-41所示，"影""戏""人"这三个一级界面统一使用了以褐色为主的色彩基调，散发出浓郁文化韵味和悠久历史感。而二级界面的色彩则以较明亮的灰白色为背景色，使学习者在转入这一级的学习内容时有明显的空间转换感。这对学习者在学习内容的层次和知识结构的整体把握方面有十分重要的作用。

图7-41　心理空间感

# 第8章 实战演练

## 8.1 图片质量不佳

图片质量不佳，主要有以下三个方面问题：图片分辨率不高；构图不合理，画面呈现效果差；色彩不明亮，视觉画面不舒服。针对以上问题有以下解决方法。

（1）添加蒙版，如图8-1所示。

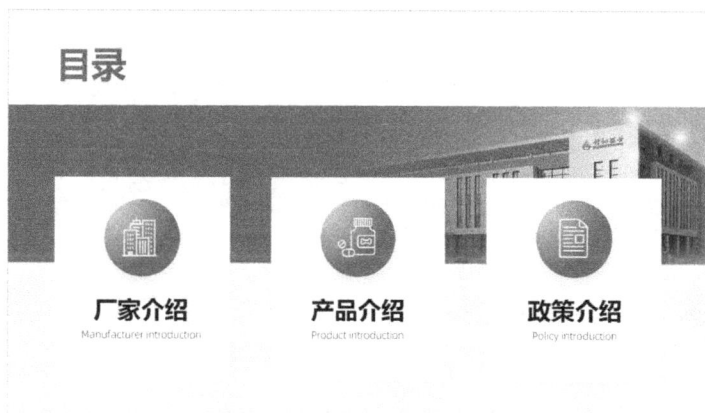

图8-1 图片质量不佳处理方法一

（2）图片无损放大。如图8-2所示，运用AI神器可以无损放大图片，优化图片的质量。这里给大家推荐一个免费的网址。

• Upscale media，网址地址：https://www.upscale.media.

图8-2 图片质量不佳处理方法二

（3）裁剪图片。运用裁剪，采用局部的照片。如图8-3所示，比较散乱的照片，最好的办法就是裁剪，让主体更加突出。

图8-3　图片质量不佳处理方法三

（4）抠图。如图8-4所示，PPT页面背景图片天空凌乱，并且整体效果强于主体文字，可以采用抠图的方式将建筑抠出，弱化背景，突出文字。

图8-4　图片质量不佳处理方法四

（5）采用三维旋转。如果单个图片画面效果呈现不佳，可以将所有图片摆放到一起，然后再进行三维旋转，用整体的视觉掩盖单个图片的不足，如图8-5所示。

图8-5　图片质量不佳处理方法五

手机拍摄的图片可以用三维旋转来展示，效果图如图8-6所示。

# 校区第二届艺术节作品赏析

## 校园美景　人物风采　活动掠影

图8-6　三维旋转效果图

（6）采用裸眼3D效果。具体操作如下：首先，需要把照片抠图，将人物抠出来。然后将原来的照片裁剪成梯形。如图8-7所示。接下来，将左边的照片往下裁剪，将右侧的图片和左侧重合。就可以制作出裸眼3D的效果，如图8-8所示。最后，添加文案，裸眼3D效果图制作完成。如图8-9所示。

图8-7　裸眼3D效果步骤一

图8-8　裸眼3D效果步骤二

图8-9　裸眼3D效果步骤三

# 8.2　截　　图

制作PPT时会遇到各种各样的截图，学业获奖作品对比或课程讲授评比中截图页几乎都是必备的。如图8-10所示，案例是一个具有两张截图的对比页面，优化办法展示如下。

图8-10　截图一

在原页面加上手机样机素材，页面效果会更好，如图8-11所示。

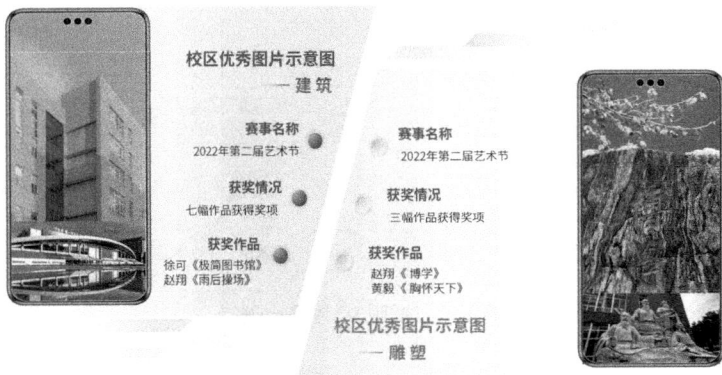

图8-11　截图二

关于好用的样机素材下载网站有以下几种推荐，如图8-12所示。

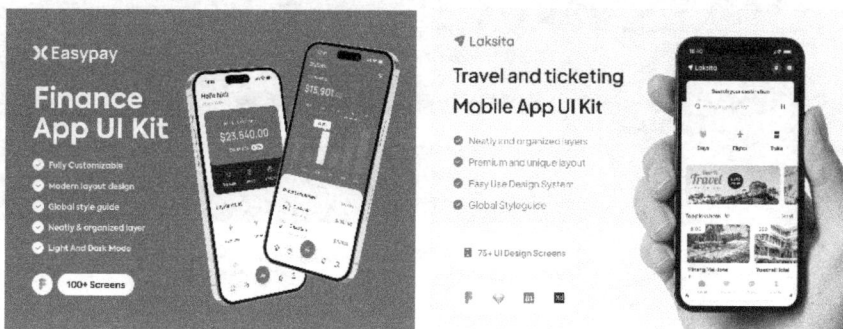

图8-12　样机素材页面示意图

- Freepik

网址：https://www.freepik.com/mockups.

这是一个矢量素材的下载网站，有一个板块主要是各类的样机素材。如图8-13所示，包含手机、电脑、平板等，很多内容都是可以免费下载的。

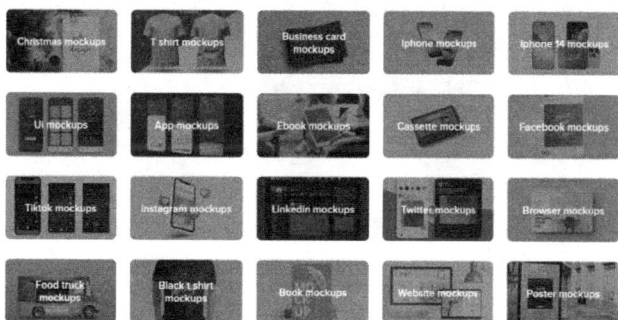

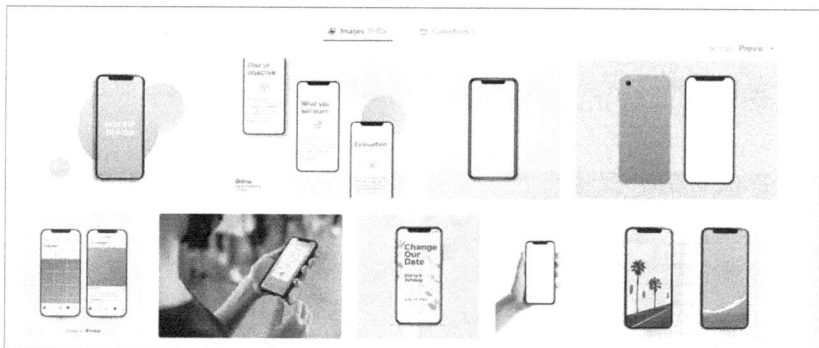

图8-13　Freepik矢量素材网站

- Mockup

网址：https://mockup.photos/.

这是一个免费的在线场景样机生成的网站。只要上传图片，就可以自动嵌入样机中。素材资源也是非常丰富的，如图8-14所示。

图8-14　Mockup在线场景样机生成的网站

· Deviceshots

网址：https://deviceshots.com/.

这是一个免费样机网站，里面有各类高质量的电子设备样机，而且可以免费下载。
如图8-15所示。

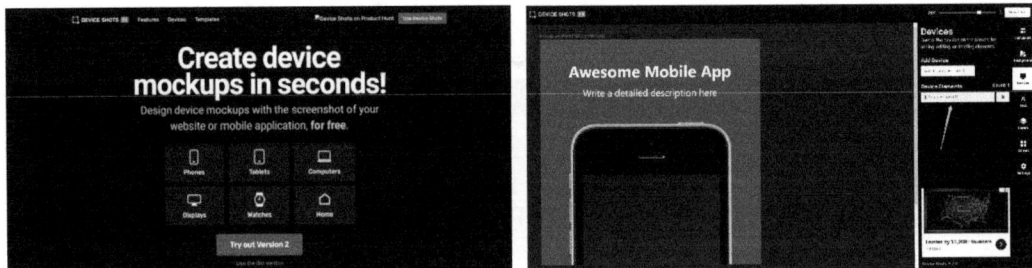

图8-15　Deviceshots免费样机网站

## 8.3　图片排版实例运用

图片排版包含图文排版和图片展示，而图片排版归根结底就是版式的选择，数量、场合和易用只是其中的变量。可以说图片排版=（数量+应用+易用）版式，如图8-16所示。

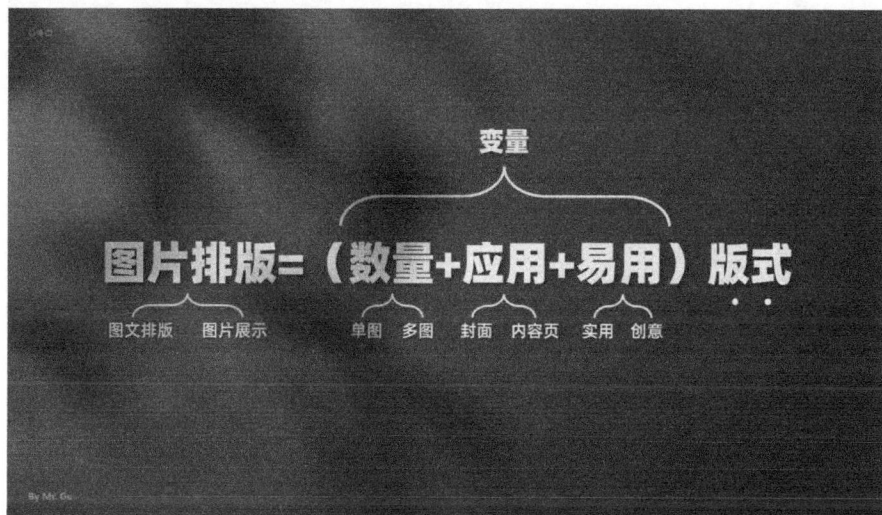

图8-16 变量版式

### 8.3.1 单图排版

单图主要的应用为封面页和内容页中的图文编排页。

首先是实用型版式。版式主要分为左右、上下、叠加、交错四种形式。图片摆放主要分为全屏和半屏两种形式。如图8-17所示，图片摆放是全屏形成，主要版式采用左右、上下、叠加这三种形式。如图8-18所示，图片摆放是半屏形式，主要版式采用左右、上下、交错这三种形式。

图8-17 图片全屏摆放

图8-18　图片半屏摆放

　　图文编排页跟封面的方法是一样的，只是文字数量有变化。其次是创意型版式。上面都是实用的方法，其实还有很多创意的方法，使用时需要根据场合、风格、时间、熟练度学会灵活变通。单图创意主要是创意形状、图文穿插、图片破格和借势而为等形式。

　　创意形状有栅格图形、自由形设计、文字遮罩等，如图8-19所示。

图8-19　创意形状

　　图文穿插是指图片跟文字叠压交错的设计手法。如图8-20所示。

图8-20　图文穿插

　　图片破格是指打破了图片的边界线，图片的一部分有穿出的效果，层次感强，如图8-21所示。

图8-21　图文破格

　　借势而为是指文字跟随图片的走势和特色贴合画面的空间，可以用三维旋转制作，如图3-22所示。

图8-22　借势而为

## 8.3.2　多图排版

多图常应用于内容页中的图文编排页和图片展示页。图片展示页主要是产品介绍、人物介绍、软件截图、证书展示页面和其他图片展示页面。

首先是实用型版式。版式主要分为并列、矩阵、错位和拼接四种形式，如图8-23所示。

图8-23　实用型板式

其次是创意型版式，多图创意主要是全屏式、错落式、栅格图形、三维式、瀑布流、图片云、环绕式等版式。

全屏式是指图片铺满全屏，根据图片的数量划分版面，常见于网页设计，如图8-24所示。

图8-24　全屏式

错落式相较于并列而言，只是图片有高低错落的变化，如图8-25所示。

图8-25　错落式

栅格图形是指图片通过重复排列制作的创意图形，组合后用图片进行填充，如图8-28所示。

图8-26　栅格图形

三维式是指图片使用三维旋转的效果，空间感增强，如图8-27所示。

图8-27　三维式

瀑布流是比较流行的网页布局方式，比如花瓣网、Pinterest国外素材网就采用了这种形式，如图8-28所示。

图8-28 瀑布流

图片云是指有大有小的图片排列、有实有虚的图形组成，如图8-29所示。

图8-29 图片云

环绕式是指图片以环绕的方式呈现，非常有创意，如图8-30所示。

图8-30 环绕式

## 8.4　图片处理能力

挑战"用一张图片，做一份PPT"，主要有7页。图片处理能力的操作步骤：

（1）根据内容所示，首先准备一张陆军工程大学石家庄校区图片素材，并对PPT进行制作与美化，如图8-31所示。

图8-31　"陆军工程大学石家庄校区"PPT制作步骤一

（2）第一页封面只有十一个字，可以将文字直接放到图片留白的区域，如图8-32所示。

图8-32　"陆军工程大学石家庄校区"PPT制作步骤二

（3）接下来，封面文字更换为书法字体，将文字排版成错落有致。将图片素材置入背景，如图8-33所示。

图8-33　"陆军工程大学石家庄校区"PPT制作步骤三

（4）过渡页共有三张，将过渡页简单处理，运用封面图片加上一个白色色块，文字放到色块的上方。得到的效果，如图8-34所示。

图8-34 "陆军工程大学石家庄校区"PPT制作步骤四

（5）将图片抠去背景，得到的效果，如图8-35所示。

图8-35 "陆军工程大学石家庄校区"PPT制作步骤五

（6）将抠出的建筑图片压到PPT上面，就可以呈现出一个有层次的页面，如图8-36所示。

图8-36 "陆军工程大学石家庄校区"PPT制作步骤六

（7）接下来是第三页PPT。介绍页有一段文字，将文案简单处理，行间距设置为1.3，得到的效果，如图8-37所示。

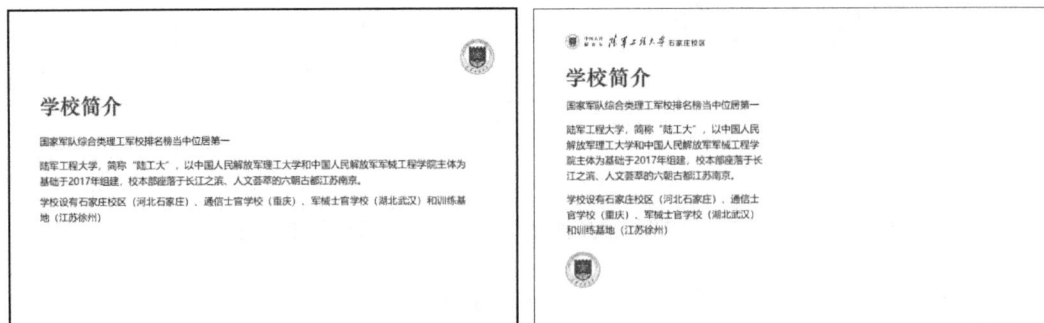

图8-37　"陆军工程大学石家庄校区"PPT制作步骤七

（8）裁剪图片留白的区域，作为这页PPT的背景。适当调整透明度。得到的效果，如图8-38所示。

图8-38　"陆军工程大学石家庄校区"PPT制作步骤八

（9）右边置入图片并对其进行栅格化的排版。插入几个矩形，然后和图片布尔运算，得到的效果，如图8-39所示。

图8-39　"陆军工程大学石家庄校区"PPT制作步骤九

（10）时间轴页面通常都是围绕一条线，或者围绕图片来排版，如图8-40所示。

图8-40 "陆军工程大学石家庄校区"PPT制作步骤十

（11）如果围绕图片排版，裁剪图片的局部，放大细节。将文案置入其中，得到的PPT效果，如图8-41所示。

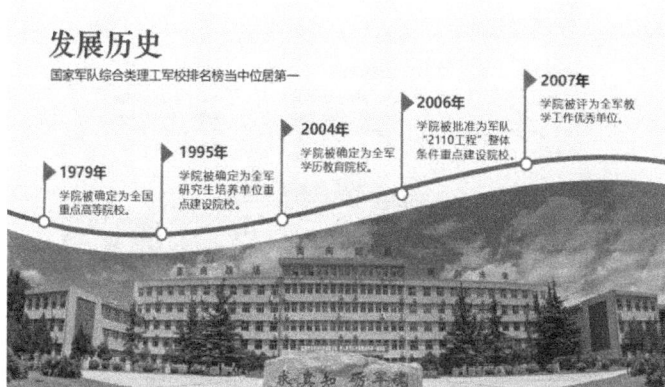

图8-41 "陆军工程大学石家庄校区"PPT制作步骤十一

（12）PPT页面再加一个渐变蒙版，突出文字，如图8-42所示。

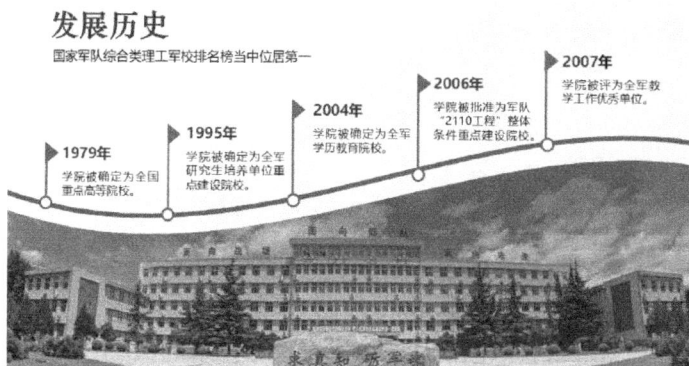

图8-42 "陆军工程大学石家庄校区"PPT制作步骤十二

（13）最后一页是学科建设内容，主要有三个部分，首先把它全部整理好，并列排布，如图8-43所示。

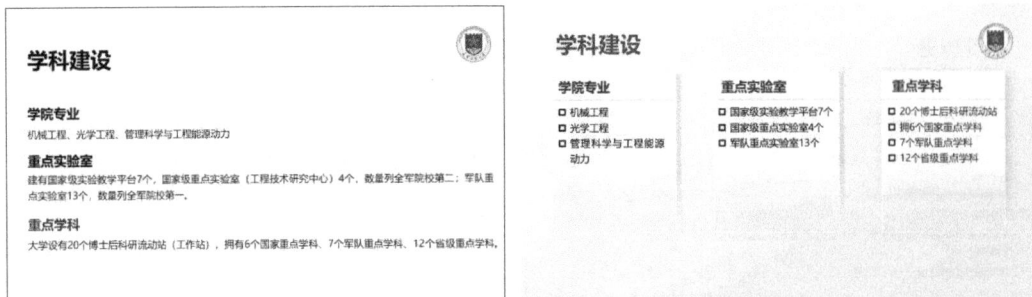

图8-43　"陆军工程大学石家庄校区"PPT制作步骤十三

（14）使用建筑图片作为背景。将抠出的图片作为前景得到的效果，如图8-44所示。使用一张图片的好处就是可以增加平滑动画，实现过渡。

图8-44　"陆军工程大学石家庄校区"PPT制作步骤十四

（15）最后，这套PPT的整体效果，如图8-45所示。

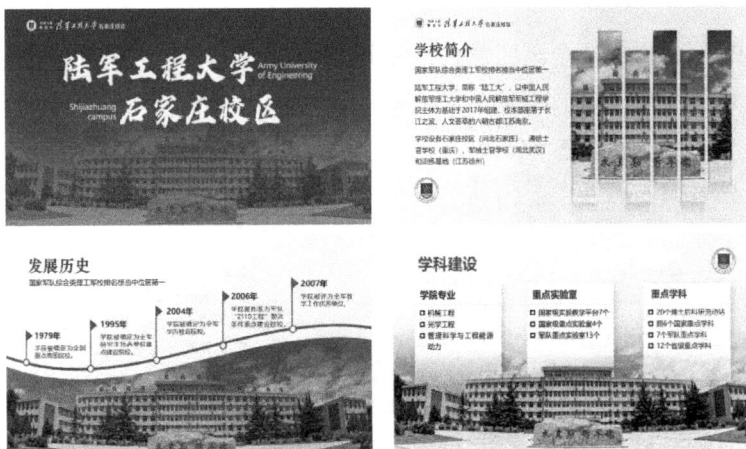

图8-45　"陆军工程大学石家庄校区"PPT效果图

## 8.5　图表美化（圆环图的改造）

通过PPT插入饼图（见图8-46）或者圆环图，用来表示数据占比。相比饼图，圆环图设计感更强一些。

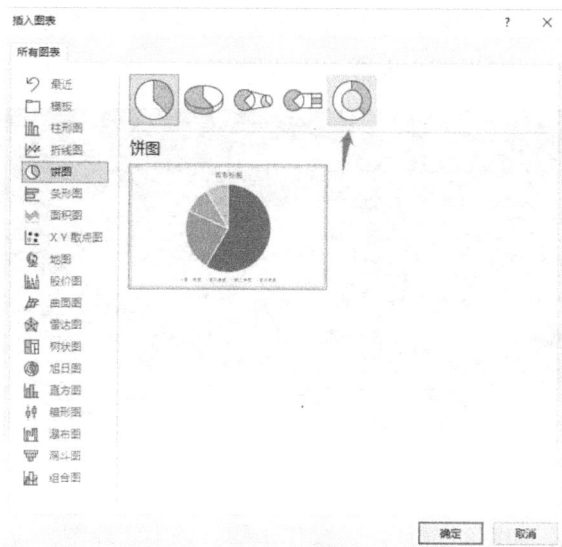

图8-46　饼图

圆环图的美化步骤：

（1）改造一：默认的圆环图，如图8-47所示。这页PPT使用一张图来表达上班族的出行方式。这种图阅读起来并不方便，还要根据颜色去对应数据。

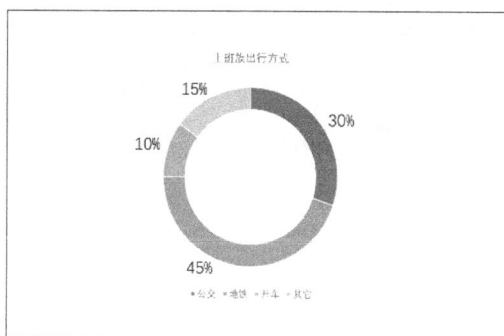

图8-47　圆环图

单个数据的圆环使用亮色，其他的数据使用灰色。这里选用灰色和紫色作对比突出关键数据，如图8-48所示。操作步骤：选中图表，设置为无轮廓，然后分别填充颜色。

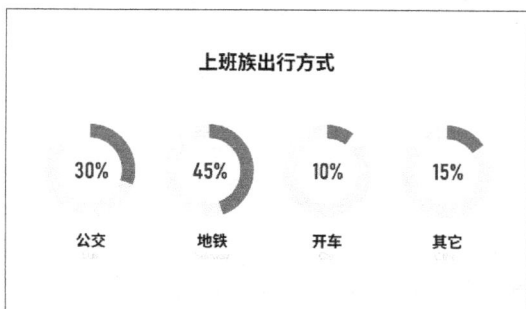

图8-48　圆环图美化改造一

（2）改造二：使用圆环图用来表达读者分析，如图8-49所示。其表达的重点是：女性占比达到60%，18～35岁核心人群占比达到72%，一线城市读者占比45%。

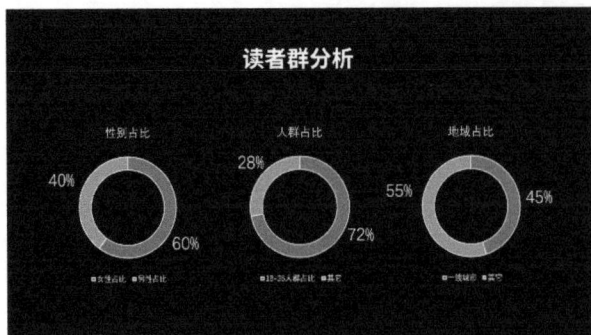

图8-49　《读者群分析》案例示意图

这是渐隐圆环图，如图8-50所示。操作步骤：选中圆环图，设置数据系列格式，填充里面设置渐变。然后调整渐变光圈的一端透明度为100%。

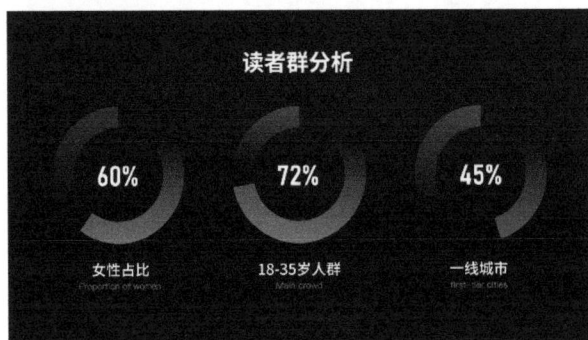

图8-50　圆环图美化改造二

（3）改造三：制作圆环图，如图8-51所示。制作方法是运用形状搭建。（选择一个空心和圆，一个空心弧，两个形状组合搭建。）

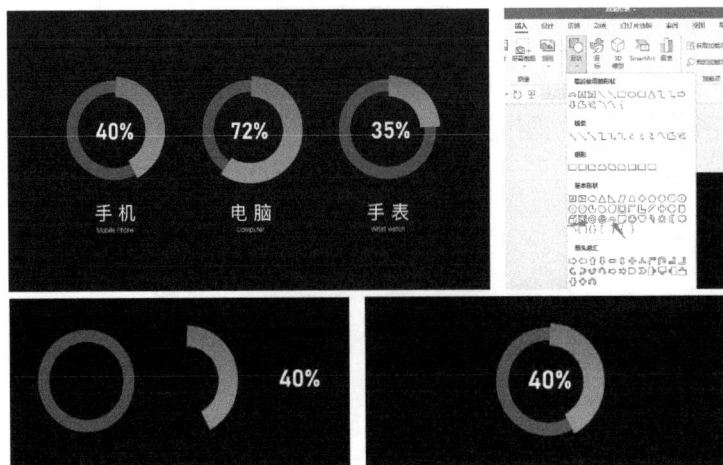

图8-51　圆环图美化改造三

（4）改造四：这个数据系列的角可以改成圆角，如图8-52所示。

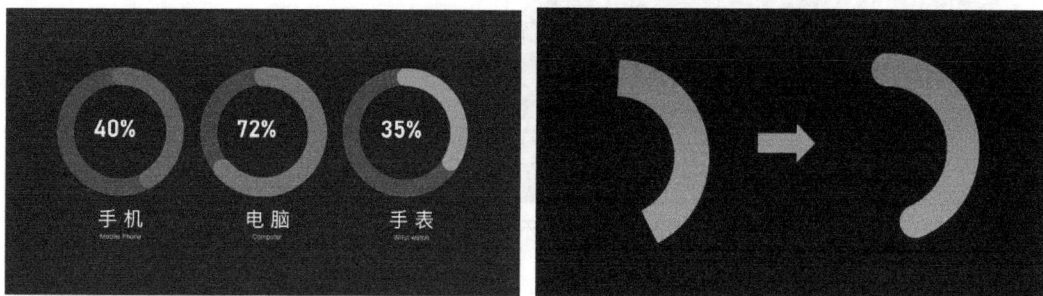

图8-52 圆环图美化改造四

操作步骤：空心弧可以换成弧形。空心弧是色块，而弧形是线条轮廓。插入弧形之后，设置轮廓的宽度，然后将线端的类型设置为圆，如图8-53所示。

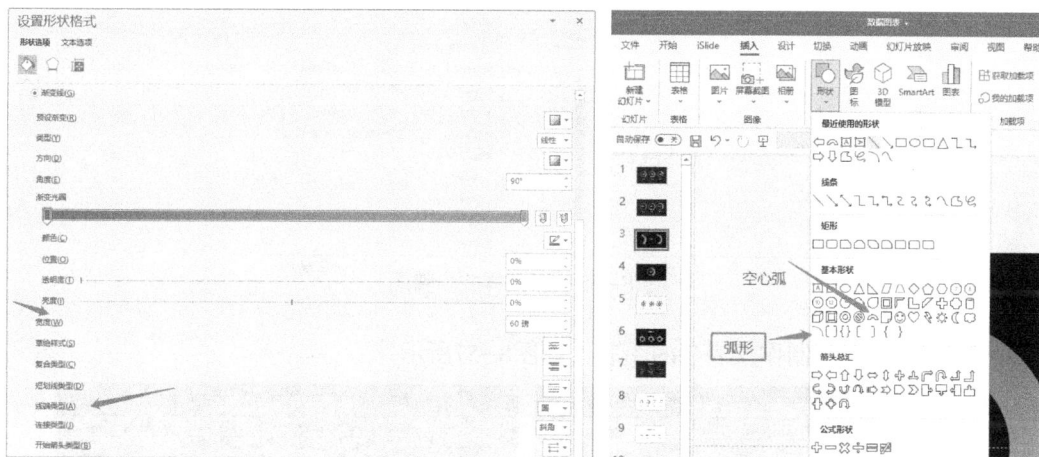

图8-53 圆环图美化改造四步骤一

将圆角圆环图进行下一步美化，如图8-54所示，这是一个圆加一个弧形的效果。

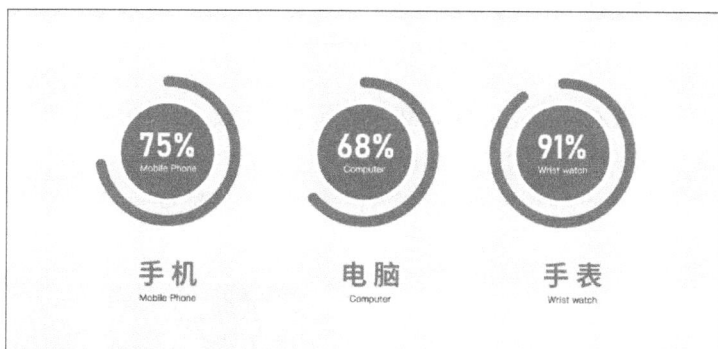

图8-54 圆环图美化改造四步骤二

（5）改造五：圆环图可以设计为断点样式，如图8-55所示，这种设计充满科技感。

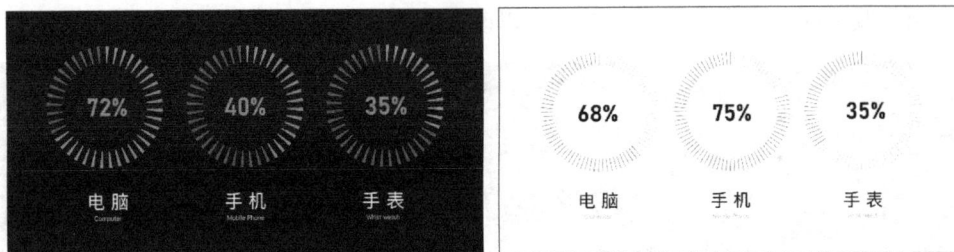

图8-55　圆环图美化改造五

操作步骤：插入一个色块，然后再点击islide插件的环形复制。操作时，一定要调整旋转的方式，设置为0°。画出图形，再调整颜色，如图8-56所示。

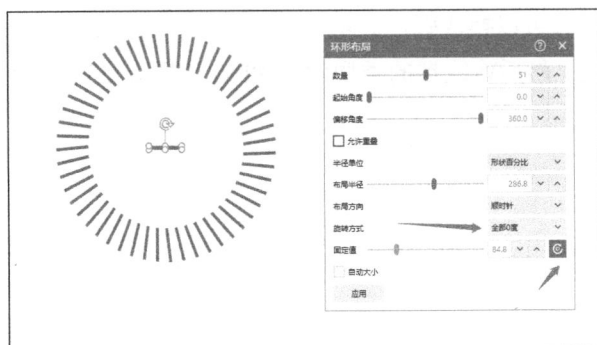

图8-56　断点样式步骤图

（6）改造六：制作仪表盘的图表，如图8-57所示。

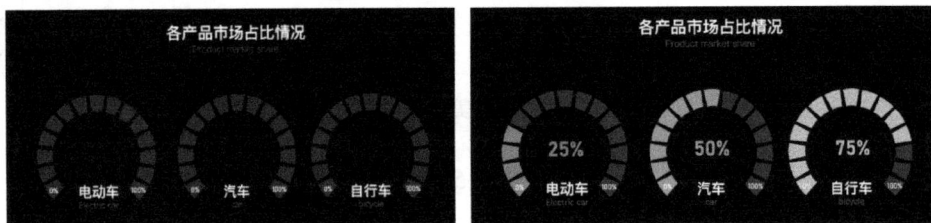

图8-57　仪表盘图表

操作步骤：首先插入一个空心弧，然后用环形复制。这里主要强调动画里面的对象颜色。可以将每一个需要变色的色块都设置一下，如图8-58所示。

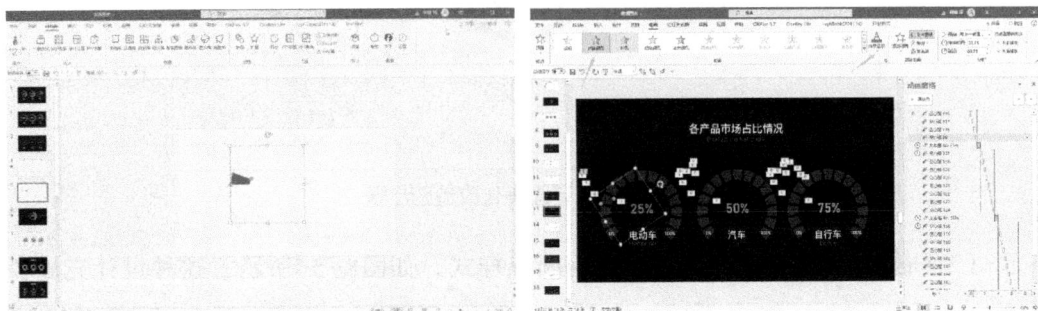

图8-58　仪表盘图表步骤示意图

# 8.6 批量处理的PPT技巧

在日常用的工作PPT，最大的要求就是能快速、高效地完成。因此，笔者整理了一些经常要用到的批量处理的技巧。例如，图片批量裁剪为同等大小，批量统一字体，批量添加logo，批量增添水印（logo\文本框等），批量导出一份PPT里的多媒体素材，批量进行图片蒙版，批量进行文字排版，动画批量快速删除等。

## 8.6.1 图片批量裁剪为同等大小

目的：多张图片批量统一裁剪为一样大小。

解决方法：利用islide插件的裁剪图片功能。选择要统一裁剪的尺寸比例，以及设定裁剪后想要的图片宽度和高度，如图8-59所示。

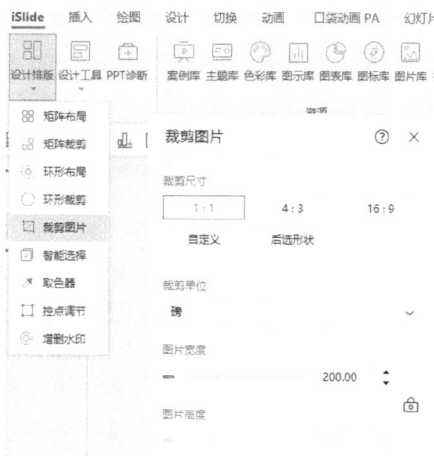

**图8-59  islide插件的裁剪图片**

应用案例：现在有几张风景图片，大小尺寸不一。想要将其裁剪为圆形，直接进行裁剪，会变成各式椭圆，如图8-60所示。操作步骤如下：

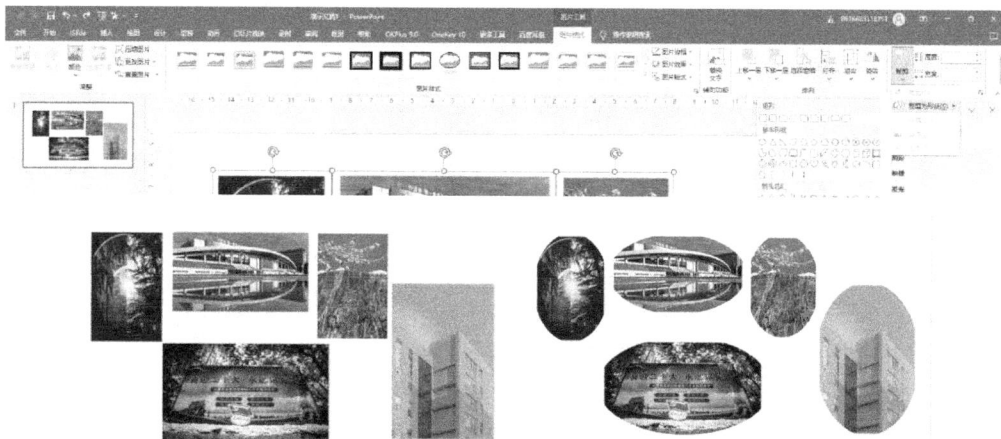

**图8-60  将图片批量裁剪为同等大小**

（1）首先就需要借助islide插件，先将这些图片批量裁剪为1:1的尺寸，如图8-61所示。

图8-61　将图片批量裁剪为同等大小步骤一

（2）如图8-62所示，选中所有图片，点击菜单栏"图片格式"，选择"裁剪"选项组，点击"裁剪为形状"，选择"椭圆"。

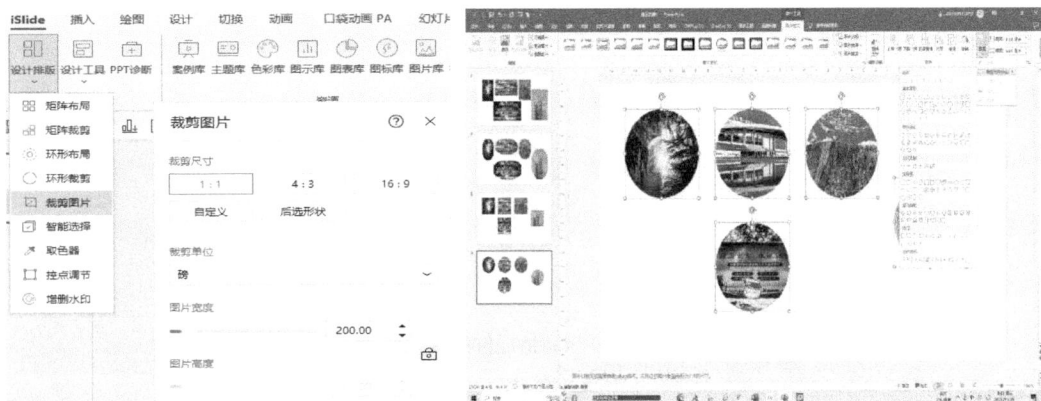

图8-62　将图片批量裁剪为同等大小步骤二

（3）最后图片批量裁剪为同等大小的效果就制作完成，如图8-63所示。

图8-63　将图片批量裁剪为同等大小步骤三

（4）赏析图片制作的前后对比，如图8-64所示。

图8-64 将图片批量裁剪为同等大小效果图

## 8.6.2 批量统一字体

目的：统一PPT里的所有字体。

解决方法一：点击菜单栏"开始"选项，点击"编辑"选项组，选择"替换功能"组中的"替换字体"。如果要替换的字体，只有一种。比如，统一把"新宋体"换成"思源黑体"，那么借助PowerPoint自带的替换字体功能即可，如图8-65所示。

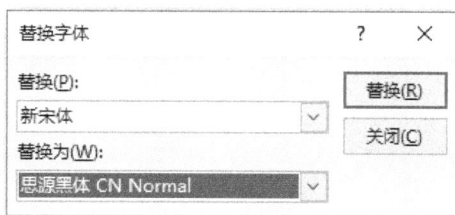

图8-65 批量统一字体

解决方法二：借助islide插件"统一字体"，如果PPT里的字体非常多种，想要统一可以借助插件。可以把PPT里所有的中文字体统一为同样字体，所有的英文字体统一为同样字体，如图8-66所示。

图8-66 借助islide插件批量统一字体

### 8.6.3　批量添加logo

目的：为PPT的每一个页面都添加上单位的logo或者单位名称。

解决方法一：利用幻灯片母版。点击"视图"选项卡中的"幻灯片母版"，如图8-67所示。

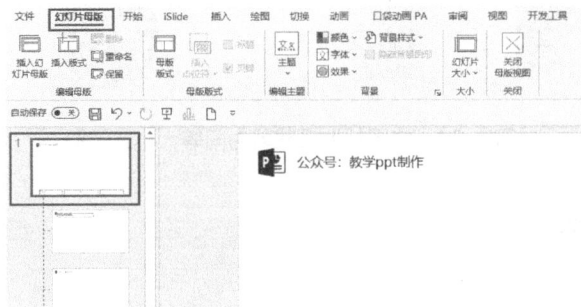

图8-67　批量添加logo步骤一

如图8-68所示，在第一张基础母版上添加单位的logo和名称（点击"插入"选项卡，在"图片"选项组中的列表框中选择"此设备"）。

图8-68　批量添加logo步骤二

退出母版视图，每一页PPT都已自带logo，如图8-69所示。

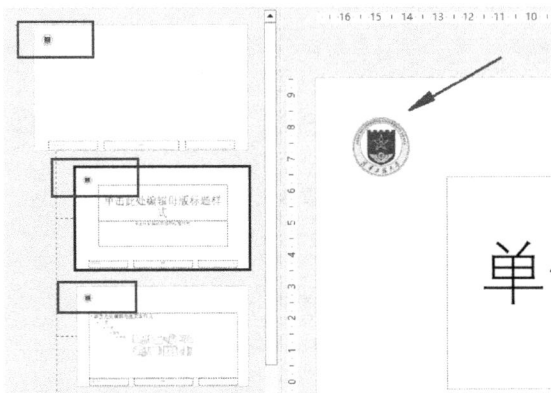

图8-69　批量添加logo步骤三

解决方法二：利用islide插件"设计排版"选项组中的"增删水印"功能，先在其中一张PPT上添加好logo，接着选中logo，点击"设计排版"功能组中"增删水印"，选择"增加水印"，如图8-70所示。

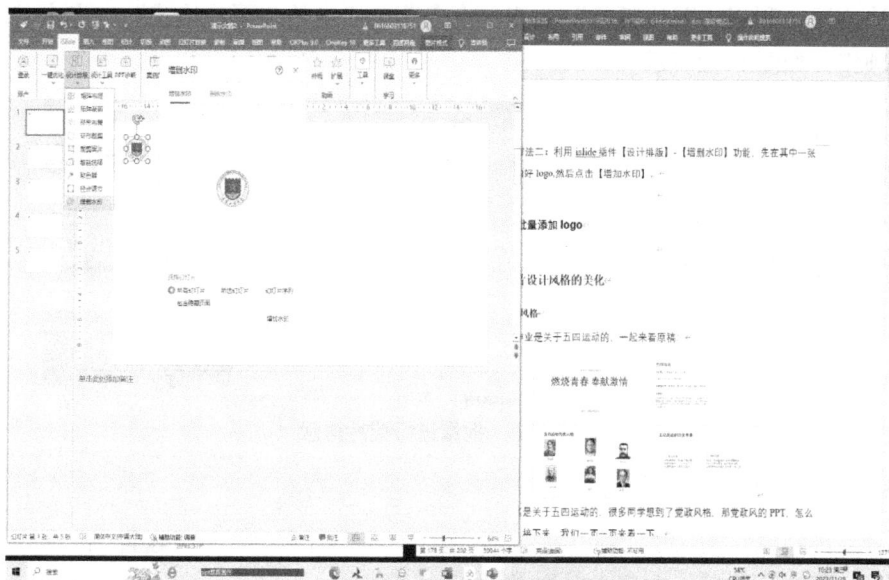

图8-70 利用islide插件批量添加logo

## 8.6.4 批量增删水印（logo\文本框）

目的：将一份PPT里每一页中的logo或者水印全部删掉。

解决方法一：如果是按照技巧8.6.3节中的方法一，在母版上添加的Logo与水印。那就直接在母版里删除。

解决方法二：如果原有PPT里的logo或者水印是手动一页一页加上的，或者是按照技巧8.6.3节中的方法二添加的。可以借助"删除水印"功能，不过这个功能只支持自动检测，不能手动指定，如图8-71所示。

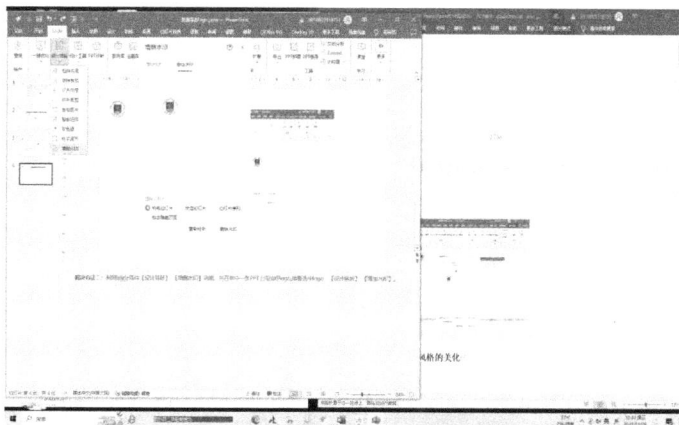

图8-71 利用islide插件批量删除logo或水印

### 8.6.5　批量进行图片排版

目的：将插入的图片实现自动排版。

解决方法：利用"图片版式"功能，点击菜单栏中的"图片格式"，点击"图片版式"选项组，如图8-72所示。

图8-72　批量进行图片排版

### 8.6.6　批量进行文字排版

目的：插入文本后，实现文字自动排版。

解决方法：利用SmartArt功能，可以实现自动排版。

应用案例：如图8-73所示，输入一段文本，鼠标点击右键将其转换为SmartArt，可以自动排版为各种样式。

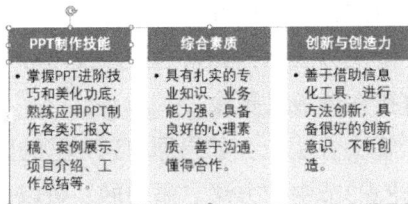

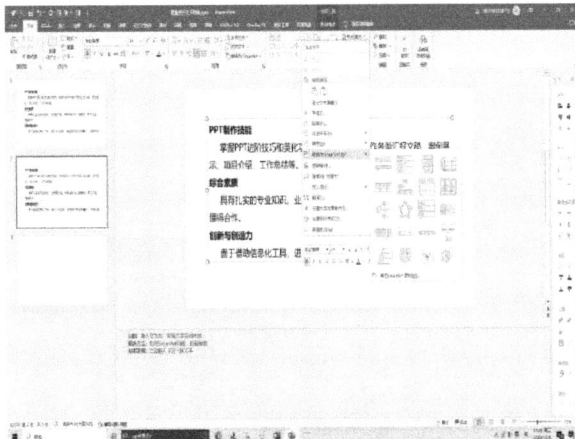

图8-73　批量进行文字排版

### 8.6.7 动画批量快速删除

目的：将一份PPT里所添加的所有动画清除。

解决方法：直接单击"幻灯片放映"选项卡中的"设置放映方式"，勾选"放映时不加动画"，如图8-74所示。

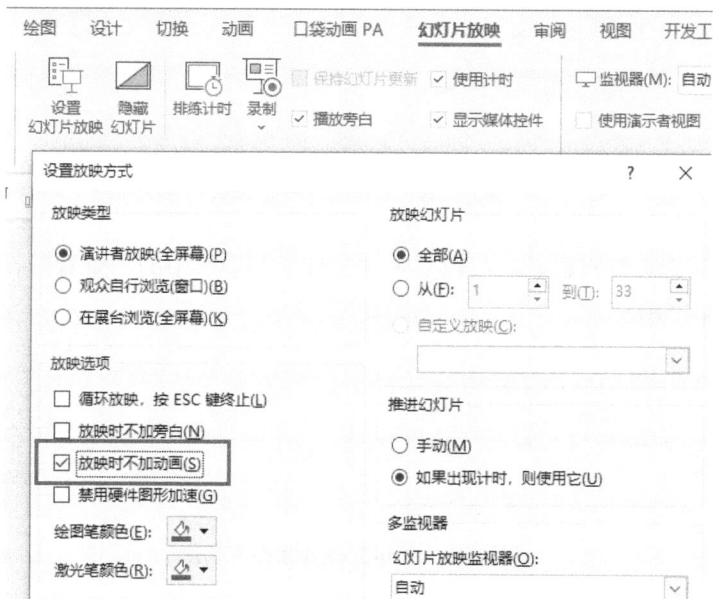

图8-76 动画批量快速删除

### 8.6.8 批量导出PPT里的多媒体素材

目的：将PPT中所有用到的图片、背景音乐、视频素材全部导出。

解决方法：直接将PPT文件的后缀.pptx 修改为.rar，然后再解压压缩包，如图8-75所示。

图8-75 修改文件后缀

如图8-76所示，选择media文件夹，里面即是所有的多媒体素材。

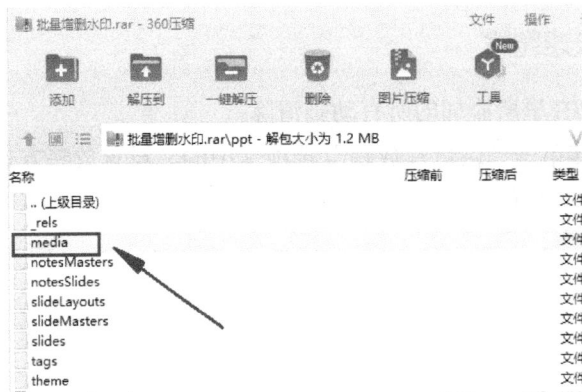

图8-76 选择media文件夹

如果文件后缀名没有显示。可以点击"文件"选项卡中的"查看"，勾选"文件扩展名"，如图8-77所示。

图8-79 显示文件后缀名的方法

# 第9章　幻灯片设计风格的美化

## 9.1　科技风格

这篇PPT内容是关于科技风格的PPT修改方法，其中挑选有代表性的4页PPT进行修改美化。首先分析第1页PPT，再进行修改，如图9-1所示，操作步骤如下：

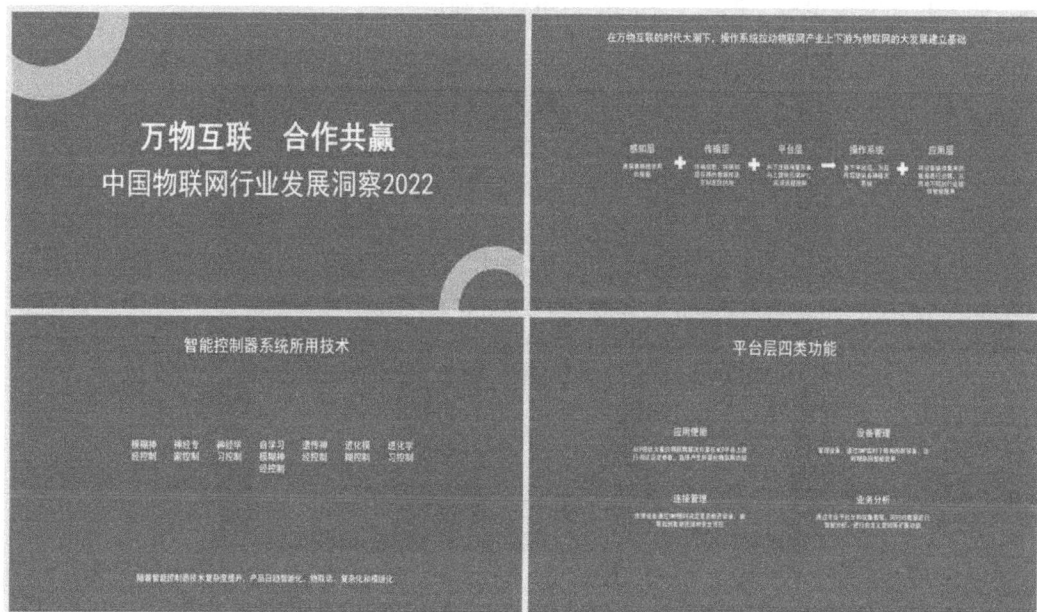

图9-1　"万物互联，合作共赢"原稿示意图

（1）首先将封面的标题做出对比，增加层次感。将大标题放大，并更换字体，再将副标题调小，如图9-2所示。

图9-2　"万物互联，合作共赢"美化步骤一

（2）背景更换为具有科技感的图片素材。如图9-3所示，选择与万物互联相关，或者一些星球类或科技线条类。为其添加光效素材，增加质感。

图9-3　"万物互联，合作共赢"美化步骤二

（3）背景也可以用科技感很强的地球素材，尤其是点亮的地球素材，如图9-4所示。如果封面完成定稿，那么文字的配色也就能确定下来。

图9-4　"万物互联，合作共赢"美化步骤三

（4）第2页，首先需要加强文字层次感，强化对比，如图9-5所示。

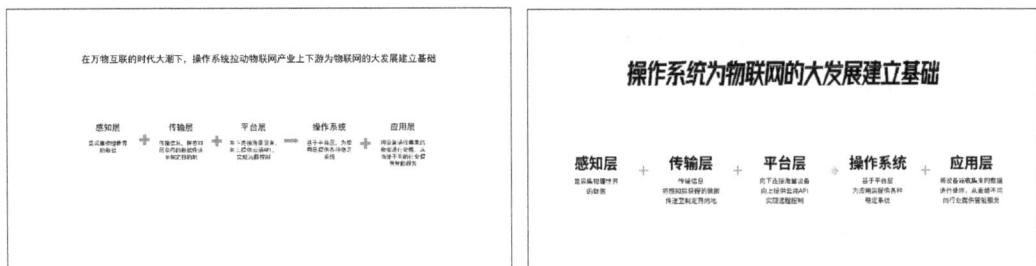

图9-5　"万物互联，合作共赢"美化步骤四

（5）深色科技感的效果制作需要找一个深色的背景图，如图9-6所示，采用城市图片，并为其添加渐变蒙版。

图9-6　　"万物互联，合作共赢"美化步骤五

（6）添加矩形色块，使每一部分更加统一。需要注意的是科技色块必须用渐变，这样更有科技感。如图9-7所示，因为页面只有文字略显单薄，所以可以添加具有科技感的小图标，丰富画面。

图9-7　　"万物互联，合作共赢"美化步骤六

（7）图标底部再添加圆形进行衬底，如图9-8所示。矩形色块的底部可以添加一张图片，画面呈现效果会更好。

图9-8　　"万物互联，合作共赢"美化步骤七

（8）第2页效果图呈现，如图9-9所示。

图9-9　　"万物互联，合作共赢"美化步骤八

（9）第3页，原稿内容共有七部分技术，使用正常并列排版，画面呈现效果略显拥挤，可以将其进行分散排版，如图9-10所示。

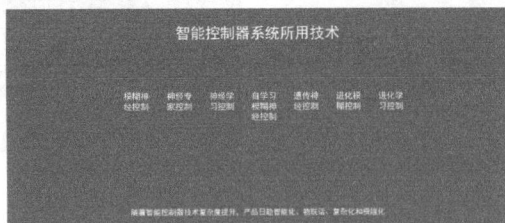

图9-10　"万物互联，合作共赢"美化步骤九

（10）背景更换为具有科技感的图片素材。如图9-11所示，在页面中间添加一个主视觉，使七个内容围绕中间进行排版。

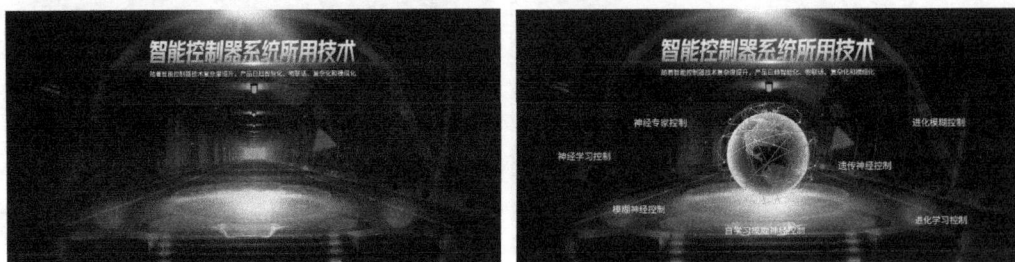

图9-11　"万物互联，合作共赢"美化步骤十

（11）只有文字略显单薄，可以添加图标和圆形来修饰，如图9-12所示。

图9-12　"万物互联，合作共赢"美化步骤十一

（12）第4页，原稿的层次感有点弱。需要先增加文字之间的字号对比，增加层次感，如图9-13所示。

图9-13　"万物互联，合作共赢"美化步骤十二

（13）背景更换为深色的图片，注意文字的主色保持一致。如图9-14所示，添加双色图标，与前面主色保持一致。

图9-14 "万物互联，合作共赢"美化步骤十三

（14）在图标的底部添加一个用线条修饰的圆形，使画面更具有科技感，如图9-15所示。

图9-15 "万物互联，合作共赢"美化步骤十四

（15）最后欣赏一下整体效果，如图9-16所示。

图9-16 "万物互联，合作共赢"整体效果图参考

## 9.2　商务报告风格

这篇PPT内容是关于商务报告风格的PPT修改方法，其中挑选有代表性的4页PPT进行修改美化，如图9-17所示。操作步骤如下：

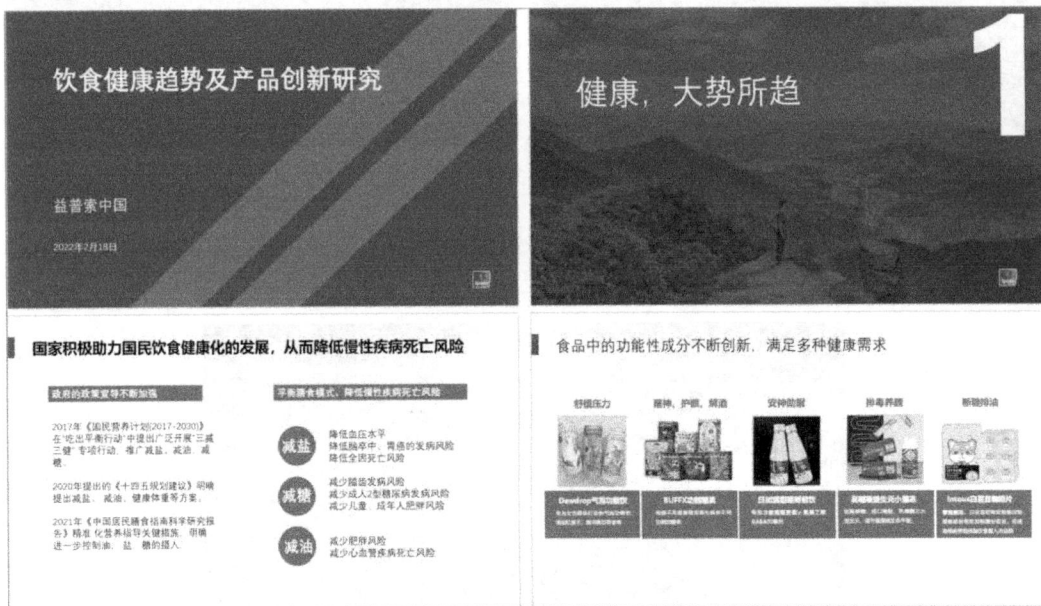

图9-17　"饮食健康趋势及产品创新研究"原稿

（1）选择配色和风格。首先这是为益普索制作的PPT报告，风格就是商务报告风格。配色选用的是企业VI（Visual Identity Design，视觉形象设计）配色。封面标题可以分为两行，并添加英文进行修饰，如图9-18所示。

图9-18　"饮食健康趋势及产品创新研究"美化步骤一

（2）目前缺少与内容相关的可视化图片。因此，在右边添加与饮食健康相关的图片。再补充一些细节。如图9-19所示，在图片下方添加平行四边形色块，加强前后对比，以及在左上角和右下角补充一些点阵效果。

图9-19 "饮食健康趋势及产品创新研究"美化步骤二

（3）封面图片也可以换为全图型，用紫色和绿色进行渐变，如图9-20所示。

图9-20 "饮食健康趋势及产品创新研究"美化步骤三

（4）美化过渡页或者章节页。首先将数字放大，加强数字（序号）的设计，如图9-21所示。

图9-21 "饮食健康趋势及产品创新研究"美化步骤四

（5）数字上添加纹理效果，如图9-22所示，数字添加图片纹理、增加细节设计。

图9-22　"饮食健康趋势及产品创新研究"美化步骤五

（6）正文页面呈现的问题主要是排版内容没有梳理，如图9-23所示。可以用色块分屏法，通过大色块增加页面的冲击力。

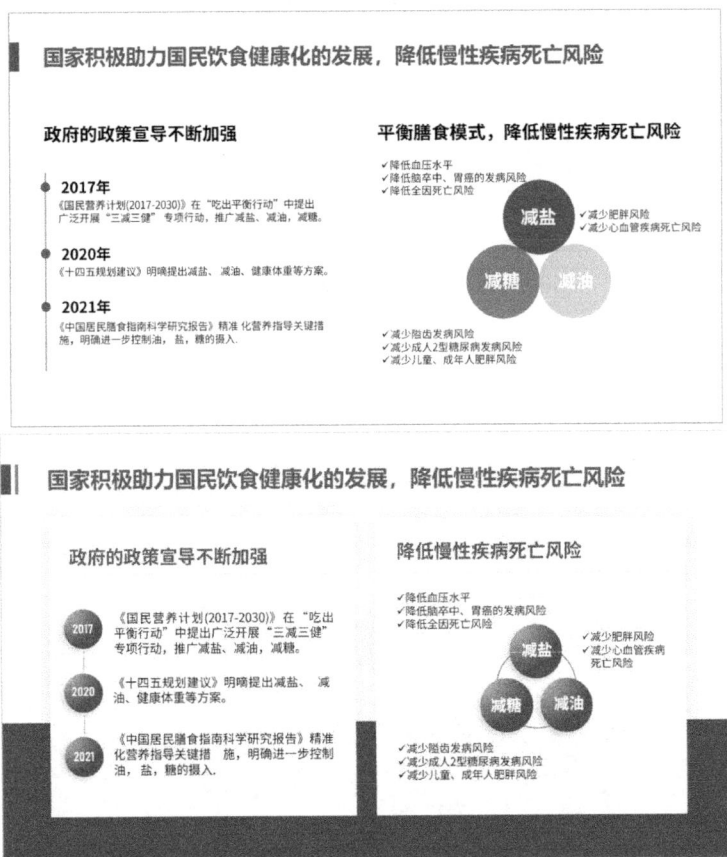

图9-23　"饮食健康趋势及产品创新研究"美化步骤六

（7）正文页面可以调整设计为纵列排版的布局。在此基础上，还可以进行设计美化，如图9-24所示。

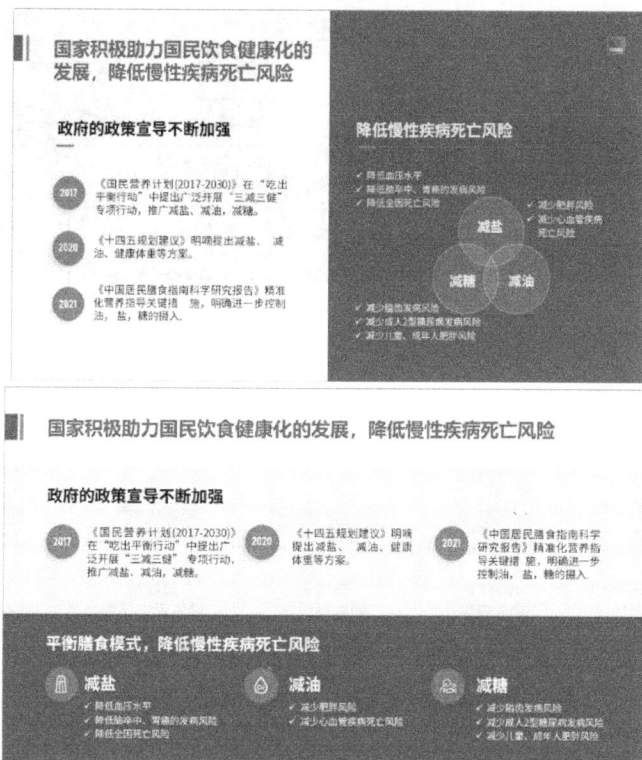

图9-24　"饮食健康趋势及产品创新研究"美化步骤七

（8）第4页内容排版设计，内容为健康产品需求。如图9-25所示，这页内容的问题主要是图片质量不佳，风格不统一；其次是文字的排版，层次性不够。

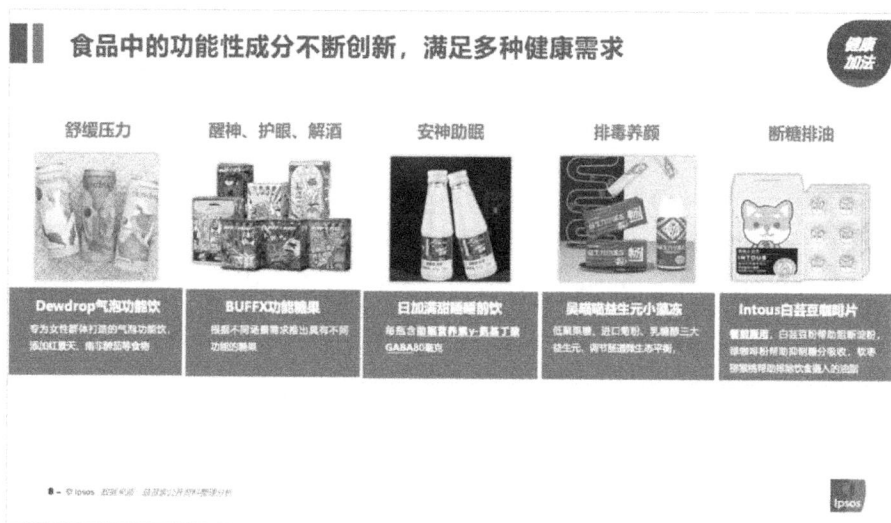

图9-25　"饮食健康趋势及产品创新研究"美化步骤八

（9）首先找到背景统一的图片素材，并将背景扣除。然后再将文字层级调整处理（功能性和产品放置第一层，产品介绍放置第二层），如图9-26所示。

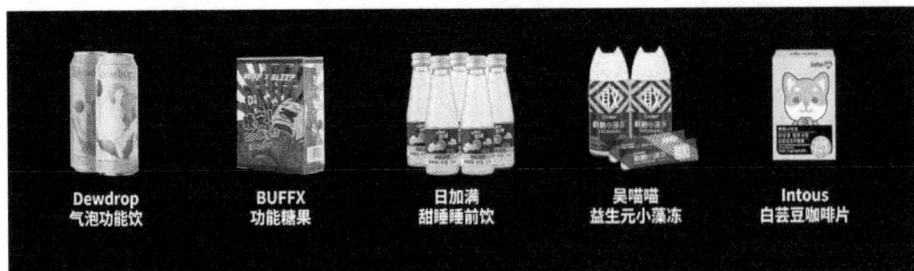

图9-26　"饮食健康趋势及产品创新研究"美化步骤九

（10）或者也可以添加大色块，得到效果图，如图9-27所示。

图9-27　"饮食健康趋势及产品创新研究"美化步骤十

（11）最后赏析整体设计的效果，如图9-28所示。

图9-28 "饮食健康趋势及产品创新研究"整体效果图

## 9.3 国潮风风格

这篇PPT内容是关于新年主题的国潮风格的PPT修改方法，其中挑选有代表性的2页PPT进行修改美化。如图9-29所示，可以从觅元素，花瓣网等网址搜集与国潮相关的素材。操作步骤如下：

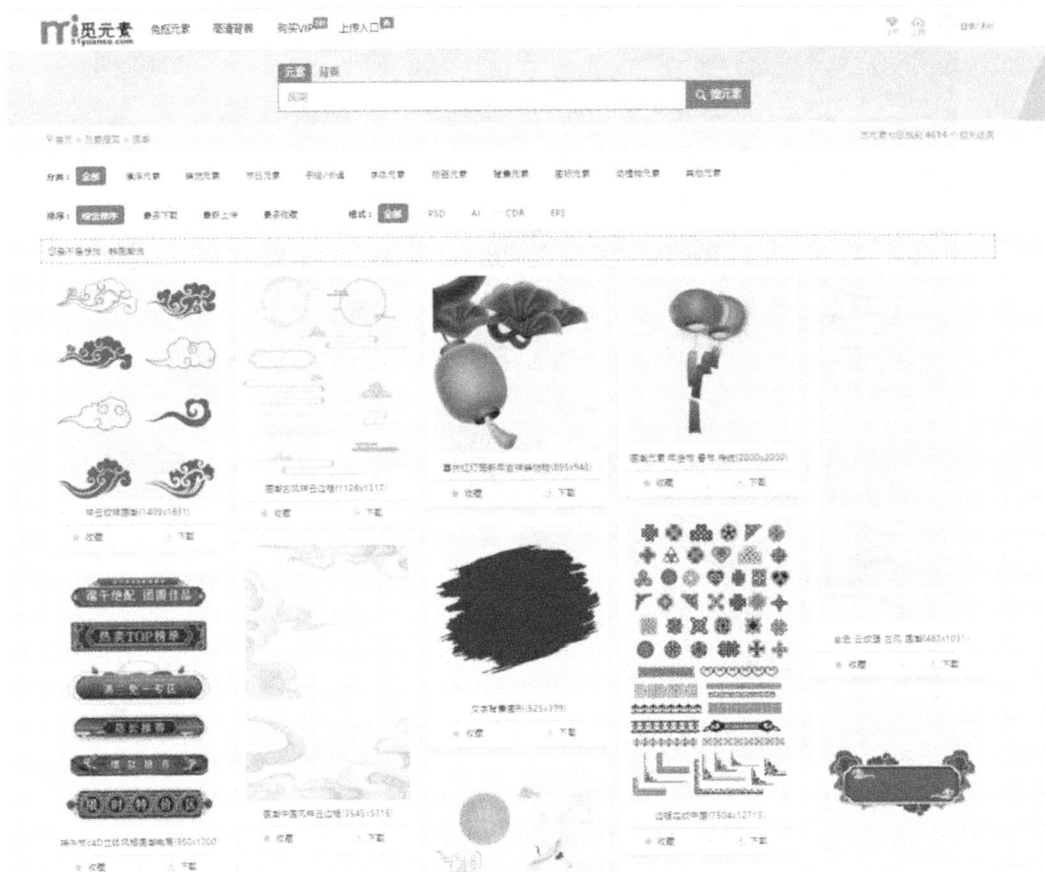

图9-29　国潮风格素材搜集

（1）封面页美化。如图9-30所示，封面标题为2022年轻人过年的新趋势洞察，封面的重点应该落在两个词"年轻人"和"过年"。

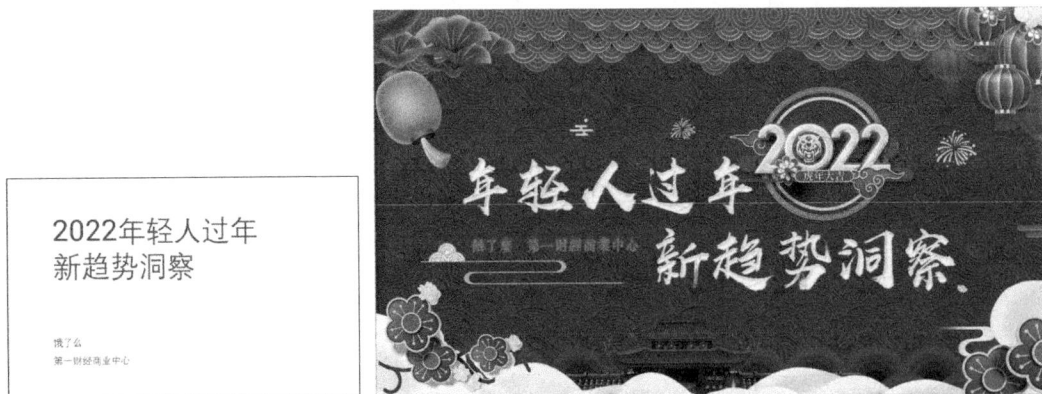

2022年轻人过年
新趋势洞察

俄了么
第一财经商业中心

图9-30　"2022年轻人过年的新趋势洞察"美化步骤一

（2）国潮风在配色上也有讲究，基本喜欢用一些红色对比。当然国风的配色还有很多，如图9-31所示，有天青、月白、苍绿、黛蓝、绛紫、妃红、深竹月等。

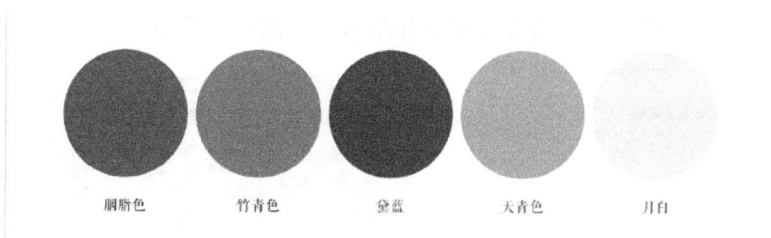

| 胭脂色 | 竹青色 | 黛蓝 | 天青色 | 月白 |

图9-31　"2022年轻人过年的新趋势洞察"美化步骤二

（3）配色选用喜庆的红色和绿色的经典搭配，如图9-32所示。

图9-32　"2022年轻人过年的新趋势洞察"美化步骤三

（4）第2页包含两组内容，如图9-33所示。可以采用边框进行美化，边框颜色可以采用绿色（圆角边框是用两个圆角矩形合并制作）。

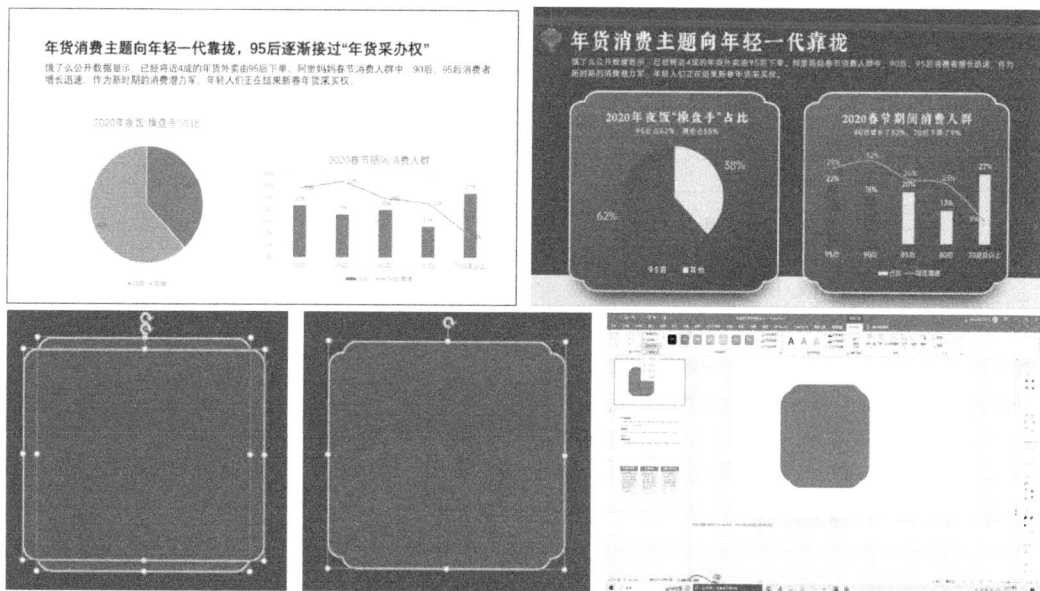

图9-33　"2022年轻人过年的新趋势洞察"美化步骤四

（5）第3页，延续前两页的设计风格和配色，如图9-34所示。

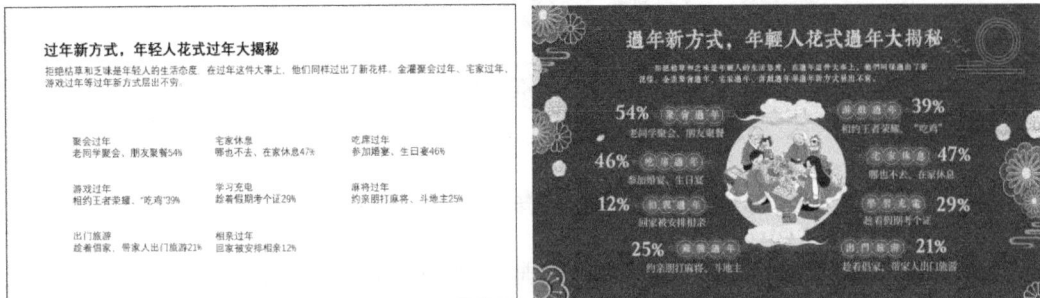

图9-34　"2022年轻人过年的新趋势洞察"美化步骤五

（6）第4页，内容为男生与女生购买东西的对比，同样延续前两页的设计风格和配色，如图9-35所示。

图9-35　"2022年轻人过年的新趋势洞察"美化步骤六

除此之外，还可以参考其他优秀的设计作品，如图9-36所示。

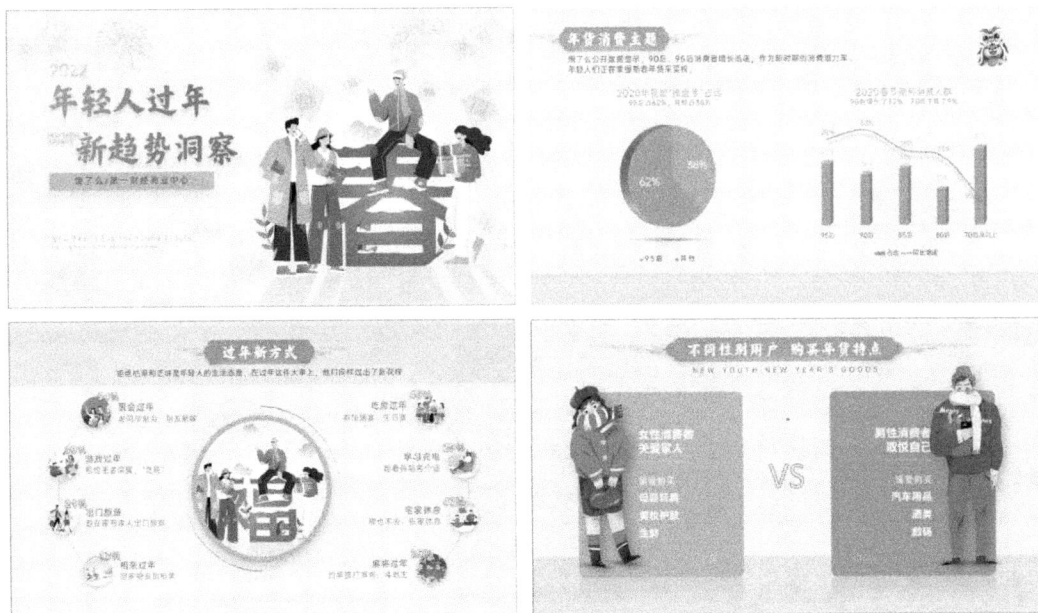

图9-36　"2022年轻人过年的新趋势洞察"优秀案例参考

# 9.4　教育类浅色风格

这篇PPT内容是关于教育类的PPT修改方法，其中挑选有代表性的2页PPT进行修改美化，如图9-37所示。操作步骤如下：

图9-37　"中国教育智能硬件趋势洞察"原稿

（1）确定风格，这里选择浅色的商务风格，配色可以用logo配色。如图9-38所示。封面可以先将标题分行，然后再将全部文字进行左对齐排版。如图9-39所示，还可以添加英文内容，增强层次对比。

图9-38　"中国教育智能硬件趋势洞察"logo配色

图9-39　"中国教育智能硬件趋势洞察"美化步骤一

（2）搜集与教育智能硬件相关的图片素材，如图9-40所示，选择搜集上网络课程或者通过电脑学习的图片。然后再将图片作为背景，添加渐变的蒙版。

图9-40　"中国教育智能硬件趋势洞察"美化步骤二

（3）除此之外，还可以用浅色背景与电脑样机进行设计，并为文字添加蓝色与黄色的渐变色，可以得到效果，如图9-41所示。

图9-41　"中国教育智能硬件趋势洞察"美化步骤三

（4）版式简单调整，将底部色块换成平行四边形，如图9-42所示。

图9-42　"中国教育智能硬件趋势洞察"美化步骤四

（5）第2页，使用色块进行优化，如图9-43所示，从内容的角度可以分为两个部分，每个部分包含两个知识点以及两段文字。

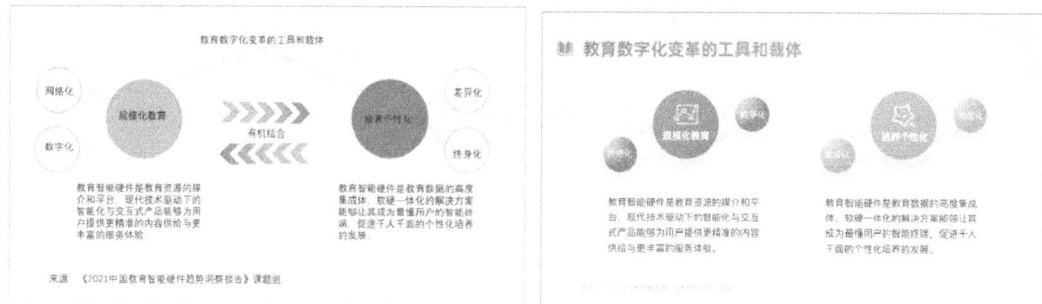

图9-43　"中国教育智能硬件趋势洞察"美化步骤五

（6）底部添加色块，如图9-44所示。版面进行分屏，底部再添加色块，并且设置映像效果，增加立体感。教育类浅色风格美化完成。

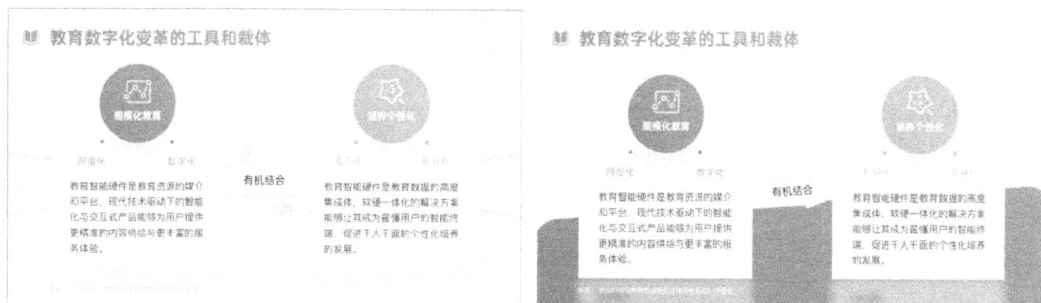

图9-44　"中国教育智能硬件趋势洞察"美化步骤六

# 参 考 文 献

［1］缪亮. 让课堂更精彩! 精通PPT课件设计与制作: 微课版［M］.北京: 清华大学出版社, 2018.

［2］邵云蛟. PPT设计思维: 实战版［M］.北京: 电子工业出版社, 2020.

［3］邵云蛟. PPT知识图谱［M］.北京: 电子工业出版社, 2021.

［4］邵云蛟. PPT设计思维: 教你又好又快搞定幻灯片［M］.北京: 电子工业出版社, 2022.

［5］职场无忧工作室.PowerPoint2019办公应用入门与提高［M］.北京: 清华大学出版社, 2020.

［6］高校教师发展工作室.解惑丨教学课件PPT的四大误区［EB/OL］.［2023-01-18］. https://mp.weixin.qq.com/s/nsUz5LvjraITtl6CC1cqOw.

［7］高校教师发展工作室.打造金质课件: AI赋能, 解放双手让AI自动做PPT［EB/OL］.2024-04-01.https://mp.weixin.qq.com/s/aQ3luRmtVa-74JxfPe1fWw.

［8］华泽科教. 如何使用AI自动生成教学PPT［EB/OL］.［2024-03-27］.https://mp.weixin.qq.com/s/Y2fBd0d26kTUtT2swBiYPA.

［9］利兄日志. PPT "鱼骨" 图, 居然这么好用［EB/OL］.［2022-01-04］.https://mp.weixin.qq.com/s/6xPqUJv6yN3T9HGa5g5lGQ.

［10］利兄日志.PPT "甘特图" 太复杂, 怎么美化［EB/OL］.［2022-05-17］.https://mp.weixin.qq.com/s/R5jU003X8JXJoNvP8a9jVA.

［11］利兄日志.PPT中的 "金字塔" 图, 居然这么好看［EB/OL］.［2022-03-24］. https://mp.weixin.qq.com/s/gCpilEKi7gLCu3bcIphVDw.

［12］利兄日志.这页PPT "流程图", 我改了6个版本［EB/OL］.［2021-08-16］. https://mp.weixin.qq.com/s/NNCOCyUjyingObMpIGQ-IQ.

［13］利兄日志.PPT配色真 "辣眼", 怎么办? 在线等［EB/OL］.［2022-08-10］. https://mp.weixin.qq.com/s/p_voxeAOTqlL1AwR3aRI8A.

［14］利兄日志. 他居然用PPT, 实现文件传输效果!［EB/OL］.［2021-05-29］.https://

mp.weixin.qq.com/s/p_voxeAOTqlL1AwR3aRI8A.

［15］利兄日志.愁死了！这堆PPT图片，该怎么排版［EB/OL］.［2022-06-15］.https://
mp.weixin.qq.com/s/Zks8t2-TfF_Zio5AfghjWA.

［16］利兄日志.老板让我把12张图放进一页PPT，该怎么调整［EB/OL］.［2022-04-
01］.https://mp.weixin.qq.com/s/yunKG6OaDpzEqNV4hZM-dQ.

［17］利兄日志.领导：这个电影PPT效果，帮我做一个［EB/OL］.［2022-03-11］.
https://mp.weixin.qq.com/s/HlJ1a8JPW1v2NileLno-vQ.

［18］利兄日志.PPT中SmartArt太丑了，谁说的［EB/OL］.［2021-05-06］.https://
mp.weixin.qq.com/s/rI_E-DFtHXU4vLljCJoGOg.

［19］利兄日志.老板给的PPT图片太"low"，怎么做好看［EB/OL］.［2022-10-12］.
https://mp.weixin.qq.com/s/ZZ3SBOFFBg97zE5nvOMgzw.

［20］利兄日志.我要吹爆，PPT"遮罩"效果！YYDS［EB/OL］.［2022-07-14］.
https://mp.weixin.qq.com/s/IMRGeOQuDv5pVdGEyKxzXQ.

［21］利兄日志.PPT遇到丑丑的截图，该怎么办［EB/OL］.［2022-12-05］.https://
mp.weixin.qq.com/s/UPxNzy1tYuidPEhURk9F-Q.

［22］利兄日志.PPT图片太常规了？老板让我来点新的［EB/OL］.［2022-02-17］.
https://mp.weixin.qq.com/s/VPEcSFDIxYJeAiZAG9PNeg.

［23］利兄日志.领导："只有1张图片，如何做7页PPT"［EB/OL］.［2022-08-24］.
https://mp.weixin.qq.com/s/UEiPVr21SsledAjNUOPSHQ.

［24］利兄日志.PPT圆环图的6种玩法，好看爆了［EB/OL］.［2021-03-26］.
https://mp.weixin.qq.com/s/RcLEnWOffOhblNp9ENjH_A.

［25］selena 信息化教学研修坊.这些批量处理的PPT技巧，咱可千万要学会［EB/
OL］.2022-04-02.https://mp.weixin.qq.com/s/0KfX_Oo6z4OU6_oHOv3rFg.

［26］selena 信息化教学研修坊.把PPT当作3D软件来用，你的课件绝对出彩［EB/
OL］.2022-06-07.https://mp.weixin.qq.com/s/UxyTvuzXXkbrrIBXPJ_kOw.

［27］利兄日志.花了一上午，总算改好了4页PPT［EB/OL］.［2022-12-28］.https://
mp.weixin.qq.com/s/sqySctUxSKo_fuWYPp97DA.

［28］利兄日志.修改了一份PPT报告，太清爽了［EB/OL］.［2022-03-07］.https://
mp.weixin.qq.com/s/J85uaTpicAUkhSl6SWhLoQ.

［29］利兄日志.这些国潮风的PPT，太美了［EB/OL］.［2022-02-20］.https://mp.weixin.
qq.com/s/aivf03yFMmSswSCeGScFmw.

［30］利兄日志.我给腾讯做了一套PPT，浅色风就是好看［EB/OL］.［2022-08-18］.
https://mp.weixin.qq.com/s/HonwAifayLT_6edBDB7NwQ.

［31］PPT我们只做精品.制作PPT的正确流程是什么［EB/OL］.［2024-01-03］.https://

mp.weixin.qq.com/s/KugK4cdUNq4R2au11BDm5A.

［32］旁门左道PPT.这PPT逻辑图做的好俗呀！加上15个圆泡后，美惨了！［EB/OL］.
　　　［2023-12-28］.https://mp.weixin.qq.com/s/Uz47atnnWQeiijfP4ZVnqw.

［33］跟我学个P.PPT封面别只会放一行文字！加个文本框，秒出高级感［EB/OL］.
　　　［2024-02-02］.https://mp.weixin.qq.com/s/iLB7K9BVrt3wOv56xOHfgg.

［34］旁门左道PPT.5分钟拿下9页PPT！ 被吐槽的SmartArt太好用了！［EB/OL］.
　　　［2024-05-14］. https://mp.weixin.qq.com/s/zufzOksyvDA00Vqy1jjJnQ.

图5-4　平滑切换步骤一

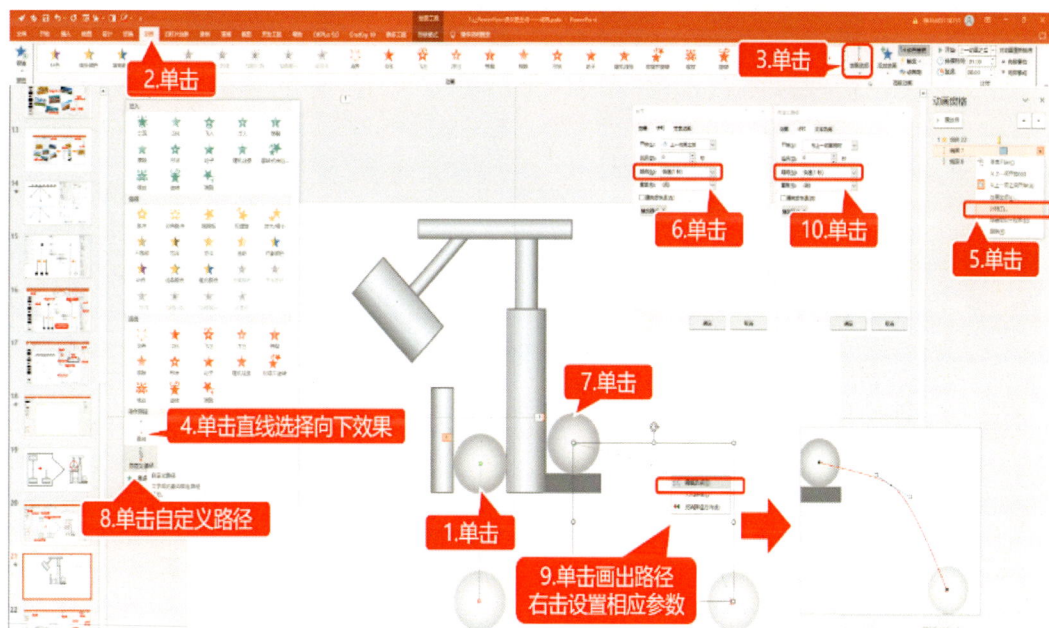

图5-41　单摆的步骤四

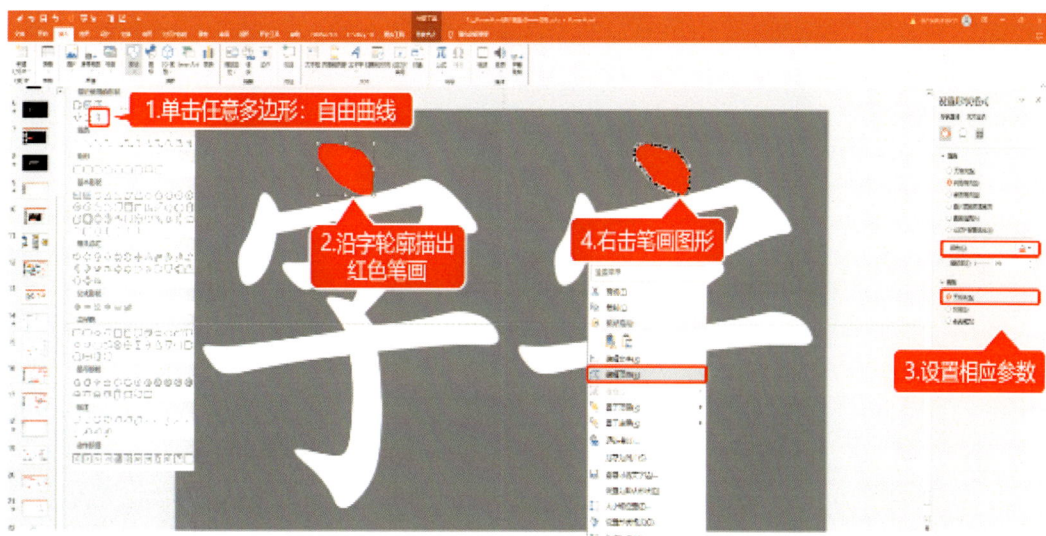

图5-42　制作汉字笔画描红动画步骤一

图5-44　绘制出数据图表

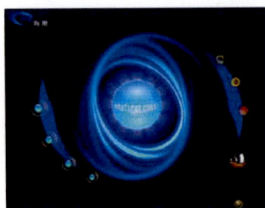

图7-3　变化重复

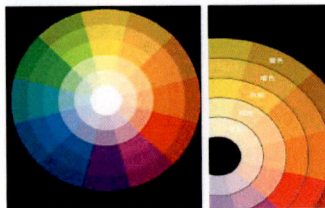

图7-29　色轮

图7-30　纯色在黑色背景上的注目性

图7-31　纯色在白色背景上的注目性

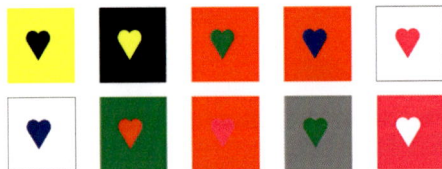

图7-32　识别度低的十种配色

图7-33　识别度高的十种配色

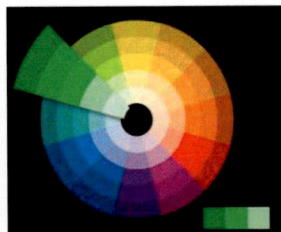

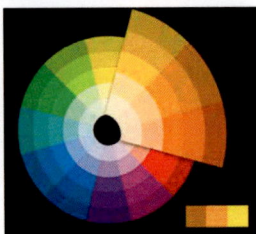

图7-34　同类色组合（一）

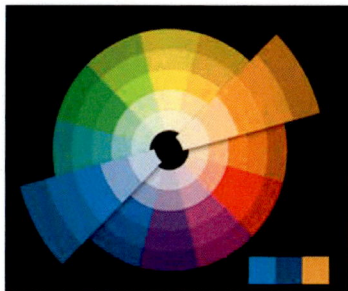

图7-35　同类色组合（二）

图7-36　无彩色+1

图7-37　形成主体基调

图7-38　背景色彩的选择

图7-39　视觉空间感示例一

图7-41　心理空间感

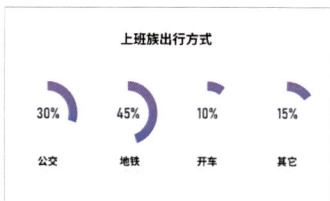

图8-34　"陆军工程大学石家庄校区"PPT制作步骤四

图8-48　圆环图美化改造一

图9-20　"饮食健康趋势及产品创新
研究"美化步骤三

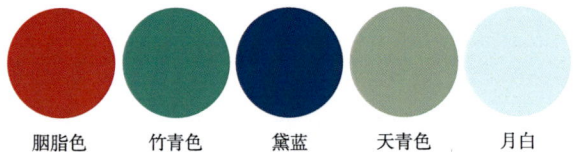

胭脂色　竹青色　黛蓝　天青色　月白

图9-31　"2022年轻人过年的新趋势洞察"
美化步骤二

图9-32　"2022年轻人过年的新趋势洞察"美化步骤三

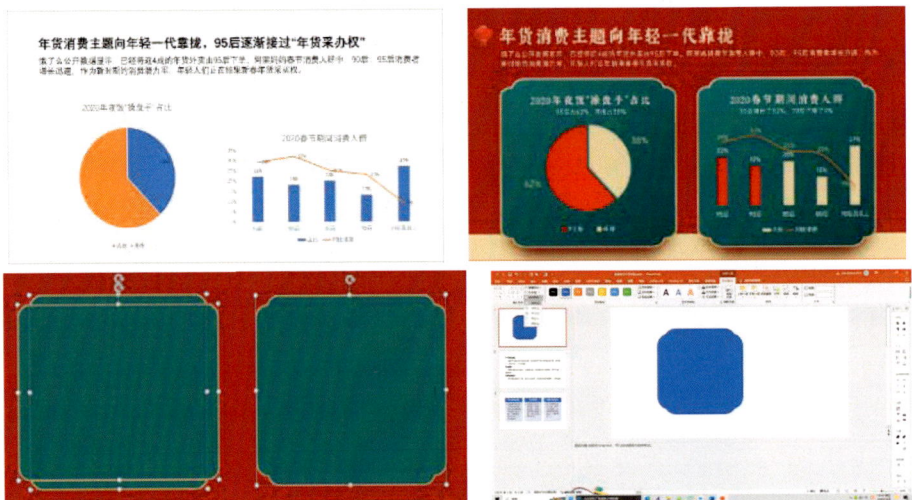

图9-33　"2022年轻人过年的新趋势洞察"美化步骤四

图9-41　"中国教育智能硬件趋势洞察"美化步骤三